Lotos

Blicke in das unbekannte Japan

Lafcadio Hearn

Lotos

Blicke in das unbekannte Japan

Übersetzung aus dem Englischen von
Berta Franzos

Die deutsche Nationalbibliothek verzeichnet diese Publikation in der Deutschen Nationalbibliographie. Detaillierte bibliographische Daten sind im Internet über http://d-nb.de abrufbar.

ISBN 978-3-945058-19-0

Herstellung: Books on Demand GmbH, Norderstedt

Inhaltsverzeichnis

蓮華

Mein erster Tag in Japan

Versäumen Sie ja nicht, Ihre ersten Eindrücke sobald als möglich niederzuschreiben," sagte mir ein liebenswürdiger, englischer Professor, den ich kurz nach meiner Ankunft in Japan kennen zu lernen das Vergnügen hatte, – „sie verfliegen, verflattern, kann ich Ihnen sagen, und sind sie Ihnen erst einmal entglitten, so können Sie ihrer nie mehr habhaft werden. Und doch – welche seltsamen Sensationen Ihnen immer dieses merkwürdige Land bringen mag, nichts kommt diesem Reiz der ersten Eindrücke gleich."

Ich versuche nun, sie mir aus den hastigen Aufzeichnungen jener Tage wieder zurückzurufen, und finde, dass sie sogar noch flüchtiger waren als reizend. Ein Etwas hat sich aus meiner Erinnerung verflüchtigt, das ich nicht zurückzurufen vermag.

Damals unterließ ich es, dem freundlichen Rat zu folgen, weil ich mich nicht dazu entschließen konnte, daheim zu bleiben und zu schreiben, während es draußen auf den in Sonne getauchten Wegen dieser wundervollen japanischen Stadt so viel zu sehen, zu fühlen und zu hören gab. Aber könnte ich auch all diese entglittenen Erinnerungen wiederbeleben, so zweifle ich doch, dass ich vermöchte, sie in Worte zu fassen. Der erste Eindruck Japans ist ungreifbar, flüchtig, wie ein Duft.

Für mich begann er mit meiner ersten Kurumafahrt aus dem europäischen Viertel Yokohamas in die japanische Stadt, und was ich davon zurückrufen kann, soll hier auf den folgenden Seiten festgehalten werden.

Mit der köstlichen Überraschung einer ersten Fahrt durch japanische Straßen – außerstande, sich mit dem Kuruma-Läufer anders zu verständigen als durch Gebärden, eindringliche Gebärden, darauf loszulaufen, gleichviel wohin, da alles so unsagbar vergnüglich und neu ist, – hat man zum ersten Mal wirklich die Empfindung, in jenem fernen Osten zu sein, von dem man so viel gelesen, so viel geträumt hat, und der, wie unsere Augen bezeugen, uns doch bis jetzt so ganz und gar fremd geblieben ist. Schon in dem ersten vollen Bewusstsein dieser im Grunde ganz alltäglichen Tatsache steckt

Romantik, aber für mich verklärt sich dieses Bewusstsein unsagbar durch die göttliche Schönheit des Tages. In der Morgenluft liegt ein unbeschreiblicher Zauber der Kühle, der Kühle eines japanischen Frühlings, mit Windwogen von dem Schneegipfel des Fuji, ein Zauber, der vielleicht mehr in der weichen Klarheit des Lichtes liegt als in irgendeinem ausgesprochenen Ton – eine außerordentliche atmosphärische Durchsichtigkeit, mit einer bloßen Andeutung von Blau darin, durch welche die allerentferntesten Gegenstände sich mit frappierender Schärfe und Deutlichkeit abheben. Die Sonne strahlt in linder Wärme – die „Jinrikisha" oder „Kuruma", ist das denkbar reizendste kleine Wägelchen, und die Straßenveduten, die sich mir über den hin und her tanzenden, hohen, pilzförmigen Hut meines sandalenbekleideten Läufers hinweg darbieten, haben einen Reiz, gegen den ich mich nie abstumpfen könnte.

Alles scheint elfenhaft – denn alles und jedes ist klein, wundersam und mysteriös: die kleinen Häuschen unter ihren blauen Dächern, die kleinen, blau ausgeschlagenen Verkaufsläden und die lächelnden, kleinen Leute in ihren blauen Gewändern. Nur manchmal wird die Illusion durch das zufällige Vorübergehen eines hochgewachsenen Fremden gestört oder durch den Anblick verschiedener Ladenschilder mit Aufschriften in einem absurden Kauderwelsch, das englisch sein soll. Aber diese Misstöne verstärken nur die entzückende Wirklichkeit: Nie vermindern sie den Zauber der kleinen drolligen Straßen.

Anfänglich ist es nur eine köstlich wundersame Verwirrung, siehst du eine von ihnen entlang durch das endlose Geflatter und Wehen der Flaggen und dunkelblauen Draperien, denen japanische und chinesische Schriftzeichen ein fantastisches und geheimnisvolles Aussehen verleihen. Denn auf den ersten Blick scheint es, als gäbe es keine erkennbaren Gesetze der Konstruktion und Dekoration. Jedes Gebäude hat seinen ureigensten, fantastischen Reiz, nichts ist genau so, wie irgendetwas anderes, und alles ist verblüffend fremdartig. Aber wenn man eine Stunde in dem Viertel zugebracht hat, beginnt das Auge vage irgendeinen allgemeinen Plan in der Anordnung dieser niedrigen, leichten, seltsam gegiebelten Holzhäuschen zu erkennen mit ihren gegen die Straßen geöffneten ersten Stockwerken und den dünnen, über die Auslagen hinausragenden Dachstreifen, die sich gleich Markisen zu den mit Papierschirmen umgebenen Miniaturbalkonen der zweiten Stockwerke zurückbauschen. Man beginnt den allgemeinen Plan der zierlichen Läden zu verstehen, mit ihren mattenbedeckten, über das Straßenniveau erhobenen Fußböden, und die allgemeine vertikale Anordnung der Firmeninschriften, die entweder auf Draperien wogen oder auf vergoldeten oder Lack-Firmentafeln glitzern. Du bemerkst, dass dasselbe reiche Blau, das in der Volkstracht vorherrscht, auch in der Ladendekoration dominiert, obgleich mit einem kleinen Einschlag anderer Farben und Tinten – hellblau, weiß und rot (kein Gelb und kein Grün). Und dann fällt es dir auch auf, dass die Kleider der Arbeiter mit denselben wunderbaren Schriftzeichen bedeckt sind wie die Ladendraperien. Keine Arabesken könnten eine solche Wirkung hervorbringen wie diese. Für dekorative Zwecke modifiziert, haben solche Ideogramme eine sprechende Symmetrie, wie sie einem bloßen Muster nie eigen sein könnte. Erblickt man das Kleid eines Arbeiters, das auf dem Rücken solche Schriftzeichen schmücken, rein weiß oder dunkelblau, und groß genug, um aus der Ferne gelesen werden zu können (das den Träger als ein Mitglied oder einen Bediensteten irgendeiner Gesellschaft oder Gilde kenntlich macht), so geben sie dem ärmsten Gewande den Anschein von Pracht.

Und schließlich, während du noch dem Geheimnis der Dinge nachgrübelst, wird dich wie eine Offenbarung das Bewusstsein überkommen, dass der erstaunliche malerische Reiz dieser Straßen einfach nur in der Fülle der japanischen und chinesischen Schriftzeichen liegt, die in Weiß, Schwarz, Blau oder Gold alles dekorieren, selbst Türpfosten und Papierschirme. Vielleicht dass du dir dann für einen Augenblick die Wirkung vergegenwärtigst, die es hätte, wenn an Stelle dieser magischen Zeichen das lateinische Alphabet gesetzt würde – und die bloße Idee wird – wie immer deine ästhetischen Gefühle beschaffen sein mögen – dir einen heftigen Schock geben, und du wirst gleich mir ein Feind der „Romai-Kwai“ werden, jener für den häßlichen utilitarischen Zweck gegründeten Gesellschaft zur Einführung lateinischer Buchstaben in die japanische Schrift.

Der Eindruck, den diese Bildsprache auf ein japanisches Gehirn macht, ist himmelweit verschieden von dem Eindruck, den ein abendländisches Hirn von einem Buchstaben oder von einer Kombination von Buchstaben empfängt – jenen unbelebten, trockenen Symbolen von Stimmlauten. Dem japanischen Hirn ist ein Ideogramm ein lebendiges Bild, es spricht, es gestikuliert, und die ganze Ausdehnung einer japanischen Straße ist voll solcher lebender Schriftzeichen-Gestalten, die in die Augen springen, Worte, die lächeln oder Grimassen schneiden wie Gesichter.

Was solche Zeichen im Vergleich mit unseren eigenen leblosen Buchstaben sind, können nur die verstehen, die im fernen Osten gelebt haben. Denn selbst die gedruckten Lettern der japanischen und chinesischen Texte geben keine annähernde Vorstellung von der Schönheit solcher für dekorative Inschriften, bildhauerische oder gewöhnliche Annoncenzwecke modifizierter Schriftzeichen. Keine pedantische Konvention engt die Fantasie des Zeichners oder Kalligraphen ein. Jeder bemüht sich, seine Buchstaben schöner als irgendein anderer zu machen. Generationen auf Generationen von Künstlern haben seit unvordenklichen Zeiten den gleichen Feuereifer aufgewendet, so dass durch Jahrhunderte und Aberjahrhunderte unermüdlicher Anstrengung und Studien der primitive Hieroglyphe zu einer Schöpfung von unsagbarer Schönheit entwickelt wurde. Er besteht nur aus einer gewissen Anzahl von Pinselstrichen, aber in jedem Pinselstrich ist eine unergründliche geheime Kunst der Anmut, der Proportion, des unmerklichen Schwunges, welche ihn tatsächlich lebendig erscheinen lässt, und bezeugt, dass der Künstler während seines Schaffens die ihm vorschwebende Idealform des Pinselstriches gleichsam in seiner ganzen Länge nachfühlte. Die Kunst der Pinselstriche jedoch ist nicht alles. Die Kunst ihrer Kombination ist das, was den Zauber hervorruft, oft in dem Maße, dass die Japaner selbst davon überrascht sind. Betrachtet man das seltsam persönlich belebte, esoterische Aussehen japanischer Schriftzeichen, so ist es wahrlich nicht erstaunlich, dass es wunderbare Legenden der Kalligraphie gibt, die berichten, wie von Meistern geschriebene Worte sich belebten, von ihren Tafeln herunterstiegen, um mit der Menschheit Zwiesprache zu halten.

Mein Kurumaya nennt sich Cha. Er trägt einen weißen hohen Hut, der wie der Kopf eines ungeheuren Pilzes aussieht, eine kurze, weitärmelige Jacke, blaue, enganliegende Beinkleider, die bis an die Knöchel reichen, und leichte Strohsandalen, die an seinen nackten Füßen mit Schnüren aus Palmenfasern befestigt sind. Zweifellos ist er der Typus der Geduld, der Langmut und des einschmeichelnden Wesens seiner Klasse. Schon hat er dies bewiesen, indem er mich dazu gebracht hat, ihm mehr zu geben, als das Gesetz vorschreibt, und ich bin vergebens vor ihm gewarnt worden. Denn das Gefühl, zum ersten Mal ein menschliches Wesen als Pferd zwischen zwei Schäften stundenlang vor sich hertrotten zu sehen, ist an sich genügend, um Mitleid zu erregen. Und wenn ein solches menschliches Wesen, das mit all seinen Hoffnungen, Erinnerungen und Gefühlen zwischen zwei Deichseln so vor einem hertrabt, zufällig das sanfteste Lächeln hat und über die Gabe verfügt, die geringfügigste Freundlichkeit mit den lebhaftesten Ausbrüchen der Dankbarkeit zu erwidern, so wird dieses Mitleid zur Sympathie und ruft unvernünftige Impulse der Opferfreudigkeit hervor. Ich glaube, der Anblick des reichlichen Schweißergusses hat auch ein wenig damit zu tun, denn unwillkürlich denkt man an den Aufwand von Herzschlägen und Muskelkontraktionen, auch an Erkältungen und Kongestionen und Rippenfellentzündungen. Chas Gewänder sind triefend, und er trocknet sein Gesicht mit einem kleinen, himmelblauen Tuch, das mit Zeichnungen von Bambuszweigen und fliegenden Sperlingen bedeckt ist. Dieses Tuch trägt er während des Laufens um das Handgelenk gewickelt.

Doch das, was mich an Cha anzieht (Cha nicht als bewegende Kraft betrachtet, sondern als Persönlichkeit), lese ich in der Menge von Gesichtern, die sich uns während unserer Fahrt durch diese Miniaturstraßen zuwenden. Und vielleicht ist der besonders fröhliche Eindruck dieses Morgens durch die seltsame Sanftheit dieser Volksneugierde bewirkt worden. Jeder blickt dich neugierig an, aber solch ein Blick hat niemals etwas Unangenehmes, geschweige denn etwas Feindliches. Meistens ist er von einem Lächeln oder halben Lächeln begleitet. Und schließlich glaubt sich der Fremde durch all diese gütigen Blicke und lächelnde Neugier ins Märchenland versetzt. Diese Behauptung ist zwar recht abgedroschen, denn jeder, der die Empfindungen seines ersten Tages in Japan beschreibt, spricht von dem Lande als Märchenland und von seinen Bewohnern als von einem Märchenvolk. Aber es gibt einen natürlichen Grund für die Einmütigkeit dieses Ausdruckes bei der Beschreibung dessen, was genauer zu veranschaulichen beim ersten Versuch fast unmöglich ist. Man sieht sich plötzlich in eine Welt versetzt, wo alles in einem kleineren und zierlicheren Maßstab ausgeführt ist als bei uns – eine Welt von kleineren und augenscheinlich gütigeren Wesen, die alle dir zulächeln, als wollten sie dir alles Gute wünschen, eine Welt, in der alle Bewegung langsam und weich ist und die Stimmen gedämpft sind, eine Welt, in der Land, Leben und Himmel anders sind, als man es jemals anderswo gesehen, und dies ist sicherlich für Fantasien, die mit europäischer Volkssage genährt wurden, die Verwirklichung des alten Traumes einer Elfenwelt.

Der Fremde, der plötzlich in eine Periode sozialen Umschwungs versetzt wird, besonders in einen Übergang aus einer feudalen Vergangenheit in eine demokratische Gegenwart, wird wahrscheinlich den Verfall der schönen Dinge und die Hässlichkeit des Neuen beklagen. Was ich von beiden noch in Japan entdecken werde, weiß ich nicht, aber heute mischt sich in diesen exotischen Straßen das Alte und Neue so glücklich, dass eines dem andern gleichsam als Folie dient. Diese Zeile der weißen, zierlichen Telegraphenstangen, die die Weltnachrichten den Zeitungen bringen, die in einem Gemisch von chinesischen und japanischen Schriftzeichen gedruckt sind, eine elektrische Klingel in irgendeinem Teehaus mit einem orientalischen Texträtsel über dem Elfenbeintaster, eine Niederlage von amerikanischen Nähmaschinen knapp neben dem Laden eines Buddhabildermachers, das Etablissement eines Photographen neben einem Verfertiger von Strohsandalen. – All dies bietet keine frappierende Unlogik, denn jede abendländische Neugestaltung ist in einen orientalischen Rahmen gefasst, der sich jedem Bilde anzupassen scheint. Aber am ersten Tage wenigstens ist bloß das Alte allein neu für den Fremden, und genügt, um seine Aufmerksamkeit zu absorbieren. Es dünkt ihm dann, dass alles Japanische zart, exquisit und bewunderungswürdig ist, selbst ein Paar ganz gewöhnliche hölzerne Essstäbchen in einer Papiertüte mit einer kleinen Zeichnung darauf, selbst ein Päckchen Zahnstocher aus Kirschbaumholz mit einem in drei verschiedenen Farben wunderbar bedruckten Papierband zusammengebunden, selbst das kleine blaue Tuch mit den Zeichnungen fliegender Sperlinge darauf, welches der Jinrikishamann dazu benutzt, sein Gesicht abzutrocknen. Die Banknoten, die gewöhnlichsten Kupfermünzen, haben hier ihre eigene Schönheit, selbst die gedrehte farbige Schnur, mit der der Verkäufer deine verschiedenen Einkäufe zusammenbindet, ist eine hübsche Kuriosität. Kuriositäten und zierliche Gegenstände überwältigen dich durch ihre Menge, wohin das Auge sich wenden mag; allüberall siehst du zahllose, wunderbare Dinge, die dir vorerst noch unbegreiflich sind.

Aber es ist gefährlich, sie anzusehen. Jedes Mal, wenn du darauf zu sehen wagst, zwingt dich etwas, es zu kaufen, es sei denn, dass – wie es oft geschehen mag – der lächelnde Verkäufer dich zu einer Besichtigung so vieler Variationen eines einzigen Gegenstandes einladet, jeder einzelne und alle insgesamt so unsagbar begehrenswert, dass du die Flucht ergreifst, aus bloßer Furcht vor deinem eigenen Impuls. Der Ladenbesitzer fordert dich nie auf, zu kaufen, aber seine Waren haben Zauberkraft, und hat man zu kaufen begonnen, dann ist man verloren. Billigkeit bedeutet hier nur eine Versuchung, sich zu ruinieren, denn das Arsenal wohlfeiler und dabei künstlerischer Sachen ist unerschöpflich. Der größte Dampfer, der den Ozean durchmisst, vermöchte nicht das zu fassen, was du zu kaufen wünschtest, denn obgleich du es dir vielleicht nicht gestehen möchtest, das, was du gern kaufen möchtest, ist nicht der Inhalt eines Ladens – du willst den Laden selbst und den Ladenbesitzer, und ganze Straßen voll Läden, mit ihren Draperien und ihren Einwohnern, die ganze Stadt und die Bucht und die sie umgürtenden Berge und den weißen Zauber des Fujiyama, der in den wolkenlosen Himmel hineinragt – in der Tat, ganz Japan mit seinen magischen Bäumen und seiner leuchtenden Atmosphäre, mit all seinen Städten und Tempeln und seinen vierzig Millionen der allerliebenswertesten Menschen des Universums.

Nun fällt mir ein, was ein praktischer Amerikaner sagte, als von einem großen Brande in Japan die Rede war: „O! diese Leute können sich Feuersbrünste leisten, ihre Häuser sind so billig gebaut!" Es ist wahr, die gebrechlichen Holzhäuschen der ärmeren Bevölkerung können mit geringen Kosten schnell ersetzt werden; aber das, was sie enthielten, um sie schön zu machen, lässt sich nicht ersetzen – und so ist jeder Brand eine Kunsttragödie. Denn dies ist das Land der unendlichsten Mannigfaltigkeiten von Gegenständen des Kunsthandwerks. Noch ist es der Maschine nicht gelungen, Gleichartigkeit und utilitarische Hässlichkeit in billiger Produktion einzuführen (mit Ausnahme von vulgärer Marktware zur Befriedigung des ausländischen schlechten Geschmackes). Und jeder vom Künstler und vom Handwerker gemachte Gegenstand unterscheidet sich von jedem andern, selbst von denen, die derselbe Meister gemacht hat. Und jedes Mal, wenn irgendetwas Schönes durch das Feuer vernichtet wird, ist es ein Etwas, das eine individuelle Idee repräsentiert. Glücklicherweise hat der Kunstimpuls selbst in diesem Lande der Feuersbrünste eine Vitalität, die jede Generation von Künstlern überdauert, und den Flammen, die ihre Arbeit in Asche wandelt oder zur Formlosigkeit schmilzt, Trotz bietet. Die Idee, deren Symbol vernichtet ward, wird in andern Schöpfungen auferstehen, mag sein, erst nach Verlauf eines Jahrhunderts, vielleicht modifiziert, aber erkennbar als verwandt dem Gedanken der Vergangenheit. Und jeder Künstler tritt ein geisterhaftes Erbe an. Nicht durch jahrelanges Grübeln und opfervolle Mühe findet er seinen höchsten Ausdruck. Die Errungenschaften der Vergangenheit sind auf ihn übergegangen, seine Kunst ist ein Vermächtnis;

seine Finger werden von den Toten geführt, sei's, dass er die Umrisse eines fliegenden Vogels zeichnet, oder den Hauch der Berge, die Farben des Morgen- und Abendrots, die Formen der Zweige und der Frühlingsblüten.

Generationen von tüchtigen Arbeitern haben ihm ihr Können vererbt und erstehen wieder in dem Wunder der Zeichnung. Was im Anfang bewusste Bemühung war, wurde in späteren Zeitaltern unbewusst, dem Jetztlebenden fast automatisch, zum Kunstinstinkt, und so mag ein Farbendruck von einem Hokusai oder Hiroshige, der ursprünglich um weniger als einen Cent verkauft wurde, mehr Kunstwert haben als viele abendländische Bilder, die höher bewertet werden als eine ganze japanische Straße.

Hier wandeln leibhaftig Hokusais Gestalten in Strohregenmänteln, ungeheuren pilzförmigen Strohhüten und Strohsandalen, nacktbeinige Bauern, tief gebräunt von Sonne und Wind, Mütter mit geduldigen Gesichtern, ihre lächelnden, kleinen Kinder auf dem Rücken tragend, humpeln auf ihren „Getas" (hohen, klappernden Holzpantinen) herbei, gut gekleidete Kaufleute plaudern, ihre Kupferpfeifen schmauchend, zwischen den zahllosen Rätseln ihrer Verkaufsläden.

Es fällt mir auf, wie zierlich und wohlgestaltet die Füße des Volkes sind – ob nun bloße Bauernfüße oder schöne Kinderfüße in kleinwinzigen „Getas" oder Füße junger Mädchen in schneeigen „Tabis", weißen, durchbrochenen Strümpfen, die einem kleinen, leichten Füßchen ein mythologisches Aussehen verleihen – die weiße Anmut des Fußes einer Nymphe. Ob nun bekleidet oder unbekleidet, hat der japanische Fuß das antike Ebenmaß, er ist noch nicht durch die infame Fußbekleidung missgestaltet, die den Fuß des Abendländers deformiert hat.

Das Geräusch, das ein Paar japanischer Holzpantoffeln beim Gehen hervorruft, unterscheidet sich ein wenig von dem jedes andern Paares, ungefähr wie kling von klang, so dass das Echo der Schreitenden einen wechselnden Rhythmus hat. Auf einem Pflaster wie dem einer Eisenbahnstation erhält der Klang eine ungemeine Sonorität, und die Menge hält manchmal unwillkürlich Schritt, wodurch die drollige Wirkung eines langnachhallenden Holzgeklappers entsteht.

„Tera e yuke!"

Ich war genötigt, in das europäische Hotel zurückzukehren, nicht wegen der Dinerstunde – denn wahrlich, ich nehme mir kaum die Zeit, zu essen –, aber weil ich Cha nicht verständlich machen kann, dass ich einen Buddhatempel zu besuchen wünsche. Nun versteht Cha; denn mein Hotelier hat die Zauberformel gesprochen:

„Tera e yuke!“

Einige Minuten des Laufens durch breite Vororte, von Gärten und kostspieligen, hässlichen europäischen Gebäuden umsäumt, dann überschreiten wir die Brücke eines Kanals, in dem kleine, seltsam gebaute Boote liegen, und wir gelangen wieder in enge, niedrige, helle, hübsche Straßen in einem andern Teil der japanischen City. Und Cha läuft, was er laufen kann, zwischen anderen Reihen kleiner, bogenförmiger Häuschen, die nach oben zu schmäler werden, und fremdartiger, kleiner, offener Läden. Und allüberall über den Läden kleine Streifen blauer, dachförmiger Vorsprünge, die sich zu den Miniaturbalkonen des zweiten Stockwerkes bauschen, und von allen Fassaden hängen Draperien, entweder dunkelblau oder weiß oder karmesinrot, bedeckt mit schönen, japanischen Inschriften, Weiß auf Blau, Rot auf Schwarz oder Schwarz auf Weiß. Aber all dies fliegt schnell vorüber wie ein Traum. Wir überschreiten einen zweiten Kanal und streben eine enge Straße empor zu einem Hügel – plötzlich bleibt Cha vor einem ungeheuren Treppenaufbau stehen, lässt die Schäfte des Gefährtes zu Boden gleiten, damit ich aussteigen kann, und, auf die Treppe deutend, sagt er „Tera“.

Ich steige aus, gelange auf eine hohe Terrasse und finde mich angesichts eines wunderbaren Tores, das von einem zugespitzten, vieleckigen chinesischen Dache gekrönt ist. Es ist über und über seltsam geschnitzt – auf einem Fries über der geöffneten Türe winden sich Drachen, und die Füllungen der Türen selbst sind in gleicher Weise geschnitzt; da sind auch phantastisch gestaltete Wasserspeier, groteske Löwenköpfe streben aus den Dachrinnen hervor, und das Ganze ist grau, steinfarbig. Trotzdem scheint es mir, als hätten all diese Schnitzereien nicht die Starrheit der Skulptur: All dies Schlangen- und Drachengezücht scheint auf und nieder zu wogen wie bewegte Fluten.

Ich wende mich ein wenig um, um durch das leuchtende Licht zurückzublicken – Meer und Himmel fließen ineinander, in dem selben schönen, klaren, blassen Blau. Unter mir dehnt sich das bläulich wogende Dächermeer bis an die Grenze der regungslosen, spiegelglatten Bucht und bis zum Fuße der grünbewaldeten Hügel, die die Stadt zu beiden Seiten umgeben. Hinter diesem Halbkreis grüner Hügel erhebt sich die indigoblaue Silhouette einer Reihe hoher, gezackter Berge. Ober ihnen in unermesslicher Höhe front ein unsagbar liebliches, erhabenes Gebilde, ein einsamer, schneeiger Gipfel, so köstlich duftig, so geisterhaft weiß, dass, wäre nicht allen seine Gestalt seit urdenklichen Zeiten vertraut, man es sicherlich für eine Wolkenformation halten müsste. Unsichtbar bleibt seine Basis, denn sie hat dieselbe köstliche Farbe wie der Himmel; nur über der ewigen Schneelinie taucht sein Traumgipfel hervor, gleichsam wie der Geist eines Gipfels zwischen dem leuchtenden Land und dem leuchtenden Himmel schwebend – der heilige unvergleichliche Berg, der Fujiyama.

Und plötzlich überkommt mich ein seltsames Gefühl, wie ich vor diesem Portal mit den gespenstischen Skulpturen stehe, eine Empfindung von Traum und Zweifel. Es ist mir, als ob die Stufen, das drachenumschwärmte Tor, der blaue Himmel, der sich über die Dächer der Stadt wölbt, die geisterhafte Schönheit des Fuji und mein eigener, sich auf der grauen Mauer hinstreckender Schatten mit einem Male verschwinden müssten. Warum dieses Gefühl? Zweifelsohne weil die Gestalten vor mir, die geschwungenen Dächer, die zu einem Knäuel zusammengerollten Drachen, die chinesischen Grotesken der Schnitzwerke mir nicht wirklich als neue Dinge erscheinen, sondern als Traumgebilde – ihr Anblick muss vergessene Erinnerungen aus Bilderbüchern zum Leben erweckt haben. Ein Moment und die Täuschung zerflattert – die Romantik der Wirklichkeit macht sich wieder geltend, und verstärkt das Bewusstsein alles dessen, was wirklich und köstlich neu ist: die magische Durchsichtigkeit der Ferne, die wundersame Zartheit der Töne des lebenden Bildes, die ungeheure Höhe des Sommerhimmels und der weiche, linde Zauber der japanischen Sonne.

Ich gehe weiter, klettere die Stufen zu einem zweiten Tor hinan, mit gleichen Wasserspeiern und schwärmenden Drachen, und trete in einen Hof, wo anmutige Votivlaternen aus Stein gleich Monumenten dastehen. Rechts und links sind zwei sitzende, groteske Steinlöwen, Männchen und Weibchen: die Löwen Buddhas. Darüber erhebt sich ein langes, niedriges, leichtes Gebäude mit geschwungenem Giebeldach aus blauen Ziegelsteinen und drei Holzstufen vor dem Eingang. Seine Seitenwände sind einfache, mit dünnem weißem Papier bekleidete Holzrahmen. Das ist der Tempel.

Auf der Treppe lege ich meine Schuhe ab, ein junger Mann schiebt die Wände zur Seite, die den Eingang verschließen, und bietet mir mit lächelnder Verbeugung den Willkommensgruß. Ich trete ein und fühle unter meinen Füßen die weichen, dicken Matten, in denen man wie in einem Federbett versinkt. Vor mir liegt ein ungeheures viereckiges Gemach, von einem seltsamen süßen Duft erfüllt, dem Duft des japanischen Weihrauches. Aber nach dem blendenden Sonnenglanz wirkt das papiergedämpfte Licht hier sanft wie Mondenschein. Einen Augenblick lang vermag ich nichts zu unterscheiden als glitzernde Vergoldung in einem weichen Zwielicht. Dann, als mein Auge sich an die Dunkelheit gewöhnt, bemerke ich vor der das Sanktuarium umgebenden Schutzwand auf drei Seiten Formen ungeheurer Blumen, die sich wie Silhouetten von dem vagen weißen Licht abheben. Ich komme näher und sehe, dass es Papierblumen sind, symbolische, schönfarbige Lotosblüten mit gekräuselten Blättern, die außen vergoldet und auf der Innenseite hellgrün sind. In dem dunklen Hintergrunde des Gemaches, dem Eingang gegenüber, erhebt sich wie ein winziger Goldtempel der Altar Buddhas, ein reicher und hoher Altar, mit Bronzen und vergoldeten Gegenständen bedeckt, links und rechts von einem Schrein begrenzt. Aber ich sehe keine Statue. Nur geheimnisvolle, fremdartige Gestalten aus poliertem Metall, die aus der Dunkelheit leuchten ...

Der junge Mann, der mich in den Tempel führte, nähert sich jetzt, und zu meiner großen Überraschung sagt er in ausgezeichnetem Englisch, indem er auf einen reich verzierten Gegenstand zwischen Kandelabergruppen auf dem Altare hinweist: „Das ist der Schrein Buddhas"

„Ich möchte Buddha eine Gabe darbringen," erwidere ich.

„Das ist nicht notwendig," sagt er mit einem höflichen Lächeln.

Aber ich bestehe darauf, und er legt meine kleine Gabe auf den Altar. Dann lädt er mich in sein eigenes, in einem Flügel des Gebäudes gelegenes Zimmer ein, ein großes, lichterfülltes Gemach ohne Möbel, aber mit schönen Matten bedeckt. Wir lassen uns auf dem Boden nieder und plaudern. Er sagt mir, er sei ein Schüler im Tempel. Er hat in Tōkyō Englisch gelernt und spricht es mit einem seltsamen Akzent, aber in gewählten Ausdrücken. Schließlich fragt er mich:

„Sind Sie ein Christ?"

Und ich antworte wahrheitsgemäß: „Nein!"

„Sind Sie Buddhist?"

„Nicht so eigentlich."

„Warum bringen Sie Gaben dar, wenn Sie nicht an Buddha glauben?"

„Ich verehre die Schönheit seiner Lehre und die Gläubigkeit seiner Anhänger."

„Gibt es in England und Amerika Buddhisten?"

„Es gibt wenigstens sehr viele, die sich für die buddhistische Philosophie interessieren."

Er nimmt aus einem Alkoven ein kleines Buch und reicht es mir. Es ist eine englische Ausgabe von A. Olcotts „Buddhistischem Katechismus".

„Warum ist in Ihrem Tempel kein Bild Buddhas?" frage ich.

„Es ist ein kleines in dem Schrein über dem Altar", antwortet der Schüler; „aber der Schrein ist geschlossen. Wir haben auch mehrere große, aber das Bildnis Buddhas ist hier nicht jeden Tag ausgestellt, nur an Festtagen, ja manche Bilder sogar nur an einem oder zwei Tagen des Jahres ..."

Von meinem Platze kann ich zwischen den offenen Papierwänden Frauen und Männer die Stufen hinaufsteigen sehen; sie knien vor dem Tempeleingang nieder und beten. Sie knien mit so naiver Andacht, so anmutig natürlich nieder, dass das Knien unserer abendländischen Andächtigen im Vergleich damit als ein plumpes Stolpern erscheint. Nur einige falten die Hände, andere schlagen sie dreimal vernehmlich und langsam zusammen, dann neigen sie den Kopf, beten einen Augenblick lautlos, erheben sich und verschwinden. Die Kürze des Gebetes beeindruckt mich als etwas Neues und Interessantes. Von Zeit zu Zeit höre ich, wie eine Kupfermünze klappernd in die große Holzsammelbüchse am Eingang des Tempels fällt. Ich wende mich an den jungen Schüler und frage ihn:

„Warum schlagen sie dreimal in die Hände, bevor sie beten?"

Er antwortet: „Dreimal für die Sansai, die drei Kräfte: Himmel, Erde, Menschheit."

„Aber klatschen sie in die Hände, um ihre Götter anzurufen, wie die Japaner die Hände zusammenschlagen, um ihre Dienerschaft herbeizurufen?"

„O nein," antwortet er, „das Händeklatschen versinnbildlicht bloß das Erwachen aus dem Traum der ‚Langen Nacht'."[1]

„Welche Nacht? Welcher Traum?"

Er zögert einen Augenblick, ehe er antwortet: „Buddha sagt, alle Wesen träumen nur in dieser fließenden Welt des Unglücks."

„Somit bedeutet das Händeklatschen also, dass die Seele im Gebet aus diesem Traum erwacht?"

„Ja."

„Sie verstehen, was ich unter Seele meine?"

„O ja, die Buddhisten glauben, die Seele war immer, wird immer sein."

„Selbst im Nirvana?"

„Ja."

Während ich mit dem jungen Mann plaudere, tritt der Oberpriester des Tempels ein, ein sehr bejahrter Mann, von zwei jüngeren Priestern begleitet. Ich werde ihnen vorgestellt, alle drei verneigen sich sehr tief, wobei sie mir die glänzende Tonsur ihrer kahlgeschorenen Schädel zeigen. Dann lassen sie sich in der Stellung ihrer Götter auf den Boden nieder. Es fällt mir auf, dass sie nicht lächeln; sie sind die ersten Japaner, die ich nicht lächeln gesehen habe. Ihre Gesichter sind unbewegt wie die Gesichter von Bildnissen, aber ihre mandelförmigen Augen beobachten mich sehr genau, während der Schüler ihre Fragen verdolmetscht und ich ihnen etwas von der Übertragung der „Sutra" in unseren „Heiligen Büchern des Ostens" und von den Arbeiten Beals, Barnoufs, Davids', Kerns und anderer erzähle. Sie hören zu, ohne eine Miene zu verziehen, und antworten keine Silbe auf des jungen Schülers Übersetzung meiner Bemerkungen. Man bringt Tee herein und dieser wird mir in einer kleinen Tasse, die auf einem kupfernen, wie ein Lotosblatt geformten Untersatz ruht, vorgesetzt. Man fordert mich auf, von einer Art kleinen Zuckergebäcks zu nehmen, dem ein Zeichen aufgedrückt ist, das ich als „Swastika" erkenne – das altindische Symbol des Gesetzrades.

---

[1] Ich glaube nicht, dass diese Erklärung richtig ist, sie ist aber interessant als die erste, die ich über diesen Gegenstand hörte.

Als ich mich zum Fortgehen erhebe, erheben sie sich alle drei mit mir, und auf der Treppe fragt der Schüler nach meinem Namen und meiner Adresse.

„Denn," fügte er hinzu, „Sie werden mich hier nicht wieder sehen, da ich den Tempel bald zu verlassen gedenke; aber ich möchte Sie gern besuchen."

„Und Ihr Name?" frage ich.

„Nennen Sie mich Akira," antwortet er.

Auf der Schwelle verbeuge ich mich zum Abschied, und sie neigen sich alle tief, tief zu Boden, ein blauschwarzer Kopf, drei kahlglänzende Schädel wie Elfenbeinkugeln. Ich gehe – und nur Akira lächelt.

„Tera?" fragt Cha, seinen ungeheuren weißen Hut in der Hand, als ich meinen Sitz in der am Fuße der Treppe wartenden Jinrikisha einnehme. Was zweifellos sagen will, ob ich noch mehr Tempel zu sehen wünsche? Natürlich will ich dies. Habe ich doch Buddha noch nicht gesehen!

„Ja, Tera, Cha."

Und wieder beginnt das lange Panorama mysteriöser Läden, gebogener Dachrinnen und phantastischer, rätselhafter Inschriften. Ich habe keine Ahnung, in welche Richtung Cha läuft. Ich weiß nur, dass die Straßen immer enger zu werden scheinen und dass manche Häuser nur wie große, vergitterte Taubenschläge aussehen und dass wir mehrere Brücken überschreiten, ehe wir wieder vor einem Hügel Halt machen.

Auch hier befindet sich ein hoher Stiegenaufgang und davor ein Aufbau, der, wie ich weiß, zugleich ein Tor und ein Symbol ist, imponierend, aber in keiner Weise dem früher gesehenen großen Buddhatorweg ähnlich. Alle seine Linien sind erstaunlich einfach – es hat weder Schnitzwerk, noch Bemalung, noch Inschriften, aber es ist von geisterhafter Feierlichkeit und rätselvoller Schönheit – es ist ein Torii.

„Miya," sagt Cha. Dieses Mal kein Tera, sondern ein Schrein der Gottheiten des ältesten Glaubens des Landes – ein Miya.

Ich stehe vor einem Shintōsymbol. Ich sehe zum ersten Mal – wenigstens in Wirklichkeit, nicht nur im Bilde – einen Torii. Wie soll ich jemandem ein Torii beschreiben, der niemals selbst einen solchen auch nur auf einer Photographie oder einer Zeichnung gesehen hat?

Zwei hohe Säulen tragen gleich Torpfeilern zwei horizontale Querbalken. Die Enden des niedrigeren und leichteren Balkens fügen sich ein Stück unter der Spitze in die Säulen ein. Der oberste und größere auf den Kapitalen der Säulen ruhende Balken ragt rechts und links über sie hinaus. Das ist ein Torii: die Konstruktion variiert in der Zeichnung wenig, ob sie nun aus Stein, Holz oder Metall ist Aber diese Beschreibung kann keine richtige Vorstellung von einem Torii geben, von seiner majestätischen Erscheinung, von der Macht seines mystischen, suggestiven Eindruckes. Siehst du zum ersten Mal einen solchen edelgefügten Torii, wirst du vielleicht vermeinen, das kolossale Modell eines chinesischen Buchstabens zu erblicken, das sich zum Himmel emportürmt; denn alle seine Linien haben die Anmut eines belebten Ideogramms, die kühnen Spitzen und Kurven von Schriftzeichen, die mit vier Meisterpinselstrichen hingeworfen sind.[2]

An dem Torii vorüberschreitend, ersteige ich eine Treppenflucht von vielleicht hundert Steinstufen und finde, oben angelangt, einen zweiten Torii, von dessen unterem Querbalken das mystische Shimenawa herabhängt. Es ist in diesem Falle ein Hanfstrick, von vielleicht zwei Zoll im Durchmesser, dessen Enden sich schlangenartig einrollen. Manchmal ist das Shimenawa aus Bronze gemacht, wenn der Torii selbst aus Bronze ist, aber der Tradition entsprechend sollte es aus Stroh sein und ist es auch zumeist. Denn es versinnbildlicht die Strohschnur, die die Gottheit Futa-tama-no-mikoto hinter der Sonnengöttin Ama-terasu-oho-mi-kami hinstreckte, als Ama-no-Ta-chikara-wo-no-kami, der himmlische Gott der Handstärke, sie hinausgestoßen hatte, wie in jener alten Shintōmythe erzählt wird, die Professor Chamberlain übersetzt hat.[3] Und das Shimenawa in seiner einfacheren und

---

[2] Verschiedene Schriftsteller haben der Anschauung des Yamatologen Satow folgend festgestellt, dass der „Torii" ursprünglich eine Vogelaufsitzstange war, für das den Göttern der Shintō-Schreine dargebrachte Federvieh — „nicht als Nahrung, sondern um den Tagesanbruch zu verkündigen." Die Etymologie dieses Wortes führen einige Forscher auf „Vogel-Ruhe" zurück; aber Aston, dessen Autorität nicht geringer ist, leitet es von Worten ab, die einfach Torweg bedeuten. Man sehe Chamberlains „Things Japanese", Seite 429—430.

[3] Professor Basil Hall Chamberlain bekleidete die außerordentliche Stellung eines Professors des Japanischen an der Kaiserlichen Universität in Japan — keine geringe Ehre für die englische Philologie. Auch ein Deutscher, Karl Florenz, ist gegenwärtig in Tōkyō Bungaku hakusha, Professor der (japan.) Literatur. — Die Sage

häufigeren Form hat seiner ganzen Länge nach in regelmäßigen Zwischenräumen herabhängende Strohbüschelchen, weil – wie die Überlieferung sagt – es ursprünglich aus dem mit den Wurzeln herausgerissenen Gras gemacht wurde, aus dem dann die Büschel hervorsprossen. Über den Torii weiter emporschreitend, gelange ich in eine Art Park oder Lustgarten, auf dem Gipfel des Hügels. Zur Rechten ist ein kleiner Tempel, der von allen Seiten verschlossen ist. Ich habe so viel von der enttäuschenden Leere der Shintōtempel gelesen, dass ich das Fehlen des Hüters nicht bedauere. Und ich sehe unter mir, was unendlich interessanter ist: einen Hain von Kirschbäumen, bedeckt mit etwas unsagbar Schönem – einem blendenden Flockenduft schneeiger Blüten wie schwebende Sommerwolken, jeden Zweig umschließend. Und der Boden darunter und der Pfad vor mir ist weiß von dem weichen, dichten, duftigen Schnee der gefallenen Blüten.

Ober dieser Lieblichkeit sind Blumenrondelle, die kleine Schreine einrahmen, und wundersame Grotten voll von Ungeheuern – in den Felsen gehauenen Drachen und mythologischen Wesen; und Miniaturlandschaften mit winzigen Hainen von Zwergbäumen und liliputanischen Seen, mit mikroskopischen Weihern, Brücken und Kaskaden. Auch Schaukeln für Kinder sind hier. Auf dem Kamme des Hügels liegen Aussichtswarten, von denen aus die ganze schöne Stadt, die spiegelglatte Bucht mit den sie bedeckenden Fischerbooten, die nicht größer scheinen als Stecknadelköpfe, und die hohen, fernen, verschwimmenden, bis an das Meer hinabreichenden Vorgebirge, blau umflossen, in unsagbarer geisterhafter Schönheit sich dem Blicke darbieten.

Warum sind die Bäume in Japan so lieblich? Bei uns ist ein blühender Kirschen- oder Pflaumenbaum kein so außerordentlicher Anblick. Aber hier ist er ein so überwältigendes Schönheitswunder, dass, wie viel man auch vorher darüber gehört haben mag, der wirkliche Anblick einen ganz sprachlos macht. Man sieht keine Blätter, nur eine schimmernde Blütenwolke. Vielleicht weil die Bäume in diesem Lande so lange geliebt, gehegt und gehätschelt wurden, haben sie sich beseelt und bemühen sich nun, ihre Dankbarkeit zu zeigen, gleich wie geliebte Frauen sich schmücken um der Männer willen. Sicherlich haben sie der Menschen Herz durch ihre Lieblichkeit bezwungen wie schöne Sklavinnen – das heißt japanische Herzen. Offenbar

findet sich bei Florenz, Japanische Mythologie, S. 92 u. f., in kürzerer Form bei Brauns, Japanische Märchen und Sagen S. 108.

sind fremde Touristen von der brutalen Klasse hier an diesem Orte gewesen, denn man hat es für nötig befunden, eine Tafel mit folgender Inschrift in englischer Sprache anzubringen: „Es ist verboten, die Bäume zu beschädigen."

„Tera?"

„Ja, Cha, Tera."

Aber nur noch eine kleine Weile geht es durch japanische Straßen. Die Häuser werden weniger dicht, zerstreuen sich entlang dem Fuße des Hügels; die Stadt versickert durch kleine Täler und verschwindet endlich ganz. Wir folgen einem sich schlängelnden Weg, mit der Aussicht auf das Meer. Grüne Hügel senken sich steil zu dem Wegrand rechts, auf der linken Seite weit unten dehnen sich eine große Strecke lang schwarzgrauer Dünensand und Salzwassertümpel bis zu einer Linie von Schaumkämmen, die so entfernt ist, dass sie nur wie ein weißes, wallendes Band aussieht. Die Flut ist vorüber, und Tausende von Muschelsammlern wimmeln auf dem Sande, in so großer Entfernung, dass ihre gebückten Gestalten, die das glimmernde Meerbett bedecken, nicht größer scheinen als Mücken. Und manche kommen auf dem Rückweg von ihrer Ernte mit wohlgefüllten Körben an uns vorbei – Mädchen, deren Gesichter beinahe so rosig sind wie die Gesichter englischer Mädchen.

Indem die Jinrikisha weiterrumpelt, werden die den Weg beherrschenden Hügel immer höher. Plötzlich hält Cha vor der höchsten und steilsten Tempeltreppe, die ich bisher gesehen habe. Ich klimme und klimme, manchmal bin ich gezwungen, innezuhalten, um meinen schmerzenden Gliedern ein wenig Erholung zu gönnen, und komme endlich völlig erschöpft und atemlos ans Ziel. Vor mir sehe ich zwei Steinlöwen, einer fletscht die Zähne, der andere hat seinen Rachen geschlossen. Auf dem gegenüberliegenden Ende eines kleinen, kahlen Plateaus steht der Tempel; von drei Seiten umschließen ihn Felsen – es ist ein sehr kleiner Tempel, der grau und alt aussieht Von einer felsigen Höhe zur Linken des Gebäudes stürzt ein kleiner Wasserfall herab in einen von einem Zaun umfriedeten eingefassten Teich. Das Getöse des Wassers übertönt jeden andern Laut. Ein scharfer Wind weht vom Ozean: Der Ort ist frostig trotz der Sonne, düster und freudlos, als wäre seit Jahrhunderten kein Gebet von da aufgestiegen.

Cha klatscht in die Hände und ruft, während ich auf der ausgetretenen Holztreppe des Tempels meine Schuhe ablege. Nach einer kleinen Weile hört man das Nahen gedämpfter Schritte und ein hohles Husten hinter einer Papierwand. Sie wird zurückgeschoben, und ein weißgekleideter, alter Priester erscheint. Mit einer tiefen Verbeugung bittet er mich, einzutreten. Er hat ein gütiges Gesicht, und sein Willkommenslächeln scheint mir das entzückendste, mit dem ich jemals begrüßt worden bin. Dann hustet er wieder so schneidend, dass ich mich des Gedankens nicht erwehren kann, ihn nicht mehr anzutreffen, wenn ich jemals wiederkomme.

Ich trete ein und fühle, wie meine Füße in dem weichen, makellosen, dicken Matten versinken, mit denen alle Fußböden in Japan bedeckt sind. Ich gehe an der unvermeidlichen Glocke und dem lackierten Lesepult vorüber, und vor mir sehe ich bloß andere Papierwände, die von der Decke bis zum Boden reichen. Der alte, immer hüstelnde Mann schiebt eine derselben zur Rechten zurück und lässt mich in das Dämmer eines von Weihrauchdüften erfüllten Sanktuariums eintreten. Eine kolossale Bronzelampe mit vergoldeten Drachen, die sich um den Säulenschaft ringeln, ist das erste, was ich unterscheide. Beim Vorübergehen bringe ich mit meiner Schulter eine Glöckchengirlande in Bewegung, die von ihrer lotosblumenförmigen Spitze herabhängt. Dann komme ich an den Altar, tappend, noch außerstande, irgendeine Form zu unterscheiden. Aber der Priester lässt Wand um Wand zurückschieben, Lichtfluten strömen auf die vergoldeten Messinggegenstände und Inschriften herein. Ich sehe mich zwischen den Altargruppen nach dem Bilde der Gottheit um – und erblicke bloß einen Spiegel, eine runde, bleiche Scheibe aus poliertem Metall und mein eigenes Gesicht darin – und hinter diesem Spottbild meines Ich ein Phantom des fernen Meeres.

Nur ein Spiegel! Was bedeutet dieses Symbol? Die Illusion? Oder etwa, dass das Universum für uns nur als die Widerspiegelung unserer eigenen Seelen existiert? Oder ist es vielleicht die altchinesische Lehre, dass wir Buddha nur in unseren eigenen Herzen suchen müssen? Vielleicht, dass ich eines Tages imstande sein werde, all diese Dinge zu enträtseln.

Während ich so auf den Steinstufen sitze, um meine Schuhe zum Fortgehen anzuziehen, nähert sich mir der freundliche alte Priester wieder und, sich vor mir verneigend, bietet er mir ein Gefäß dar. Hastig lasse ich einige Münzen hineinfallen, da ich es für eine buddhistische Almosenbüchse halte, und gewahre zu spät, dass es mit heißem Wasser gefüllt ist. Aber des alten Mannes schöne Höflichkeit erspart mir die Beschämung ob meines groben Irrtums. Wortlos und noch immer lächelnd entfernt er das Gefäß, und allsogleich mit einem andern leeren zurückkehrend, füllt er es mit heißem Wasser aus einem Kessel und fordert mich durch ein Zeichen auf, zu trinken.

Den Besuchern der Tempel wird meistens Tee angeboten, aber dieses kleine Heiligtum ist sehr, sehr arm; und ich fürchte, der alte Priester leidet zuweilen Mangel an dem, was kein menschliches Wesen entbehren sollte. Als ich die dem Winde ausgesetzten Treppen zu dem Fahrweg hinabsteige, sehe ich ihn noch mir nachblicken, und noch einmal höre ich sein hohles Husten. Dann fällt mir der Hohn des Spiegels wieder ein. Ich versinke wieder in Grübeln, ob ich jemals imstande sein werde, das zu finden, was ich suche – außerhalb meines Selbst! Das heißt, außerhalb meiner eigenen Phantasie?

„Tera?“ fragt Cha noch einmal.

„Tera, nein – es wird spät, Hotel, Cha!“

Auf unserem Heimweg hält Cha bei einer Biegung einer engen Straße die Jinrikisha vor einem Schrein oder winzigen Tempelchen an, das kaum größer ist als der kleinste der japanischen Läden, aber mich mehr überrascht, als irgend eines der großen, heiligen Gebäude, die ich schon besucht habe. Denn auf jeder Seite des Eingangs stehen zwei Monstergestalten – nackt, blutrot, mit furchtbaren Muskeln und Löwenfüßen. In ihren Händen schwingen sie vergoldete Donnerkeile und ihre Augen funkeln in wahnsinniger Wut. Die Wächter der Heiligen Dinge – die „Ni-ō“ oder die „Zwei Könige“.[4] Und gerade zwischen diesen zwei blutroten Ungetümen steht ein junges Mädchen, das auf uns blickt. Die schlanke Gestalt im silbergrauen

---

[4] Diese Ni-ō, die ersten, die ich in Japan zu Gesicht bekam, waren sehr primitive Gestalten. Man kann sehr prächtige Ni-ō an einigen der großen Tempeltore in Tōkyō, Kioto und anderswo sehen. Die grandiosesten sind die in der Ni-ō-Mon oder „Zweikönigsgasse“ des ungeheuren Todaijitempels in Nara. Sie sind 800 Jahre alt. Voll staunender Bewunderung steht man vor der Konzeption des Künstlers, der so viel wilde Größe und orkanartige Kraft in diesen Kolossalgestalten verkörpert hat Viele Gebete werden an die Ni-ō gerichtet, insbesondere von den Pilgern. Meist sind ihre Statuen durch kleine Papierkügelchen verunstaltet, die die Leute, zu einer breiigen Masse zerkaut, auf sie speien. Es herrscht der seltsame Aberglaube, dass, wenn das Kügelchen an der Statue haftet, das Gebet Erhörung findet, fällt es aber zu Boden, so bleibt das Gebet unerfüllt.

Kleide mit irisviolettem Gürtel hebt sich köstlich von dem Dämmer des Innenraumes ab. Ihr ruhevolles, wundersam zartes Gesicht würde überall entzücken, aber hier in dem seltsamen Kontrast mit der grotesken Schauerlichkeit zu beiden Seiten ist die Wirkung unsagbar. Dann überkommt mich der Gedanke, ob mein Gefühl des Widerwillens gegen diese beiden Unholde im Grunde gerechtfertigt sei, da doch ein so entzückendes Mädchen sie der Verehrung für würdig hält. Und sie hören sogar auf, mir hässlich zu erscheinen, als ich die Liebliche zwischen ihnen dastehen sehe, zierlich und leichtbeschwingt wie eine prächtige Libelle, den naiven Kinderblick auf den Fremden geheftet, völlig ahnungslos, dass ihm die Beiden zugleich unheilig und unpassend erscheinen konnten.

Was sind sie? Künstlerisch bedeuten sie buddhistische Transformationen von Brahma und Indra. Von der absorbierenden, all verwandelnden magischen Atmosphäre des Buddhismus eingehüllt, vermag Indra jetzt seinen Donnerkeil bloß zur Verteidigung des Glaubens zu schwingen, der ihn entthront hat – er ist der Hüter der Tempelpforten geworden – ja sogar der Diener Bosatsus (Bodhisattvas), denn dies ist nur ein Altar Kwan-ons, der Göttin der Barmherzigkeit, noch nicht Buddha.

„Hotel, Cha, Hotel," rufe ich, denn der Weg ist lang und die Sonne sinkt; sie sinkt in einem unsagbar schmelzenden Glanz topasfarbenen Lichtes. Ich habe Shaka (so haben die Japaner den Namen Sakya-Muni verwandelt) nicht gesehen, habe das Antlitz Buddhas nicht erblickt. Vielleicht wird es mir vergönnt sein, sein Bild morgen irgendwo in dem hölzernen Straßenwirrsal zu finden oder auf dem Gipfel eines noch nicht von mir besuchten Hügels.

Die Sonne ist fort, der Lichtglanz verschwunden, und Cha bleibt stehen, um seine Papierlaterne anzuzünden. Dann hasten wir wieder vorwärts zwischen zwei langen Reihen bemalter Papierlaternen, die vor jedem Laden aufgehängt sind. So dicht sind sie aneinandergereiht und laufen so schnurgerade fort, dass sie zwei endlose Ketten von Feuerperlen zu sein scheinen. Plötzlich ertönt ein Laut; feierlich, mächtig, tief dröhnt über die Dächer der Stadt die Stimme des Tsurigane an mein Ohr, der großen Tempelglocke von Nogiyama.

Allzu kurz schien der Tag. Aber meine Augen waren so lange von dem grellen weißen Licht geblendet und so verwirrt von dem Zauberbann des endlosen Anblickes mysteriöser Zeichen, die mich bei jeder Straßenvedute gleichsam in ein ungeheures, aufgeschlagenes Zauberbuch blicken ließen – dass sie nun selbst das sanfte Blinken der Papierlaternen ermüdet, die ebenfalls mit Zeichen bedeckt sind, welche dem Texte eines Magiebuches gleichen. Und ich fühle endlich, wie sich jene Schläfrigkeit auf mich senkt, die immer der Bezauberung folgt.

„Amma kamishimo go-hyak mon!"

Eine Frauenstimme tönt durch die Nacht, in wundersamer Süße Worte singend, die gleich Flötentönen durch mein geöffnetes Fenster dringen. Mein japanischer Diener, der ein wenig englisch spricht, hat mir gesagt, was diese Worte: „Amma kamishimo go-hyak mon" bedeuten.

Und zwischen diesen süßen Rufen höre ich immer ein klagendes Pfeifen – zuerst eine langgezogene Note, dann zwei kurze in einer anderen Tonart, – es ist der Pfiff der Amma, der armen, blinden Frau, die ihren Unterhalt durch Kopfwäschen bei den Kranken oder Siechen verdient und deren Pfiff die Gefährte oder Fußgänger mahnt, um ihretwillen achtsam zu sein, da sie nicht sehen kann. Und sie singt auch, dass die Kranken und Müden sie hereinrufen mögen: Amma kamishimo go-hyak mon!

Die traurigste Melodie, aber die süßeste Stimme. Ihr Ruf bedeutet, dass sie um den Preis von „fünfhundert Mon" kommen und deinen müden Körper von oben bis unten frottieren und Mattigkeit oder Schmerz vertreiben wird. Fünfhundert Mon sind gleich fünf Sen (japanische Pfennige). Ein Sen hat zehn Rin, und ein Rin zehn Mon. Die wundersame Süßigkeit der Stimme verfolgt mich, ja, ich wünsche sogar, ich hätte irgendwelche Schmerzen, um sie mir für fünfhundert Mon von ihr wegzaubern zu lassen.

Ich lege mich zur Ruhe und träume. Ich sehe chinesische Texte – zahllos, geisterhaft, geheimnisvoll – alle nach einer Richtung an mir vorbeifliegend, Ideogramme, weiß und dunkel, auf Auslageschildern, auf Papierschirmen, auf den Rücken von Männern in Sandalen. Sie scheinen zu leben, diese Ideogramme, ein bewusstes Leben, sie bewegen ihre einzelnen Teile und bewegen sie mit der Raschheit von Insekten. Ich rolle immer weiter durch enge, niedrige, leuchtende Straßen in einer gespenstischen Jinrikisha, deren Räder lautlos dahingleiten. Und immer, immer sehe ich den ungeheuren weißen, pilzförmigen Hut Ohas auf und nieder tanzen, wie er vor mir durch die Straßen eilt ...

Jizō

Ich bin noch einen ganzen Tag zwischen Shintō- und Buddhatempeln umhergewandert. Viele seltsame Dinge habe ich gesehen, aber noch habe ich das Antlitz Buddhas nicht geschaut. Immer wieder und wieder nach mühevollem Klettern über Steinstufen, vorüber an Toren mit Wasserspeiern, Elefanten- und Löwenköpfen, wenn ich ohne Schuhe in weihrauchduftendes Dämmer trat, in Zaubergärten voll goldener Papierlotosblumen, spähten meine Augen, nachdem ich mich an das Dunkel gewöhnt hatte, vergebens nach seinem Bilde. Nichts als ein verworrenes Glitzern und Gleißen halbgesehener Dinge, vager Altarprunk – ein Zusammenklang rätselhaft verschlungener Bronzen – Gefäße von unbeschreiblicher Form – geheimnisvolle Texte in Gold, seltsame funkelnde Gehänge – alles nur einen Schrein mit festgeschlossenen Türen einrahmend.

Was mir den tiefsten Eindruck gemacht hat, ist die unverkennbare Heiterkeit der Religion. Ich habe nichts Finsteres, nichts Strenges oder Asketisches gesehen – ja, es ist mir nicht einmal ein besonderes Gepräge der Feierlichkeit aufgefallen. Die lichten Tempelhöfe, ja selbst die Tempelstufen wimmeln von lachenden Kindern, die sich mit seltsamen Spielen ergötzen; und Mütter, die zum Beten in das Heiligtum treten, dulden es, dass ihre Kleinen auf den Matten herumkrabbeln und quieken und krähen.

Die Leute nehmen ihre Religion leicht und fröhlich; sie werfen ihre Münzen in die große Sammelbüchse, klatschen in die Hände und murmeln ein sehr kurzes Gebet; dann wenden sie sich ihren Genossen zu, lachen und plaudern und rauchen ihre kleinen Pfeifen vor dem Tempeleingang. Ich habe bemerkt, dass sie in manchen Schrein gar nicht eintreten, sie stehen bloß vor, den Türen, beten einige Sekunden und bringen ihre kleinen Gaben dar – wohl denen, die die Götter, die sie sich geschaffen, nicht allzu sehr fürchten!

Akira verbeugt sich lächelnd an der Türe. Er streift seine Sandalen ab, tritt in seinen weißen, durchbrochenen Strümpfen ein; und mit einer zweiten lächelnden Verbeugung gleitet er sanft auf den ihm angebotenen Sitz. Akira ist ein interessant aussehender Jüngling; mit seinem weichen bartlosen Gesicht, der hellen Bronzefarbe seiner Haut und dem blauschwarzen, in die Stirn fallenden Haar, das seine Augen beschattet, sieht er in seinem weiten, langärmligen Gewand und den schneeweißen Strümpfen fast wie ein japanisches Mädchen aus.

Ich klatsche in die Hände, um Tee kommen zu lassen, Hoteltee, den er „chinesischen Tee" nennt, und biete ihm eine Zigarre an. Diese lehnt er ab, „aber mit meiner gütigen Erlaubnis möchte er eine Pfeife rauchen"; darauf zieht er aus seinem Gürtel eine japanische Pfeifenkassette heraus, eine Kombination von Pfeife und Tabaksbeutel, entnimmt ihr eine kleine Metallpfeife, deren Kopf kaum groß genug ist, um eine Erbse zu fassen, dann nimmt er aus einem Beutel Tabak, der so fein geschnitten ist, dass er wie Haar aussieht, stopft dieses Präparat in die Pfeife und beginnt zu rauchen. Er zieht den Rauch ein und lässt ihn durch die Nase entweichen. Drei kleine Züge in Intervallen von einer halben Minute, und die geleerte Pfeife wird an ihren Platz zurückgelegt.

Inzwischen habe ich Akira die Geschichte meiner Enttäuschungen geklagt.

„Oh, Sie können ihn heute sehen", erwidert Akira, „wenn Sie mit mir einen Spaziergang zum Tempel von Zotokuin machen wollen. Denn heute ist Busshōe, das Geburtsfest des Buddha. Aber es ist nur ein sehr kleines Buddhabild, nur wenige Zoll hoch. Wenn Sie einen großen Buddha sehen wollen, müssen Sie nach Kamakura gehen. Dort ist ein fünfzig Fuß hoher Buddha, der auf einem Lotos sitzt."

So mache ich mich unter der Führung Akiras auf den Weg. Er sagt, er könne mir mancherlei seltsame Dinge zeigen.

Der Schall froher Stimmen tönt aus dem Tempel, und die Stufen wimmeln von lächelnden Müttern und jauchzenden Kindern. Bei meinem Eintritt sehe ich, dass Kinder und Frauen sich um ein lackiertes Tischchen, gegenüber dem Eingange, drängen. Auf dem Tische befindet sich ein kübelförmiges Gefäß mit süßem Tee – amacha. Und in dem Tee steht eine winzige Buddhagestalt; die eine Hand weist nach oben, die andere nach unten. Nachdem die Frauen die üblichen Gaben dargebracht haben, schöpfen sie mit dem seltsam geformten Holzschöpfer etwas Tee aus dem Gefäß und gießen ihn über die Statue; dann füllen sie den Schöpflöffel noch einmal, nehmen einen kleinen Schluck und lassen auch die Kinder daraus nippen. Dies ist die Zeremonie, die man die Waschung der Statue Buddhas nennt.

Neben dem lackierten Ständer, auf dem das Teegefäß steht, ist ein anderer niedrigerer Ständer, der eine Tempelglocke trägt, die wie eine große Schüssel geformt ist Ein Priester nähert sich der Glocke mit einem umwundenen Hammer und schlägt darauf. Aber die Glocke gibt keinen richtigen Ton. – Der Priester sieht betroffen aus, blickt hinein und bückt sich, um ein lächelndes Kindchen aus ihr hervorzuheben. Die lachende Mutter läuft herbei, ihn von seiner Bürde zu befreien, und Priester und Mutter und Kindchen blicken auf uns mit einer ungezwungenen Fröhlichkeit, in die wir einstimmen.

Akira verlässt mich einen Augenblick, um mit einem der Tempelbediensteten zu sprechen, und kehrt bald mit einem seltsamen lackierten Kästchen zurück, das ungefähr einen Fuß lang und an allen vier Seiten vier Zoll breit ist. Nur an einem Ende desselben befindet sich ein Loch, aber nirgends ist die Spur eines Deckels zu sehen.

„Nun," sagt Akira, „wenn Sie zwei Sen zahlen wollen, können wir unser künftiges Los nach dem Willen der Götter erfahren."

Ich zahle die zwei Sen, Akira schüttelt die Büchse – und es kommt ein schmaler, mit chinesischen Schriftzeichen bedeckter Bambusstreifen heraus.

„Kichi!" ruft Akira – „das bedeutet Glück, die Nummer ist einundfünfzig!"

Wieder schüttelt er die Büchse, und ein zweiter Bambusstreifen kommt aus der Spalte.

„Dai kichi! Großes Glück! Die herausgekommene Nummer ist neunundneunzig!"

Und noch einmal wird die Büchse geschüttelt, und noch einmal kommt der orakelhafte Bambusstreifen hervor.

„Kyō!" lacht Akira. „Übel wird uns befallen, es ist Nummer vierundsechzig."

Er gibt dem Priester die Büchse zurück und empfängt von diesem drei geheimnisvolle Papiere, deren Ziffern mit den Nummern der Bambusstreifen übereinstimmen. Diese kleinen Bambusstreifen oder Wahrsagestäbchen heißen Mikuji.

In der Obersetzung Akiras ist der Inhalt des mit der Nummer einundfünfzig versehenen Papieres folgender: „Wer dieses Mikuji herauszieht, lebe nach dem himmlischen Gesetz und bete Kwan-on an. Ist sein Missgeschick Krankheit, wird sie von ihm weichen – hat er etwas verloren, wird es wiedergefunden werden – hat er eine Klage bei Gericht anhängig, er wird sie gewinnen – liebt er ein Weib, wird sie gewiss die Seine werden, wenn er auch warten musste – und viel Glück wird ihm zuteilwerden."

Das Dai-kichi-Blatt ist beinahe gleichlautend, mit dem einzigen Unterschied, dass statt Kwan-on die Gottheit des Reichtums und des Glücks – Dai Kaku, und Bishamon und Benten angebetet werden sollen und dass der Glückliche auf das geliebte Weib nicht erst zu warten braucht.

Aber das Kyō-Blatt lautet folgendermaßen: „Wer dieses Mikuji herauszieht, wird gut tun, sich dem himmlischen Gesetze zu unterwerfen und Kwan-on, die Gnadenreiche, anzubeten. Hat er irgendeine Krankheit, wird er noch kränker werden, – hat er etwas verloren, er wird es nicht wiederfinden – hat er eine Klage bei Gericht, nun und nimmer wird er sie gewinnen, – liebt er ein Weib, so lasse er alle Hoffnung fahren, sie je sein Eigen zu nennen. Nur durch unablässige Frömmigkeit kann er hoffen, dem furchtbarsten Schicksal zu entgehen – und er wird keinen Teil haben am Glück."

„Bei alledem können wir uns noch glücklich preisen," sagt Akira, „zweimal unter dreimal haben wir ein gutes Los gezogen! Nun, jetzt wollen wir noch eine Statue Buddhas aufsuchen." Und er führt mich durch viele seltsame Straßen zum südlichen Ende der Stadt.

Vor uns erhebt sich ein Hügel, zu dessen Gipfel eine breite, steinerne Treppenflucht zwischen Zedern- und Ahornlaubwerk emporführt. Wir klettern hinan, und ich sehe über mir die wartenden Löwen Buddhas – das Männchen mit dräuend geöffnetem Rachen, das Weibchen mit geschlossenem Maul. Wir gehen an ihnen vorüber und betreten einen geräumigen Tempelhof, an dessen gegenüberliegendem Ende sich ein grandioser Holzbau erhebt.

Und hier ist der Tempel. Mit einem Dach von blau gefärbten Kupferziegeln, geschwungenen Dachrinnen und Wasserspeiern und Drachen, alles von der Zeit zu einer neutralen Farbe abgetönt. Die Papierschiebewände sind geöffnet, aber der melancholisch-rhythmische Gesang, der aus dem Innern dringt, verkündet uns, dass der Vormittagsgottesdienst abgehalten wird: die Priester singen den in das Chinesische übertragenen Sanskrittext, indem sie die Sutra intonieren, die Sutra vom „Lotos des guten Gesetzes". Einer der Singenden gibt den Takt an, indem er mit einem baumwollumwundenen Hammer auf einen grotesken, über und über in Scharlach und Gold lackierten Gegenstand schlägt, der wie ein Delphinkopf aussieht und einen dumpfen, hallenden Ton von sich gibt – ein Mokugyō.

Zur Rechten des Tempels befindet sich ein kleiner Schrein, der die Luft mit Weihrauchduft erfüllt. Ich spähe durch den blauen Rauch, der sich aus einem kleinen, mit einem halben Dutzend winziger Ruten gefüllten Feuerbecken emporringelt, und im tiefsten Schatten des Hintergrundes sehe ich einen schwarzbraunen Buddha. Das tiarageschmückte Haupt ist geneigt und die Hände gefaltet, gerade so wie ich die Japaner in der Sonne aufrechtstehend vor den Tempelschwellen beten sah. Die Statue ist roh aus Holz gezimmert und nur primitiv bemalt: und doch ist das ruhevolle Antlitz von ergreifender Schönheit.

Als wir den Hof zur Linken des Gebäudes durchschritten haben, stehen wir wieder vor einer Treppenflucht, die zwischen ungeheuren Bäumen noch höher zu etwas Geheimnisvollem hinaufführt. Ich ersteige auch diese Stufen, erreiche den von zwei symbolischen Löwen gehüteten Gipfel und stehe plötzlich gebannt und verblüfft im kühlen Schatten vor einem großen befremdlichen Schauspiel.

Tiefdunkle, fast schwarze Erde und der Schatten uralter Bäume, durch deren Laubgewölbe die Sonne hie und da in zitternden Flecken niederrieselt. Ein geisterhaftes Dämmerlicht, das eine Schar fremder Gestalten offenbart Eine Versammlung, grauer, säulenförmiger, bemooster Dinge, steinern, monumental, mit eingemeißelten chinesischen Schriftzeichen. Und ringsum und hinter ihnen, sich hoch über sie erhebend, dicht wie Binsen in einem Moor, lattenförmige, schmale Holztäfelchen, mit phantastischen Inschriften bedeckt, aus dem grünen Dämmerlicht zu Tausenden und Abertausenden hervorragend.

Und noch ehe ich irgendwelche Einzelheiten zu unterscheiden vermag, weiß ich, dass ich mich auf einer Hakaba, einem Friedhof, befinde – einem uralten buddhistischen Friedhof. Diese Lattentäfelchen werden in japanischer Sprache sotōba[5] genannt Alle haben sie auf beiden Seiten an ihren Rändern unter der Spitze fünf Einkerbungen. Und alle sind sie auf beiden Seiten mit Lettern bemalt. Eine Inschrift lautet immer: „Zur Förderung des

[5] Abgeleitet von dem Sanskrit Stupa.

Buddhatums“; gleich unter dem Namen des Verstorbenen. Die Inschrift auf der hinteren Seite ist immer eine Sentenz in Sanskrit, deren Bedeutung selbst die die Begräbnisriten vollziehenden Priester nicht mehr kennen. Eine solche Latte wird gleich hinter dem Grab aufgestellt, nachdem der Haka (Grabstein) errichtet worden. Dann eine andere jeden siebenten Tag durch neunundvierzig Tage, dann eine nach dem hundertsten Tage, eine nach Vollendung des Jahres, und dann wieder nach Verlauf von drei Jahren; und noch weitere in immer längeren Zwischenräumen, hundert Jahre hindurch. Und fast in jeder Gruppe bemerke ich einige ganz neue aus frisch gehobeltem, unbemaltem Holz, neben anderen altersgrauen oder schwarzen. Noch andere liegen verstreut auf der tiefdunklen Erde und Hunderte stehen so gelockert, dass jeder Windhauch sie durcheinanderschüttelt und rüttelt.

Nicht weniger befremdend in der Form, aber noch weit interessanter sind die Steinmonumente. Ich weiß, dass eine Form die fünf buddhistischen Elemente veranschaulicht. Eine auf einem Kubus ruhende Himmelssphäre, die eine Pyramide trägt, auf der eine flache, viereckige Schale mit vier sichelförmigen Spitzen und gebogenen Ecken ruht. Und in der Schale ein birnenförmiger Körper, der mit der Spitze nach aufwärts steht. Diese veranschaulichen Erde, Wasser, Feuer, Wind, Äther, die fünf Elemente, aus denen der Körper besteht und in die er sich nach dem Tode wieder auflöst. Das Fehlen jedes Emblems für das sechste Element, Erkenntnis, wirkt ergreifender, als es irgendeine Abbildung vermocht hätte.

Sehr zahlreich sind auch unter den Monumenten niedrige viereckige, abgekappte Säulen mit einer japanischen Inschrift, die in Schwarz oder Gold gemalt oder auch nur in den Stein eingemeißelt ist. Dann gibt es wieder aufrechte kleine Blöcke von verschiedener Form und Höhe, zumeist an der Spitze abgerundet und gewöhnlich mit Reliefs bedeckt. Und endlich sind da auch viele seltsam geformte, unbehauene Steine oder Felsblöcke, nur auf einer Seite an der geglätteten Fläche mit eingeritzten Zeichnungen bedeckt Man möchte glauben, dass schon in der Unregelmäßigkeit dieser Blöcke irgendein Sinn liegt. Der Stein scheint an fünf Ecken aus seinem natürlichen Bett herausgesprengt worden zu sein und die Art, wie er auf seinem Sockel im Gleichgewicht erhalten bleibt, ist ein Geheimnis, das die erste flüchtige Untersuchung nicht aufklärt.

Die Sockel selbst sind in ihrer Konstruktion verschieden. Die meisten haben drei Öffnungen in der vorspringenden Fläche, unter dem von ihnen getragenen Monument – gewöhnlich eine große, ovale Höhlung, auf jeder Seite von zwei kleinen runden Löchern flankiert. Diese kleinen Löcher sind zum Verbrennen von Räucherstäbchen bestimmt – die größere Höhlung wird mit Wasser gefüllt. Der Grund ist nicht recht ersichtlich – mein japanischer Freund sagt: „Es ist in Japan eine alte Sitte, so für die Toten Wasser auszuschöpfen." Zu beiden Seiten des Monumentes befinden sich auch Bambusschalen für Blumen.

Viele der Skulpturen stellen Buddha in meditierender oder ermahnender Stellung dar, einzelne auch in schlafender Stellung, mit dem ruhevoll träumenden Antlitz eines Kindes – eines japanischen Kindes – das bedeutet Nirvana. Auf vielen Gräbern sieht man zwei Lotosblumen mit verschlungenen Stengeln eingezeichnet. An einer Stelle sehe ich einen Stein mit einem englischen Namen darauf. Und über dem Namen ein roh gemeißeltes Kreuz. Fürwahr, Buddhas Priester üben eine gnadenreiche Toleranz, denn dies ist ein christliches Grab.

Und alles ist morsch, verfallen und moosüberwuchert – und die grauen Steine erstrecken sich in dichten, nur einen oder zwei Zoll voneinander getrennten Reihen unabsehbar weiter, zu Tausenden und Abertausenden, immer im Schatten der uralten Bäume. Zahllose Vögel erfüllen die Luft mit ihrem Trillern, und tief unten von der Treppe hinter uns tönt noch immer der melancholische Gesang der Priester wie leises Bienensummen.

Schweigend führt uns Akira dorthin, wo andere Stufen zu einem noch älteren und dunkleren Teil des Friedhofes hinabführen; und am Treppenkopf rechts gewahre ich eine Gruppe von kolossalen Monumenten, ungeheuer, massiv, bemoost, mit Inschriften, die zwei Zoll tief in das graue Gestein hineingeschnitten sind. Und hinter ihnen an Stelle von Holzlatten sind große Sotobas aufgestellt, von zwölf bis vierzehn Fuß Höhe und so dick, wie die Kreuzbalken eines Tempeldaches. Dies sind Gräber von Priestern.

Wir steigen die dunklen Stufen hinab und stehen vor sechs Statuen. Sie sind ungefähr drei Fuß hoch und stehen in einer Reihe geordnet auf einem langen Sockel. Die erste hält eine buddhistische Weihrauchbüchse, die zweite einen Lotos, die dritte einen Pilgerstab (Tsue), die vierte liest die Perlen eines buddhistischen Rosenkranzes herunter, die fünfte steht in betender Stellung mit gefalteten Händen, die sechste hält in der einen Hand den

Shakujō oder den Priesterbettelstab, mit den sechs Ringen an der Spitze, in der anderen Hand das mystische Juwel Nyoi Hō-jō, kraft dessen alle Wünsche in Erfüllung gehen. Aber das Antlitz aller sechs ist das gleiche – die einzelnen Gestalten unterscheiden sich nur durch ihre Stellung und die ihnen beigegebenen Embleme; und alle lächeln dasselbe sanfte Lächeln. Um den Hals jeder Figur hängt ein weißer Baumwollsack, und alle Säcke sind mit Kieseln angefüllt – und Kiesel sind auch rings um die Füße der Statuen hoch aufgeschichtet, auf ihren Knien und ihren Schultern, ja selbst die Steinaureolen sind mit kleinen Kieselsteinen bedeckt Archaistisch geheimnisvoll, aber unsagbar rührend sind alle diese weichen Kindergesichter.

Roku Jizō – die sechs Jizōs – heißen diese Bilder in der Volkssprache; und solche Gruppen kann man auf vielen japanischen Friedhöfen sehen. Sie sind Darstellungen der schönsten und zartesten Gestalt des japanischen Volksglaubens, jener entzückenden Gottheit, die sich der kleinen Kinderseelen annimmt, sie am Orte der Unrast tröstet, und sie vor den Dämonen behütet. „Aber warum sind diese kleinen Kiesel vor den Statuen aufgehäuft?" frage ich.

Nun, dies geschieht, weil einige sagen, die Geister der Kinder müssen in der Sai no Kawara, dem Orte, wohin alle Kinder nach ihrem Tode kommen, kleine Steintürme aufführen. Und die Onis, die Dämonen, kommen und stürzen die kleinen Türme ebenso schnell wieder um, als die Kinder sie gebaut haben, und sie erschrecken die Kinder und quälen sie. Aber die kleinen Seelen flüchten zu Jizō, der sie in den Falten seiner wallenden Ärmel birgt und ihnen zuspricht und die Dämonen vertreibt. Und jeder Stein, den man mit einem Gebet aus tiefstem Herzensgrunde auf die Knie Jizōs oder zu seinen Füßen niederlegt, hilft irgendeiner Kinderseele in der Sai no Kawara, die lange Buße zu erfüllen.[6]

„Alle kleinen Kinder" – sagt der junge buddhistische Student, der mir dies erzählt, mit einem so milden Lächeln wie das Jizōs selbst, „müssen nach

---

[6] Der wahre Ursprung der Sitte, vor dem Bild Jizōs und der anderen Gottheiten Steine aufzuhäufen, ist jetzt dem Volke unbekannt. Die Sitte gründet sich auf einen Satz in der berühmten Sutra, „Der Lotos des Guten Gesetzes": „Selbst die kleinen Knaben, die beim Spiele hier und da kleine Sandhäufchen aufrichten, in der Absicht, sie den Jinas als Stupas zu weihen – sie alle haben Erleuchtung gefunden." – Saddharma Pundarika, c II. B. 81, (Kerns Obersetzung) „Heilige Bücher des Ostens" XXI.

ihrem Tode in die Sai no Kawara kommen – und dort spielen sie mit Jizō. Die Sai no Kawara ist tief, tief unter der Erde."[7]

„Und Jizōs Gewand hat wallende Ärmel, und sie zupfen ihn daran bei ihren Spielen und häufen kleine Kieselhügel vor ihm auf, um sich zu ergötzen; und jene Kiesel, die Sie dort um die Statuen aufgestapelt sehen, haben Leute um der Kinder willen aufgerichtet, zumeist Mütter toter Kinder, die zu Jizō beten. Aber erwachsene Leute kommen nach ihrem Tode nicht in die Sai no Kawara."[8]

Und nun verlässt der junge Student mit mir Roku Jizō, um mich zu anderen seltsamen Überraschungen zu führen, und zeigt mir auf unserem Wege die gemeißelten Gottheiten; alle sind wunderlich rührend, einzelne interessant, manche ausgesprochen schön. Die meisten haben Aureolen, einige sind mit gefalteten Händen, andere in kniender Stellung abgebildet wie christliche Heilige, andere, Lotosblumen haltend, scheinen zu träumen, Träume, die Meditationen sind. Eine Gestalt ruht auf dem Geringel einer großen Schlange, – eine andere, eine Art Tiara auf dem Kopf, hat sechs Hände, zwei da-

---

[7] Der ursprüngliche Jizō ist von den Orientalisten mit dem Kshitigarbha des Sanskrit identifiziert worden. Wie Professor Chamberlain sagt, ist „die Klangähnlichkeit zwischen dem Namen Jizō und Jesus ganz zufällig." Doch in Japan hat sich Jizō ganz transformiert. Mit vollem Recht muss er als die allerjapanischste unter den japanischen Gottheiten bezeichnet werden. Nach dem seltsamen altbuddhistischen Buch Sai no Kawara Kuchizu-sami no den hatte die große Sai no Kawara-Legende ihren Ursprung in Japan, und ihre erste Niederschrift stammt von dem Priester Kuya Shōnin, aus dem 6. Jahre der Tenkei-Periode, zur Regierungszeit des Kaisers Shujaku, welcher im Jahre 946 starb. In dem Dorf Sai-in, nahe bei Kyōto wurde Kuya während einer in dem ausgetrockneten Bette eines benachbarten Flusses Sai no Kawa (der mit dem heutigen Serikawa identisch sein soll) zugebrachten Nacht der Zustand der Kinderseelen im Meido geoffenbart (So lautet die Legende in dem Buche; aber Prof. Chamberlain hat gesagt, dass der Name Sai-no-Kawara, wie er heute geschrieben wird, das „Trockene Bett des Flusses der Seelen" bedeutet, und der moderne Glaube verlegt diesen Fluss in den Meido.) Wie immer die wahre Geschichte der Mythe sein möge, jedenfalls ist sie japanisch, und die Vorstellung des Jizō als des Freundes und Spielgenossen der toten Kinder gehört Japan an. Es gibt noch viele andere volkstümliche Gestalten des Jizō, eine der häufigsten ist jener „Koyasu-Jizō", zu dem schwangere Frauen beten. Es gibt nur sehr wenig Landstraßen in Japan, wo man keine Jizō-Statuen sieht, denn er ist auch der Schutzpatron der Pilger.

[8] Mit Ausnahme derer, die nicht geheiratet haben.

von sind im Gebet gefaltet, die anderen halten verschiedene Gegenstände ausgestreckt. Und diese Figur steht auf einem zu Boden gestürzten Dämon. Aber ein anderes Bild in Basrelief hat zahllose Arme. Das erste Paar Hände ist gefaltet, während von der Schulterlinie, schattenhaft daraus hervorstrebend, unzählige Arme nach allen Richtungen, herausragen – wesenlos, geisterhaft, alle möglichen Dinge haltend, gleichsam an sie gerichtete Bitten erfüllend – und vielleicht die Allmacht der Liebe symbolisierend. Dies ist nur eine der vielen Formen von Kwan-on, der Göttin der Barmherzigkeit, der milden Göttin, die die Ruhe Nirvanas verschmähte, um die Seelen der Menschen zu erlösen, und die meisten als schönes japanisches Mädchen abgebildet wird. Aber hier erscheint sie als Senshu Kwan-on (die tausendarmige Kwan-on). Nahe dabei steht ein großer Steinblock, der auf dem oberen Teile seiner gemeißelten Fläche ein Reliefbild Buddhas, auf einem Lotos in Betrachtung versunken, darstellt, und darunter sind drei geisterhafte kleine Gestalten eingeschnitten; eine bedeckt die Augen, die andere den Mund, die dritte die Ohren mit der Hand. Es sind Affen. „Was bedeuten sie?" frage ich. Mein Freund antwortet, indem er nachahmend die Gesten der drei Figuren leise andeutet: „Ich sehe nichts Böses," „ich höre nichts Böses," „ich spreche nichts Böses."

Allgemach vermöge wiederholter Erklärungen gelange ich dazu, einige der Götter selbst zu erkennen. Die auf dem Lotos ruhende Gestalt mit dem Schwert in der Hand, von lohendem Feuer umzingelt, ist Fudō-Sama, – Buddha als der Unbewegte, Unerschütterliche; das Schwert bedeutet Intellekt, das Feuer Kraft. Diese in Meditationen versunkene Gottheit mit dem Knäuel von Stricken in der Hand ist Buddha; dies sind die Stricke, die die Leidenschaften und Gelüste binden. Hier ist auch ein schlummernder Buddha, mit dem sanften milden japanischen Antlitz, ein Kinderantlitz, mit geschlossenen Augen und die Wange in die Hand geschmiegt, – in Nirvana. Hier ist eine schöne, jungfräuliche Gestalt – sie steht auf einer Lilie – es ist Kwan-on-Sama, die japanische Madonna. Hier diese feierliche Figur in sitzender Stellung, die in einer Hand eine Vase hält, die andere erklärend, wie ein Lehrer, erhebt, ist Yakushi-Sama, Buddha, der Allheiler, der Arzt der Seele.

Ich sehe auch Tiergestalten. Der Hirsch der buddhistischen Entstehungsgeschichten steht, ganz Anmut, in schneeigem Stein auf der Spitze von Tōrōs oder Votivlaternen. Auf einem Grabe sehe ich, prachtvoll gemeißelt, das

Bild eines Fisches, oder eigentlich, die Idee eines Fisches, von dem Bildhauer zu grotesker Schönheitswirkung verwendet, wie der Delphin in der griechischen Kunst. Er krönt den Gipfel einer Gedenksäule. Der weitgeöffnete Rachen, der eine dichte Zahnreihe zeigt, ruht auf der Spitze des Blocks, der den Namen des Verstorbenen trägt. Die Rückenflosse und der emporgestreckte Schwanz sind zu einer phantastischen Groteske ausgestaltet. „Mokugyo", sagt Akira. Es ist dasselbe buddhistische Emblem, wie jenes hohle, hölzerne, golden und purpurrot lackierte Ding, auf welches die Priester, während sie die Sutra singen, mit dem umwundenen Hammer schlagen. Und endlich gewahre ich an einer Stelle ein paar sitzende Tiere irgendeiner mythologischen Art – geschmeidig wie Windhunde; „Kitsune", sagt Akira – „Füchse". Ja, als solche erkenne ich sie nun, da ich ihren Zweck weiß – idealisierte Füchse – vergeistigte Füchse – Füchse von unbeschreiblicher Anmut – aus irgendeinem grauen Gestein gemeißelt. Sie haben geschlitzte, unheimlich funkelnde Augen – sie scheinen zu knurren – es sind geheimnisvolle, geisterhafte Geschöpfe – die Diener des Reisgottes: Vasallen Inari-Samas – und gehören nicht so eigentlich zur buddhistischen Ikonographie, sondern zu der Bilderwelt des Shintōismus.

Auf diesen Gräbern sind keine unseren Epitaphen ähnliche Inschriften. Nur Familiennamen, – die Namen der Toten und ihrer Angehörigen, und ein eingemeißeltes Wappen, zumeist eine Blume, auf der Sotōba nur Sanskritworte.

In einiger Entfernung finde ich andere Jizōgestalten – einzelne auf Gräbern eingemeißelte Reliefs, aber eines derselben ist ein so entzückendes Kunstwerk, dass es mich Überwindung kostet, daran vorüber zu gehen. Rührender als ein Christusbild ist die weiße Steingestalt des Gespielen der toten Kinder. Wie ein schöner Knabe mit halbgeschlossenen Lidern, das Antlitz verklärt durch ein Lächeln, wie es nur die buddhistische Kunst konzipieren konnte – das Lächeln unendlicher Liebe und hehrster Milde. So entzückend ist das Idealbild Jizōs, dass in der Sprache des Volkes ein schönes Antlitz immer ihm verglichen wird – „Jizō-kao", wie das Antlitz Jizōs.

Wir gelangen an das Ende des Friedhofs, zu dem Rande des großen Hains! Welch zärtliches Licht über den Bäumen, welch geisterhafte Lieblichkeit in der linden Luft! Ein tropischer Himmel schien mir immer so niedrig zu hängen, dass es mir war, als könnte ich in seine milde, fließende Bläue die Hände hineintauchen, wenn ich sie von irgend einem Dach ausstreckte.

Aber dieser weichere, zartere Himmel wölbt sich so weit, dass es einem ist, als sähe man den Himmel eines größeren Planeten. Und die Wolken sind keine wirklichen Wolken, sondern Wolkenträume, so duftig sind sie – Wolkengeister, lächelnde, wallende Schemen, Illusionen!

Plötzlich erblicke ich ein Kind, das vor mir steht– ein sehr junges Mädchen, das mich verwundert anschaut. So leise ist sie herangeglitten, dass der Jubel der Vögel und das Rauschen der Zweige ihre Schritte übertönt hatten. Ihr zerschlissenes Kleid ist japanisch – aber der Blick, ihr herabwallendes helles Haar weist nicht bloß nach Nippon. Der Geist einer anderen Rasse – vielleicht meiner eigenen – blickt mich aus ihren blumenhaften blauen Augen an. Fürwahr, ein seltsamer Spielplatz ist dies für dich, mein Kind! Wie befremdend und rätselhaft mögen alle diese Gebilde deiner kleinen Seele scheinen! Doch nein, ich bin es nur, der dir befremdend und rätselhaft erscheint – du hast deine frühere Geburt und deines Vaters Welt vergessen.

Ein Mischling, arm und schön, in diesem fremden Hafen! Dir wäre besser, du ruhtest hier mit den Toten, Kind! Weit besser als die Pracht dieses weichen, strahlenden blauen Lichts frommte dir das unbekannte Dunkel! Dort würde Jizō sich liebreich deiner annehmen, dich in seinen wallenden Ärmeln bergen, alles Übel von dir abwehren und schattenhafte Spiele mit dir spielen. Und deine verlassene Mutter, die mit einem stummen Blick auf deine Schönheit mit ihrem geduldigen japanischen Lächeln um ein Almosen fleht, würde kleine Kiesel auf die Knie der geliebten Gottheit legen, auf dass du Ruhe fändest.

„O Akira, du musst mir noch mehr von Jizō und den Geistern der Kinder in der Sai no Kawara erzählen."

„Ich kann Ihnen nicht viel mehr sagen," antwortet Akira, indem er über mein Interesse an der entzückenden Gottheit lächelt „Aber wenn Sie mit mir nach Kuboyama kommen wollen, will ich Ihnen dort in einem der Tempel Bilder von der Sai no Kawara und Jizō und dem Gericht der Seelen zeigen." Wir machen uns also in zwei Jinrikishas auf den Weg zum Tempel Rim-ko-ji in Kuboyama. Wir rollen schnell eine Meile weit durch bunte, enge Straßen, dann eine halbe Meile lang durch Vororte von hübschen Gärten besäumt, hinter deren gestutzten Hecken kleine Heimstätten liegen, zierlich und leicht wie Drahtkäfige. Dann verlassen wir unsere Fahrzeuge, steigen über gewundene Pfade grüne Hügel hinan und durchschreiten Felder und Ansiedlungen. Nach einer langen Wanderung in der heißen Sonne gelangen wir zu einem Dorf, das fast nur aus Tempeln und Schreinen besteht. Die abgelegene heilige Stätte – drei Gebäude in einer Bambuseinfriedung – gehört der Shingonsekte. Ein kleiner offener Schrein links vom Eingang erregt zuerst unsere Aufmerksamkeit. Es ist ein Totenhaus, eine japanische Bahre steht da. Aber fast genau dem Torweg gegenüber befindet sich ein mit befremdlichen Bildern bedeckter Altar. Was allsogleich die Aufmerksamkeit gefangen nimmt, ist eine furchtbare Gestalt. Über und über zinnoberrot, türmt sie sich über vielen kleineren empor, – eine Koboldgestalt mit ungeheuren, höhlenartigen Augen. Der Mund ist weitgeöffnet, wie in rasender Wut, und die Stirn ist dräuend gerunzelt Ein langer roter Bart wallt über die rote Brust, und den Kopf bedeckt eine seltsam geformte Krone in Schwarz und Gold, von der drei wunderliche Lappen herabhängen. Auf dem linken Lappen ist das Bildnis des Mondes, auf dem rechten das der Sonne abgebildet Der mittlere Lappen ist ganz schwarz, aber darunter, auf dem tiefen, goldgeränderten, schwarzen Band, flammt das mystische Zeichen, das „König" bedeutet. Von demselben Kronband hängen links und rechts zwei vergoldete, zepterförmige Gegenstände herunter. In einer Hand hält der König einen Gegenstand von ähnlicher Form, aber größerem Umfang – seinen Shaku oder Zepterstab, und Akira erklärt:

„Dies ist Emma-ō, der Herr der Schatten, der Richter der Seelen, der König der Toten."[9] Von jemandem, der ein furchtbares Gesicht hat, pflegen die Japaner zu sagen: „Sein Antlitz ist das Antlitz Emmas."

Zu seiner Rechten steht der weiße Jizō-Sama auf einem vielknospigen rosigen Lotos. Zu seiner Linken ist das Bild einer alten Frau – der geisterhaften Sodzu-Baba, sie, die an den Ufern des Flusses der drei Wege, der durch das Schattenreich fließt, die Gewänder der Toten fortnimmt. Ihr Kleid ist blassblau, ihr Haar und ihre Haut gebleicht, ihr Antlitz seltsam gerunzelt, ihre kleinen scharfen Augen blicken hart. Die Statue ist sehr alt, und stellenweile ist die Bemalung ganz abgefallen, so dass sie ein gespenstisches, aussätziges Aussehen hat.

Da sind auch Bilder der Meergöttin Benten und Kwan-on-Sama, auf Berggipfeln ruhend, die den oberen Teil von Miniaturlandschaften bilden. Diese sind aus irgendetwas ganz Merkwürdigem geformt und wunderhübsch

---

[9] Im Sanskrit „Yama-Raja". Aber die indische Vorstellung ist vom japanischen Buddhismus ganz umgewandelt worden.

koloriert. Das Ganze ist vor unachtsamer Berührung durch Gitternetzwerk geschützt, das über die das Landschaftspanorama enthaltenden Schreine gespannt ist. Benten hat acht Arme – zwei ihrer Hände sind im Gebete gefaltet, die anderen, emporgestreckt, halten verschiedene Gegenstände – ein Schwert, ein Rad, einen Bogen, einen Pfeil, einen Schlüssel und einen magischen Edelstein. Unter ihr auf dem Abhang ihres Bergthrons sieht man ihre zehn Diener in schöner Gewandung, alle in betender Stellung; noch tiefer unten sieht man den Körper einer großen weißen Schlange, deren Schweif aus einer Felsenöffnung heraushängt, der Kopf aus einer anderen. Auf dem Gipfel des Hügels liegt eine geduldige Kuh. Kwan-on erscheint als Senshu-Kwan-on, mit ihren zahllosen barmherzigen Armen den Menschen Gaben bietend.

Aber nicht um dies zu sehen, sind wir gekommen. Die Bilder von Himmel und Hölle warten unser in dem Zen-sha-Tempel nahebei, wohin wir unsere Schritte lenken.

Unterwegs erzählt mein Führer: „Wenn jemand stirbt, wird sein Körper gewaschen, rasiert und in weiße Pilgergewänder gekleidet. Ein Reisesack (Sanyabukuro), wie der Reisesack der buddhistischen Pilger, wird den Toten um den Hals gehängt, und in diesen Reisesack werden drei Rin gelegt[10] und diese Münzen mit dem Toten begraben."

Denn alle, die sterben, müssen mit Ausnahme der Kinder, am Sanzugawa, am Fluss der drei Wege, drei Rin entrichten. Sobald die Seelen zu diesem Fluss gelangt sind, finden sie dort das alte Weib der drei Wege, Sodzu-Baba, das ihrer harrt. Sie lebt an dem Ufer dieses Flusses mit ihrem Mann, Ten-zu-Ba, und zahlt man dem Weib nicht die drei Rin, so nimmt sie die Kleider den Toten fort und hängt sie auf die Bäume.

---

[10] In den verschiedenen Teilen Japans weichen sowohl die Begräbnisgebräuche als die damit verknüpften Glaubensformen voneinander ab. Die der östlichen Provinzen unterscheiden sich von denen der westlichen und südlichen. Der alte Brauch, Wertgegenstände in den Sarg zu legen – wie die einstmalige Sitte, einen Metallspiegel mit der Frau, und das Schwert mit dem Mann der Samurai-Kaste zu begraben – ist fast ganz aus der Übung gekommen, aber die Sitte, Geld in den Sarg zu legen, hat sich noch erhalten. In Izumo ist der Betrag sechs Rin, und dieses Geld heißt Rokudo-kane, oder „Das Geld der Sechs Wege".

Der Tempel ist klein, sauber und lichtdurchflutet von der Sonne, die durch die weitgeöffneten Shōji hereinströmt Akira muss wohl die Priester gut kennen, denn ihre Begrüßung ist freundschaftlich. Ich bringe meine kleine Gabe dar, und Akira erklärt den Zweck unseres Besuches. Wir werden darauf eingeladen, in einen sehr geräumigen Saal einzutreten, der sich in einem Flügel des Gebäudes befindet, und eine wunderschöne Aussicht auf einen lieblichen Garten hat. Kleine Sitzpolster werden für uns auf den Boden gelegt, eine Rauchbüchse und ein kleiner, ungefähr acht Zoll hoher Tisch wird hereingebracht. Und während einer der Priester einen Wandverschlag oder Alkoven öffnet, um die Kakemonos herauszunehmen, bringt uns ein anderer Tee und eine Platte merkwürdiger Süßigkeiten, die aus einem Gemisch von Zucker und Reismehl bereitet sind. Eines ist ein vollkommenes Modell einer Chrysanthemumblüte, ein anderes ein Lotos, wieder andere sind einfache, große, dünne, rote Scheiben mit wunderbaren Zeichnungen, fliegenden Vögeln, watenden Störchen, Fischen, ja selbst Miniaturlandschaften bedeckt. Akira sucht eine Chrysanthemumblüte heraus und dringt in mich, sie zu essen. Und ich beginne, die süße Blüte Blatt um Blatt zu zerpflücken, indem ich mir dabei Gewissensbisse mache, ein so schönes Werk zu zerstören. Mittlerweile hat man die Kakemonos herbeigebracht, sie aufgerollt und an Haken an der Wand aufgehängt – wir erheben uns, um sie zu betrachten.

Es sind herrliche Kakemonos, Wunder an Zeichnung und Farbe – gedämpfter Farbe – der Farbe der besten Periode der japanischen Kunst. Und sie sind sehr groß, vielleicht fünf Fuß lang und mehr als drei Fuß breit und auf Seide montiert. Und die ihnen zugrunde liegenden Legenden sind diese:

Erster Kakemono: Der obere Teil der Zeichnung ist eine Szene aus der Shaba, der Welt der Menschen, die wir gewohnt sind, die wirkliche zu nennen. Ein Friedhof mit Bäumen in Blüte, und Trauernde, die vor Gräbern knien. Alles in dem weichen, blauen Licht eines japanischen Tages. Darunter ist die Gespensterwelt Durch die Erdrinde hindurch steigen die Seelen hinab. Hier wallen sie ganz weiß durch die tiefschwarze Dunkelheit, hier wieder waten andere in dem geisterhaften Dämmer durch die Fluten des gespenstischen „Flusses der drei Wege“, Sanzugawa. Und hier zur Rechten harrt ihrer Sodzu-Baba, das alte Weib der drei Wege, – gespenstisch grau und unheimlich bedrückend, wie ein Nachtalp. Einigen nimmt sie eben ihre Kleider weg – die Bäume ringsum biegen sich unter der Last der Gewänder

der schon früher Angekommenen. In einiger Entfernung sehe ich fliehende Seelen von Dämonen eingeholt – furchtbaren, blutroten Dämonen, mit Löwenfüßen und Gesichtern, halb Mensch, halb Stier: mit den Zügen eines rasenden Minotauros. Einer reißt eben eine Seele mitten auseinander. Ein anderer Dämon zwingt Seelen, sich in der Gestalt von Pferden, Hunden und Schweinen zu reinkarnieren. Nachdem sie sich so reinkarniert haben, entfliehen sie in den Schatten.

Zweiter Kakemono: Ein Dämmerlicht, wie es der Taucher im Tiefseewasser sieht – ein fahles Dämmerlicht. In der Mitte ein ebenholzschwarzer Thron, auf diesem eine Schreckensgestalt in sitzender Stellung – Emma Dai-ō, – der Herr des Todes und Richter der Seelen – erbarmungslos, ungeheuer. Furchtbare Wächter kauern um ihn herum, bewaffnete Kobolde. Links in dem Vordergrund unter dem Thron steht der wundersame Spiegel, Takara no Kagami, der alle Seelenverfassungen und Geschehnisse der Welt widerspiegelt. Jetzt beschattet eine Landschaft seine Fläche – eine Landschaft mit Klippen, Sand und Meer und Schiffen in der offenen See. Auf dem Sande liegt ein erschlagener Mann, von einem Schwerthieb hingestreckt. Der Mörder flieht. Vor diesem Spiegel steht eine schreckgelähmte Seele in den Fängen eines Dämons, der sie zwingt, hineinzuschauen, und in den Zügen des Mörders ihr eigenes Antlitz zu erkennen. Zur Rechten des Thrones, auf einem hohen, flachen Ständer (denen gleich, auf die man in den Tempeln die Gaben für die Götter niederzulegen pflegt), erscheint ein monströses Gebilde, ein eben abgeschnittener Kopf mit zwei Gesichtern, aufrecht auf den Halsstumpf gestellt. Die zwei Gesichter sind die Zeugen: Das Gesicht der Frau (Mirume) sieht alles, was in der Shaba vorgeht; das andere Gesicht ist das Gesicht eines bärtigen Mannes, das Gesicht Kaguhanas, der alle Düfte riecht und dadurch von allem Menschentun unterrichtet ist. Dicht neben ihnen auf einem Lesepult liegt ein großes, geöffnetes Buch; die Chronik aller Taten. Und zwischen dem Spiegel und den Zeugen harren bleiche, schaudernde Seelen des Richterspruches. Tiefer unten sehe ich die Qualen der schon gerichteten Seelen. Einem, der im Leben ein Lügner war, soll von einem, mit einer glühenden Zange bewaffneten Dämon die Zunge herausgerissen werden. Andere Seelen, haufenweise in glühende Karren hineingeworfen, werden zur Folter fortgezerrt. Die Karren sind aus Eisen, aber gleichen in der Form jenen Handkarren, die man alltäglich in den Straßen nacktbeinige japanische Arbeiter ziehen und schieben sieht, wobei sie den seltsamen melancholischen Wechselchor anstimmen: „Haidah, hei! Haidah, hei!“ Aber diese Dämonenwagenlenker, nackt, blutrot mit ihren Löwenklauen und Stierköpfen, rennen in vollem Lauf mit ihren flammenden Gefährten, wie Jinriksha-Männer. Alle diese so dargestellten Seelen sind Seelen Erwachsener.

Dritter Kakemono: Ein Hochofen, mit Seelen geheizt, loht in das Dunkel hinein. Dämonen schüren das Feuer mit Eisenstangen. Dort oben aus der Dunkelheit stürzen andere Seelen kopfüber in die Flammen. Unter dieser Szene öffnet sich eine schattenhafte Landschaft – eine zarte, blaugraue Welt von Hügeln und Tälern, durch die ein Fluss sich schlängelt – die Sai no Kawara. Um die Ufer des bleichen Flusses wimmelt es von Kinderseelen und mühen sich, Kieselsteine aufzutürmen. Sie sind sehr hübsch, diese Kleinen, so hübsch wie wirkliche japanische Kinder! (Es ist erstaunlich, wie tief der japanische Künstler die Kinderschönheit empfindet und sie auszudrücken versteht.) Jedes Kind hat nichts weiter an, als ein kurzes, weißes Kleidchen. Im Vordergrunde hat eben ein furchtbarer Teufel eines der von den Kindern erbauten Kieselhäufchen mit einer eisernen Keule umgestürzt. Weinend sitzt das kleine Seelchen vor den Trümmern seines zerstörten Werks, die Augen mit den hübschen Händchen bedeckend. Der Teufel scheint zu grinsen. Auch andere Kinder sitzen weinend da. Aber siehe, da naht Jizō, mildstrahlend, lichtumflossen von der Gloriole, die ihm wie ein großer Vollmond folgt. Und er streckt seinen Shakujō, seinen starken, heiligen Stab aus, und die kleinen Gespenster klammern sich daran, und er zieht sie in den Bannkreis seines Schutzes. Und andere Kinder haben sich an seine weiten Ärmel gehängt, und eines davon hat er an seine Brust emporgehoben. Unter dieser Sai no Kawara-Szene taucht noch eine andere Schattenwelt auf, eine Bambuswildnis. Nur weibliche, in weißen Gewändern wallende Schatten sieht man darin. Sie weinen. Ihre Finger bluten. Mit zerrissenen Nägeln müssen sie jahrhundertelang das scharfspitzige Bambusgras ausreißen.

Vierter Kakemono: Im Glorienschein flutend Dai-nichi Nyorai, Kwan-on-Sama, Amida Buddha. Weit entfernt, wie die Hölle vom Himmel, brandet ein See von Blut, in dem Seelen schwimmen. Das Ufer dieses Sees sind Abgründe, besät mit Schwertklingen, die sich so dicht aneinanderdrängen, wie die Zähne im Rachen eines Haifisches. Und Dämonen zerren nackte Gespenster die entsetzlichen Höhen hinauf. Aber aus dem purpurnen See steigt etwas Kristallhelles empor, wie ein schöner, klarer Wasserstrahl – der

Stengel einer Blume – ein wundersamer Lotos, der eine Seele zu den Füßen eines Priesters emporträgt, welcher am Rand des Abgrunds steht. Durch die Kraft seines Gebetes entstand der Lotos, der sich also erhob und die Seele eines Gepeinigten rettete.

Ach, nun gibt es keine Kakemonos mehr. Es waren noch einige da, aber sie sind in Verlust geraten. Nein, es war glücklicherweise ein Irrtum, der Priester hat in irgendeinem geheimen Schlupfwinkel noch einen Kakemono gefunden; noch dazu einen sehr großen, den er nun entrollt und neben den anderen aufhängt. Wahrlich eine Schönheitsvision! Aber was hat dies mit Religion und Gespenstern zu tun? Im Vordergrund ein Garten an den Gewässern eines großen blauen Sees. Ein Garten, wie der in Kanagawa, voll von köstlichen Miniaturlandschaften: Kaskaden, Grotten, Lilienweiher, geschnitzte Brücken und Bäume in schneeiger Blüte und zierliche Pavillons, die über die ruhevolle, azurne Flut hervorragen. Leuchtende Wolkenbänder schweben gegen den Hintergrund Über ihnen ragen zauberhafte Palastgebilde in einen Schimmer wie goldener Sonnenduft hinein, – luftige Gebilde, blau, traumhaft leicht, – und in diesem Garten weilen Gäste, liebliche Wesen, japanische Mädchen. Aber sie tragen sternschimmernde Aureolen: sie sind Geister! Denn dies ist das Paradies: Gokuraku. Und all diese göttlichen Gestalten sind Bosatsus. Und als ich näherblicke, gewahre ich schöne, geheimnisvolle Dinge, die zuerst meiner Aufmerksamkeit entgangen waren. Sie verrichten Gartenarbeit, diese lieblichen Geschöpfe, sie liebkosen die Lotosknospen, besprengen sie mit etwas, das sie zur Blüte bringt Und was für Lotosknospen. Ihre Farben sind nicht von dieser Welt. Einige haben geöffnete Kelche, und in ihrem leuchtenden Herzen, in einem Glanz gleich dem der Morgenröte, sitzen kleine, nackte Kindlein, jedes von einem winzigen Heiligenschein umgeben. Dies sind Seelen, neue Buddhas, Hotoke, Gebenedeite. Einige sind ganz, ganz klein, andere größer, alle scheinen sichtlich zu wachsen, denn ihre lieblichen Pflegerinnen füttern sie mit etwas Ambrosischem. Eines, das eben seine Wiege verlassen hat, wird von einem himmlischen Jizō zu den Herrlichkeiten in fernen Höhen hinangeleitet. Oben, durch die höchste Himmelsbläue, wallen Tennins, Engel des buddhistischen Himmels, Mädchen mit Phönixschwingen. Eine spielt mit einem Elfenbeinplektrum auf einem Saiteninstrument, geradeso wie eine Tänzerin auf der Samisen spielt, andere wieder lassen eine jener seltsamen, uralten, chinesischen Flöten erschallen, die noch bei den heiligen Konzerten in den großen Tempelhöfen zur Anwendung kommen.

Akira meint, dieser Himmel gleiche allzu sehr der Erde. Die Gärten, sagt er, sind wie Tempelgärten, trotz der himmlischen Lotosblüten, und in den blauen Dächern der himmlischen Wohnstätten entdeckt er Reminiszenzen an die Teehäuser der Stadt Saikyō.[11]

Nun, was ist im Grunde der Himmel irgendeines Glaubens anders als eine ideale Wiederholung und Vervollkommnung glücklicher Erfahrungen; der Traum toter Tage, für uns neu belebt und ewig gemacht? Und dünkt dir dieses japanische Ideal zu schlicht, zu naiv, sagst du, das materielle Leben habe Erfahrungen, die würdiger seien, in einem Himmelsbild veranschaulicht zu werden, als irgendwelche Reminiszenzen aus Tagen in den japanischen Gärten und Teehäusern, so ist es vielleicht nur, weil du Japan nicht kennst, das weiche schmelzende Blau seines Himmels, die zarten Töne seiner Wasser, den milden Glanz seiner sonnigen Tage, den erlesenen Zauber seiner Interieurs, wo der geringste Gegenstand zu deinem Schönheitssinn spricht, nicht wie etwas Gemachtes, sondern gleichsam wie etwas in das Dasein Geliebkostes.

„Hier ist auch noch ein Jizōwasan," sagt Akira, einem Pult in der Tempelnische ein sehr abgegriffenes, blaugebundenes, japanisches Buch entnehmend. „Ein Wasan ist, was Sie eine Hymne oder einen Psalm nennen würden. Dieses Buch ist zweihundert Jahre alt: es heißt Sai no Kawara-kuchi-zusami no den, was wörtlich bedeutet: ‚Die Legende von dem Summen in der Sai-no-Kawara.' Und dies ist der Wasan." Und er liest mir die Jizō-hymne – die Legende von dem Murmeln der kleinen Geister, die Legende von dem Summen in der Sai no Kawara, – rhythmisch wie ein Lied vor:[12] „Nicht von dieser Welt ist die Schmerzensmär, Die Geschichte von

---

[11] Wörtlich: „Westliche Hauptstadt", – moderner Name für Kyōto, die alte Kaiserresidenz. Der Name Tōkyō hingegen bedeutet „östliche Hauptstadt".

[12] Die ersten zehn Zeilen des Originals geben eine Vorstellung von dem Rhythmus des Wasan:

Kore wa kono yo no koto narazu,
Shide no yamaji no suso mo naru
Sai no Kawara no monogatari
Kiku ni tsukete mo aware nari
Futatsu ya, mitsu ya, yotsu, itsutsu,
Tō ni mo tarauu midorigo ga
Sai no Kawara ni atsumarite,
Chichi koishi! haha koishi!

der Sai no Kawara. An den Wurzeln des Berges von Shide; – nicht von dieser Welt ist die Mär, doch gar kläglich zu hören. Denn zahllos versammelt sind in der Sai no Kawara Kinder des zartesten Alters. Zwei oder drei Jahre zählen sie, Auch vier oder fünf, niemals doch mehr als zehn: In der Sai no Kawara sind alle versammelt. Und ihrer Sehnsucht Stimme ruft nach den Eltern, Ihr Schluchzen nach Vater und Mutter: „Chichi koishi, haha koishi!" Es klingt wie das Weinen der Kinder dieser Welt, Aber ein Weinen so jammervoll zu hören, dass sein Klang in das Herz schneidet. Und traurig fürwahr ist das Werk, das sie tun. Des Flussbettes Steine sammeln sie, Gebettürme daraus aufzurichten. Gebete für das Glück des Vaters sprechend, bauen sie den ersten Turm. Gebete für das Wohl der Mutter sprechend, bauen sie den zweiten Turm. Gebete für Brüder und Schwestern und alle, die sie daheim liebten, sprechend, bauen sie den dritten Turm.

Solches ist bei Tag ihr klägliches Spiel. Doch immer, wenn die Sonne am Horizonte versinkt, erscheinen die Onis, der Hölle Dämonen, und sagen ihnen: „Was ist euer Tun hier?" Oh, eure Eltern, die noch in der Shabawelt weilen, denken nicht an fromme Gabe oder heiliges Werk: Vom Morgen bis zum Abend um euch zu trauern, ist ihr einziges Tun. Oh, wie furchtbar! Ach, wie erbarmungslos! Fürwahr, eurer Eltern Trauern und Klagen ist allein die Ursache eurer Leiden!" Und mit den Worten: „Nicht uns klaget an!" Zerstören die Dämonen die hochragenden Türme. Mit eisernen Keulen schmettern sie die Steine zu Boden.

Aber siehe, der Meister Jizō erscheint. Ganz sachte naht er und sagt den weinenden Kindern:

„Seid nicht bange, ihr Lieben, fürchtet nichts! Arme kleine Seelen, gar kurz war euer Leben fürwahr. Allzubald musstet ihr die traurige Reise nach dem Meido antreten, die lange Reise in das Totenreich. Vertrauet mir! – Ich bin euch Vater und Mutter im Meido, Vater aller Kinder im Reiche des Todes." Und er breitet die Falten seines strahlenden Gewandes um sie. So gnadenreich erbarmt er sich der Kleinen. Denen, die noch nicht gehen können, streckt er seinen starken Shakuyō entgegen, Er liebkost und hätschelt die Kleinsten und drückt sie liebreich an seine Brust. So gnadenreich erbarmt er sich der Kinder – NAMU AMIDA BUTSU!"

Koishi! koishi! to naku koe wa
Kono yo no koe towa ko to kawari.

Der Markt der Toten

Es ist gerade fünf Uhr nachmittags. Eben hat sich der abendliche Seewind erhoben. Er dringt durch die offene Tür meines kleinen Arbeitszimmers, weht die Papiere auf meinem Schreibtisch durcheinander, und die weiße Glut der japanischen Sonne nimmt allgemach jenen bernsteingelben Schimmer an, der verkündet, daß die Hitze des Tages vorüber ist.

An dem blauen Himmel ist kein Wölkchen sichtbar, nicht einmal eines jener schönen duftigen Federwölkchen, die sonst auch bei klarstem Wetter wie leichte Florgebilde an diesem ätherischsten aller Firmamente umherschweben.

Plötzlich sehe ich eine Gestalt in der Tür. Akira, der junge buddhistische Schüler, steht auf der Schwelle. Er streift, bevor er eintritt, die Sandalen von den weißen Füßen, und lächelt wie Gott Jizō selbst.

„Ah, Komban (guten Abend), Akira!"

„Heute Abend", sagt Akira, indem er sich in der Stellung des Buddha auf den Boden kauert, „heute Abend wird der Bon-ichi abgehalten. Möchten Sie ihn vielleicht gern sehen?"

„Ich möchte alles, was es hier zu sehen gibt, gern kennen lernen, Akira; aber sagen Sie mir doch, um was handelt es sich da eigentlich?"

„Der Bon-ichi," antwortet Akira, „ist der Markt, auf dem all das feilgeboten wird, was zum Feste der Toten nötig ist. Das Fest der Toten beginnt morgen, und alle Altäre in den Tempeln und alle Gebetschreine in den Häusern der frommen Buddhisten werden zu diesem Anlaß feierlich und schön geschmückt"

„Dann möchte ich den Bon-ichi sehen, Akira, und ich möchte auch einen buddhistischen Schrein sehen – einen Hausaltar"

„Wollen Sie in meine Wohnung kommen?" fragt Akira. „Sie ist nicht weit von hier, an der ‚Straße der bejahrten Männer', nahe der ‚Straße des steinernen Stromes' – da ist eine Butsuma – ein Hausaltar. Unterwegs will ich Ihnen vom Bonku erzählen."

So lernte ich zum erstenmal die Dinge kennen, von denen ich hier berichten will.

Vom 13. bis zum 15. Juli feiert man das Fest der Toten, – das Bonmatsuri oder Bonku, von einigen Europäern auch das Laternenfest genannt. An manchen Orten gibt es zwei solcher Feste im Jahre, denn die, die noch an der alten Zeitrechnung nach Monden festhalten, behaupten, das Bonmatsuri sollte auf den 13., 14. und 15. Tag des siebenten Monats des alten Kalenders fallen, was einer späteren Zeit im Jahre entspricht.

Am dreizehnten in aller Frühe werden auf allen buddhistischen Altären und in allen Butsumas, den kleinen Schreinen, vor denen das Morgen- und Abendgebet in den Häusern der Frommen verrichtet wird, frische, eigens für das Fest gemachte Matten von feinstem Reisstroh ausgebreitet. Überdies werden die Altäre und Schreine mit schönen Zierraten aus buntem Papier, mit Blumen, Zweigen von bestimmten geheiligten Sträuchern geschmückt, und immer mit frischen Lotosblüten, wenn sie zu haben sind, sonst mit künstlichen aus Papier, und mit frischen Reisern des Shikimi (Anis) und des Misohagi (Lespedeza-Staude). Dann wird ein „zen“, – ein kleines Lacktischchen, wie es die Japaner zu ihren Mahlzeiten benützen, vor den Altar gestellt und die Speiseopfer darauf niedergelegt. Diese Spenden bestehen aus einem Nahrungsmittel, genannt „Sömen“ (unseren Nudeln ähnlich), „gozen“* – einem Reisbrei, „danga“ – einer Art kleiner Klöße, und Früchten, wie sie die Jahreszeit gerade bietet, häufig auch aus Scheiben von Zucker- und Wassermelonen, Pflaumen und Pfirsichen, oft auch aus Kuchen und Konfekt. Manchmal bestehen die Spenden nur aus ungekochten Nahrungsmitteln, gewöhnlich sind sie aber gekocht, jedoch Fische, Fleisch und Wein sind niemals darunter. Den unsichtbaren Gästen wird frisches Wasser vorgesetzt und der Altar, oder der Schrein häufig mit einem Misohagizweig besprengt. Jede Stunde wird den Besuchern aus dem Schattenreich frischer Tee kredenzt, und alles wird wie für wirkliche Gäste zierlich auf Schüsselchen, Tassen und Tellern serviert, und kleine Hashi (Essstäbchen) liegen daneben. So bewirtet man drei Tage lang die Toten.

Bei Sonnenuntergang werden vor jedem Haus Kienfackeln entzündet, um den Besuchern aus der Geisterwelt den Weg zu zeigen. Zuweilen brennt man auch am ersten Abend des Totenfestes Begrüßungsfeuer (Mukaebis) längs des ganzen Strandes oder am Ufer des Sees oder Flusses, an dem das Dorf oder die Stadt liegt, ab – und zwar dann nicht mehr und nicht weniger als hundertacht, da diese Zahl in der buddhistischen Philosophie eine mystische Bedeutung hat. Entzückende Laternen werden allabendlich an den Türen der Häuser befestigt – besondere Totenlaternen, von ganz eigentümlicher Form und Farbe mit Andeutungen von Landschaften und Umrissen von Blumen schön bemalt und stets mit seltsamen Fransen aus buntem Papier verziert.

Die Angehörigen der Verstorbenen gehen an diesem Abend überdies auf den Friedhof, bringen dort Opfer dar, verrichten Gebete, verbrennen Weihrauch und gießen Wasser für die Geister aus. Blumen werden in Bambusständern, die sich neben jedem Haka (Grabstein) befinden, aufgestellt, und Laternen, die jedoch nicht bemalt sind, angezündet und aufgehängt. Am fünfzehnten bringt man bei Sonnenuntergang in den Tempeln jene Opfer dar, die man „Segaki“ nennt. Dann werden auch die Geister des Kreises der Büßenden gespeist, genannt Gakido – der Kreis der hungernden Geister. Dann speisen auch die Priester die Geister derer, die keine überlebenden Verwandten besitzen, denen die Sorge für sie obliegen würde. Aber alle diese Spenden sind sehr, sehr klein, genau so wie die Opfer für die Götter.

Wie mir Akira erzählt, ist die Legende vom Ursprung des „Segaki“, wie sie in dem heiligen Buche Buse-tsuueran-bongyo berichtet wird, folgende:

Dai Mokuren, der große Jünger des Buddha, erwarb durch Verdienst die sechs „überirdischen Kräfte“; durch sie ward es ihm gegeben, den Geist seiner Mutter im „Gakidō“, dem Kreis der Hungernden, zu sehen, wo die Geister für die Sünden eines früheren Lebens büßen. Mokuren sah, dass seine Mutter sehr litt; ihre Pein ging ihm tief zu Herzen und er füllte eine Schale mit auserlesenen Speisen und schickte sie ihr. Er sah, wie sie versuchte, davon zu essen; aber so oft sie die Schale zum Munde führte, verwandelte diese sich in Feuer und glühende Kohle, so dass sie nichts genießen konnte. Da fragte Mokuren den Meister, was er wohl tun könne, um seine Mutter von der Qual zu erlösen. Der Meister antwortete: „Am fünfzehnten Tage des siebenten Monats sollst du die Geister der großen Priester aller Länder speisen.“ – Und Mokuren tat also und sah, daß seine Mutter aus dem Hungerkreise befreit wurde und daß sie vor Freude tanzte.[13] Das ist auch der Ursprung jener Tänze, die man Bon-odori nennt und die in der dritten Nacht des Totenfestes in ganz Japan getanzt werden.

Am dritten und letzten Abend findet eine wundersam schöne Zeremonie statt, die rührender als das „Segaki" und seltsamer als das Bon-odori ist: Die Zeremonie des Abschieds. Alles, was die Lebenden tun konnten, um sich den Toten liebreich zu erweisen, ist geschehen. Die Zeit, die den abgeschiedenen Gästen von den unsichtbaren Mächten gewährt wurde, ist nahezu abgelaufen, und ihre Angehörigen müssen sie wieder heimschicken.

Alles wird zu ihrem Aufbruch gerüstet – in jedem Hause sind laternengeschmückte Boote aus Haberstroh bereit, mit leckeren Speisen, mit niedlichen Laternen, mit Briefen voll zärtlicher Beteuerungen der Liebe und Treue. Die Boote sind selten mehr als zwei Fuß lang, aber die Toten brauchen nicht viel Platz. Diese gebrechlichen Fahrzeuge nun läßt man auf Kanälen, Seen, Flüssen oder dem Meere schwimmen, jedes mit einer leuchtenden Laterne am Steuer und brennendem Räucherwerk am Kiel. Ist die Nacht schön, so segeln sie lange; alle Bäche, Flüsse und Kanäle entlang, treiben die gespenstischen Flotten flimmernd dem Meere zu – und so weit das Auge reicht, glitzert der ganze Meeresspiegel von Totenlichtern, und der Seewind ist erfüllt vom Dufte des Weihrauchs.

Aber ach, jetzt ist es in den offenen Häfen verboten, die „Shōryōbune", die Boote der Seligen, über die Wellen treiben zu lassen.

Sie ist so eng, die „Straße der bejahrten Männer", daß man mit ausgestreckten Armen die bemalten Draperien vor den winzigen Kaufläden auf beiden Seiten des Weges zugleich berühren kann. Diese kleinen, bogenförmigen Häuser sehen wirklich wie Puppenhäuschen aus. Das, in dem Akira wohnt, ist noch kleiner – es hat weder Kaufläden, noch ein zweites Miniaturstockwerk. Es scheint ringsum verschlossen. Akira schiebt die hölzerne Latte, die als Türe dient, zurück, und dann auch die Papierwand dahinter. Das so geöffnete, zierliche Gebäude mit seinem hellen unbemalten Rahmenwerk und den bunten Schiebewänden gleicht einem großen Vogelkäfig. Aber die Binsenmatten, die den erhöhten Boden bedecken, sind frisch, wohlduftend

[13] Es wird in demselben Buche erzählt, dass, als Ananda Buddha fragte, warum Mokurens Mutter im Gakidō leiden müsse, der Meister erwiderte, dass sie in einer früheren Inkarnation sich aus Habgier geweigert habe, bei ihr einkehrende Priester zu laben.

und von makelloser Reinheit. Während wir unsere Beschuhung abstreifen, um einzutreten, sehe ich, dass alles im Innern nett, zierlich und eigenartig ist.

„Die Frau ist ausgegangen," sagt Akira, indem er das Feuerbecken (hibachi) in der Mitte des Zimmers auf den Boden stellt und vor dasselbe eine kleine Matte zum Niederknien für mich ausbreitet.

„Aber was ist dies, Akira?" frage ich, auf ein dünnes Bord weisend, das an einem Bande an der Wand befestigt ist. Das Brett ist aus der Mitte eines Baumastes so herausgeschnitten, daß an seinen beiden Ecken die Rinde noch sichtbar ist, auf der zwei Reihen geheimnisvoller Schriftzeichen gemalt sind.

„O," sagt Akira, „das ist ein Kalender; rechts stehen die Namen der Monate, die einunddreißig Tage haben, links die Namen der Monate, die weniger haben. Und hier sehen Sie einen Hausaltar."

In dem Alkoven, der ein unerlässlicher Bestandteil des japanischen Gastzimmers ist, befindet sich das landesübliche Kästchen mit fliegenden Vögeln bemalt; auf dem Kästchen steht die „Butsuma", ein kleiner, lackierter und vergoldeter Schrein, dessen Türchen nach Vorbildern von Tempeltoren geformt sind, ein seltsamer, arg mitgenommener Schrein; an einer der Türen fehlen die Angeln, aber immerhin ein zierliches Ding trotz des zersprungenen Lacks und der verblassten Vergoldung. Akira öffnet ihn mit einem mitleidsvollen Lächeln, ich schaue suchend nach dem Bilde, es ist keines darin, nur eine hölzerne Tafel mit einem Papierstreifen, auf dem in japanischen Buchstaben der Name eines verstorbenen kleinen Mädchens steht, – eine kleine Vase mit welkenden Blumen, eine kleine Abbildung der Kwan-on, der Göttin der Barmherzigkeit, und eine Schale mit Weihrauchasche.

„Morgen," sagt Akira, „wird sie diesen Schrein schmücken und die Speisenopfer für die Kleine darbringen."

Auf der anderen Seite des Zimmers, dem Schrein gegenüber, hängt von der Decke eine reizende, anmutige, drollige, rosige Maske, das Antlitz eines lachenden, vollwangigen Mädchens mit zwei geheimnisvollen Flecken auf der Stirne. Es ist das Antlitz der O Tafuku, der Göttin des Glückes. Sie dreht sich im Kreise, bewegt durch das leise Lüftchen, das durch die offenen Shōjis dringt, und so oft die drolligen, halbgeschlossenen, lustigen schwarzen Augen mich anblicken, muss ich unwillkürlich lächeln. Noch höher oben schweben kleine, papierene Shintō-Embleme (gohei) eine kleine mitraförmige Mütze, jenen nachgebildet, die bei den Tänzen getragen werden. Ein papier-maché-Emblem des mystischen Edelsteins (nio-ihojiu), den die Götter in ihrer Hand tragen, eine kleine, japanische Puppe, ein kleines Windrad, das beim leisesten Lufthauch kreist, und andere unbeschreibliche Spielsachen, zumeist symbolischer Art, wie sie an Festtagen in den Tempelhöfen verkauft werden – das Spielzeug des toten Kindes.

„Komban," ruft eine sehr sanfte Stimme hinter uns. Es ist die Mutter, die dasteht und freundlich lächelt, als freue sie sich, daß der Fremde solches Interesse für ihre Butsuma zeigt. Sie ist eine Frau mittleren Alters der ärmsten Klasse; ihr Gesicht hat, ohne hübsch zu sein, einen gewinnenden Ausdruck. Wir erwidern ihren Abendgruß, und während ich mich auf die Matte neben dem hibachi niederlasse, flüstert ihr Akira etwas zu, worauf sie auf ein kleines Kohlenbecken einen winzigen Wasserkessel stellt, der alsbald zu brodeln beginnt. Offenbar sollen wir also Tee bekommen. Akira lässt sich mir gegenüber nieder, und ich frage ihn:

„Was ist denn das für ein Name dort auf der Tafel?"

„Der Name, den Sie dort gesehen haben, war nicht der eigentliche Name des Kindes," entgegnet er, „der eigentliche Name steht auf der Rückseite -- nach dem Tode gibt der Priester einen andern Namen, ein verstorbenes Mädchen heißt Myoyo Dōnyō, ein verstorbener Knabe Ryochi-Dōji."

Während wir plaudern, tritt die Frau vor den Schrein, öffnet ihn, ordnet die Gegenstände darin und entzündet die kleine Lampe; dann faltet sie die Hände, neigt den Kopf und beginnt, ein Gebet zu sprechen, ohne sich durch unsere Anwesenheit und unser Geplauder stören zu lassen. Sie ist gewohnt, das Schöne und Gute, unbekümmert um die Meinung der Leute, zu tun, und sie betet mit jener tapferen, ehrlichen, herzlichen Frömmigkeit, wie sie nur den Armen dieser Erde eigen ist, jenen schlichten Gemütern, die weder voreinander, noch vor dem Himmel etwas zu verbergen haben, und von denen Ruskin so schön sagt: „Dies sind unsere Heiligsten."

Ich verstehe die Worte nicht, die ihr Herz spricht, nur ab und zu höre ich jenen weichen, zischenden Laut, jenes sanfte Einziehen der Luft durch die Lippen, was bei diesem liebenswürdigen Volke das Zeichen demütigster Huldigung ist.

Während ich diesen sinnigen, kleinen Ritus beobachte, fühle ich mystische Regungen in meinem Innern erwachen – vage, und doch undefinierbar vertraut, wie eine aufdämmernde Erinnerung, die Auferstehung eines Gefühls, das zwei Jahrtausende lang eingesargt war; es verknüpft sich mit einem traumhaften Bewußtsein von einer früheren Welt, deren Hausgötter auch die geliebten Toten waren, und eine süße Weihe durchzieht den Raum, wie der Schatten der Laren.

Dann, nachdem sie ihr kurzes Gebet beendet hat, kehrt die Frau zu ihrem Miniaturherd zurück, sie plaudert und scherzt mit Akira, bereitet den Tee und bietet ihn uns in winzigen Tässchen in jener anmutigen, knienden Stellung, jener malerischen, traditionellen Stellung, in der die japanische Frau seit sechs Jahrhunderten den Tee kredenzt.

Die japanische Frau bringt tatsächlich keinen geringen Teil ihres Lebens damit zu, Tee zu kredenzen. Selbst als abgeschiedenen Geist stellt die volkstümliche Kunst sie dar, wie sie irgendeinem Schattenwesen Tee reicht. Unter allen japanischen Gespensterbildern ist keines so ergreifend, wie das, auf dem der Schatten einer Frau, demütig kniend, ihrem reuigen Mörder eine Tasse Tee reicht.

„Nun wollen wir uns aber zum Bon-ichi begeben," sagt Akira, indem er sich erhebt; „sie selbst muss ja auch bald hingehen, und es wird schon dunkel, Sayōnara (adieu)."

Es ist wirklich schon fast dunkel, als wir das kleine Haus verlassen. Auf dem schmalen Himmelsstreifen über der Gasse schimmern Sterne – eine wundervolle Nacht; ab und zu kommt ein linder Windhauch, der die Draperien vor den Kaufläden flatternd emporhebt. Der Markt befindet sich in der engen Gasse an der Peripherie der Stadt, gerade am Fuße des Hügels, wo der große buddhistische Tempel Shō-toku-in steht.

Die seltsame kleine Straße ist eine lange Kette von Lichtern: Lichtern von Laternen, Lichtern von Fackeln und Lampions, die seltsame Reihen von Buden und Ständen beleuchten, die man auf beiden Seiten der Straße für den Totenmarkt vor allen Läden aufgerichtet hat. Sie bilden zwei, in weiter Ferne zusammenlaufende Linien vielfarbig schillernder Feuer. Dazwischen bewegt sich eine dichte Menschenmenge und erfüllt die nächtliche Stille mit dem hallenden Geklapper der „Getas" (Holzsandalen), das selbst das gleich einer Flut ansteigende Stimmengemurmel und das Ausrufen der Verkäufer und Händler übertönt Aber wie beherrscht sind die Bewegungen dieser Volksmenge! Da gibt es kein Stoßen, kein rohes Drängen, jeder, selbst der Kleinste und Schwächste, hat die Möglichkeit, alles zu sehen – und es gibt gar viel zu sehen.

„Hasu no hana! Hasu no ha!“ – Hier sind die Verkäufer von Lotosblumen für die Gräber und Altäre – von Lotosblättern, in die man die Speisen für die geliebten Geister der Abgeschiedenen wickelt. Die Blätter liegen in Bündeln auf kleinen Tischchen aufgehäuft Die Lotosblumenknospen und -blüten sind in große Sträuße gebunden, die von leichten Rahmen aus Bambus gestützt werden.

„Ogara! – ogaraya!“ – Weiße Bündel langer geschälter Gerten – es sind Hanfruten: das dünne Ende wird als „Hashi“ für die Toten zugerichtet, das übrige muß im Mukaebi verbrannt werden. Eigentlich sollten diese Stäbe aus Fichtenholz sein, aber dieses ist zu selten und zu teuer für die Bewohner dieser armen Gegend, und so verbrennt man an seiner statt „Ogara“.

„Kawarake! – Kawarakeya!“ Die Schüsseln für die Geister, kleine, rote, flache, irdene Schüsselchen, primitive Töpferware, in Formen, die heute nur mehr für die Toten verwendet werden, Töpferwaren nach überlieferten Formen, die älter sind als der Buddhismus.

„Bondōrō wa irimasen-ka?“ Die Laternen, die „Bonlaternen“, welche den heimkehrenden Toten auf ihrem Wege leuchten werden.

Alle sind sie schön, manche sind sechseckig wie die Laternen der großen Schreine; andere haben das Aussehen von Sternen, und wieder andere gleichen großen leuchtenden Eiern. Sie sind mit schönen Bildern der Lotosblume verziert und haben Papierfransenschmuck in prächtigen Farben oder auch breite, weiße Papierbänder, aus denen wundersam schöne Lotosknospen ausgeschnitten sind. Und dann sieht man wieder geisterhaft weiße Laternen, rund wie Monde; diese sind für die Friedhöfe bestimmt.

„O Kazari! – O Kazariya!“ Die Verkäufer aller der Gegenstände, die zur Ausschmückung des Totenfestes dienen. „Komo – demo! nandemo!“ Hier sind die frischen, weißen Reisstrohmatten, für die Schreine und Altäre, und hier auch die Wara-uma, kleine, aus Strohhalmen geformte Pferdchen, zum Reiten für die Toten, und die Wara-ushi, kleine Ochsen aus Stroh, die im Schattenreich die Arbeit für sie verrichten sollen, alles von erstaunlicher Wohlfeilheit. – Oyasui!

Hier gibt es auch die Shikimizweige für die Altäre, und die Misohagiwedel, um damit Wasser auf das Segaki zu sprengen.

„O Kazarimono wa irimasen-ka?“ – Wunderschöne, weiß und scharlachrote Rosenkränze aus Reiskörnern, wie die schönste Perlarbeit; und wunderschöne Papierzierrate für die Butsumas, Räucherstäbchen aller Art, von der gewöhnlichsten, von der das Bündel ein paar Cents kostet, bis zu den teuersten zu einem Yen, lange, dünne, schokoladefarbige Stäbchen, schmal wie der Graphit eines Bleistifts, und jedes Bündel von einem vergoldeten oder farbigen Papierband zusammengehalten. Man nimmt so ein Stäbchen, zündet es an einem Ende an und stellt es mit dem anderen Ende aufrecht in ein Gefäß mit weicher Asche, und es glimmt fort und erfüllt die Luft mit Wohlgerüchen, bis es ganz verzehrt ist.

„Hotaru ni kirigirisu! – O kodomo-shu no o nagusami! – O yasuku makemasu! (Leuchtkäfer und Grillen! – Kinderzeitvertreib! – Ich gebe es wohlfeil!)“ – Ah, was soll all das bedeuten? – Eine kleine Bude, wie ein Schilderhäuschen, ganz aus Latten zusammengefügt und über und über mit einem weißroten Schachmuster aus Papier bedeckt. Aus diesem gebrechlichen Gebäude tönt ein schriller, durchdringender Laut, wie der Ton einer Dampfpfeife. „O,“ sagt Akira lachend, „das sind nur Insekten, das hat nichts mit dem ‚Bonku‘ zu tun.“ – Ja, Insekten, in Käfigen! Der schrille Ton rührt von Dutzenden großer, grüner Grillen her, die jede für sich in einem winzigen Bambuskäfig sitzt. „Sie werden mit Eierpflanzen und Melonenrinden gefüttert und als Kinderspielzeug verkauft,“ fügt Akira hinzu. Käfige mit braunen Moskitonetzen bedeckt, auf die ein einfaches, aber sehr hübsches Muster in hellen Farben mit einem japanischen Pinsel gemalt ist. Es gibt auch noch schöne, kleine Käfige mit Leuchtkäfern. Eine Grille samt Käfig kostet 2 Cents. Fünfzehn Leuchtkäfer samt Käfig 5 Cents.

Dort an einer Straßenecke kauert ein blaugekleideter Junge hinter einem Tischchen und verkauft hölzerne Büchschen, etwa so groß wie Zündhölzerschachteln, mit Scharnieren aus rotem Papier. Neben diesen aufgehäuften Schachteln stehen flache, irdene Schüsselchen mit klarem Wasser, in dem allerhand seltsame, flache Gebilde umherschwimmen: Bäume, Pflanzen, Vögel, Fische, Schiffe und kleine männliche und weibliche Gestalten. Öffne eine Büchse, sie kostet nur zwei Cents. Darinnen in Seidenpapier gewickelt sind kleine, blasse Stäbchen mit rosafarbenen Köpfchen. Wirft man eines davon ins Wasser, so entfaltet es sich sofort und nimmt die Gestalt einer

Lotosblume an, ein anderes verwandelt sich in einen Fisch, ein drittes in ein Boot, ein viertes in eine Eule, ein fünftes in eine Teepflanze, bedeckt mit Blüten und Blättern... und all diese Dinge sind so fragil, dass, wenn sie einmal entfaltet sind, die leiseste, zarteste Berührung sie unvermeidlich vernichtet. Sie sind aus Algen verfertigt „Tsukuri-hana! – Tsukuri-hana wa irimasenka?" – Die Verkäufer künstlicher Blumen, prächtiger Chrysanthemen und Lotosblumen aus Papier, Nachahmungen von Blättern, Blüten und Knospen, so kunstvoll hergestellt, dass das Auge allein nicht imstande ist, den schönen Trug zu entdecken. Es ist nur recht und billig, daß sie mehr kosten als ihre lebenden Vorbilder.

Hoch über dem Getriebe, dem Stimmengewirr und den zahllosen Lichtern des Marktes ragt auf einer Anhöhe am Ende der leuchtenden Straße der große Shingontempel feierlich zu dem sternenbedeckten Himmel empor, wundersam traumhaft beleuchtet durch bunte Lampions, die sich an seinen geschwungenen Dachrinnen entlang schlingen. Ich werde vom Strome der Menge hierhergetragen. Durch ein breites Tor – über eine wogende, dunkle Masse, die von den Köpfen und Schultern der Betenden gebildet wird, ergießt sich ein Strom von gelbem Licht; und noch ehe ich die von steinernen Löwen bewachte Treppe betrete, höre ich das unablässige Anschlagen der Tempelgongs, und jedes Anschlagen verkündet eine Opfergabe und ein Gebet. Zweifellos beginnt sich ein Strom von Spenden in die große Opferbüchse zu ergießen; denn heute Nacht ist das Fest des Yakushi-Nyorai – des Arztes der Seelen. Endlich, da ich die Stufen erreicht, gelingt es mir trotz des Gedränges, einen Augenblick vor der Bude eines Laternenverkäufers Halt zu machen, der die schönsten Lampions feilbietet, die ich jemals gesehen habe. Jeder von ihnen ist eine riesige Papierlotosblume, bis ins einzelne so wunderbar ausgeführt, daß man eine frisch gepflückte Blüte vor sich zu sehen glaubt. Die im Ansatz rosigen Blätter gehen allmählich in Weiß über, die Kelche sind eine fehlerlose Nachahmung der Natur, und darunter hängt eine Papierfranse in den Farben der Blume – unter dem Kelche grün, weiß in der Mitte und rosig an den Enden. Im Herzen der Blume sitzt eine winzige Öllampe aus gebranntem Ton; zündet man sie an, so wird die ganze Blume leuchtend, durchsichtig, ein weiß und rot glühender Lotos. Sie hat einen dünnen, vergoldeten Ring zum Aufhängen und das Ganze kostet vier Cents. Man kann sich gar nicht vorstellen, wie es selbst in diesem Lande erstaunlichster Billigkeit möglich ist, ein derartiges Wunderding um einen solchen Spottpreis herzustellen!

Akira bemüht sich, mir eine Erklärung des „Hyaku-hachi no mukaebi" zu geben, der hundertundacht Feuer, die man morgen abend anzünden wird und die in einem symbolischen Zusammenhang mit den hundertundacht törichten Gelüsten stehen. Aber ich kann ihn nicht verstehen, so laut ist das Geklapper der „Getas" und der „Komagetas", der Holzschuhe und Holzsandalen der Frommen, die zum Heiligtum des Yakushi-Nyorai hinaufwalen. Die leichten Strohsandalen der Armen, die „Zōri" und die „Waraji" sind geräuschlos. Der große Lärm wird eigentlich durch die zarten Frauen- und Mädchenfüße hervorgebracht, die vorsichtig auf ihren klappernden Getas balancieren. Und die meisten dieser Füßchen sind mit makellosen „Tabis" bekleidet, weiß wie weiße Lotosblüten. Weiße Füßchen kleiner, blaugekleideter Mütter sind es zumeist, Mütter, die in lächelnder Geduld, ein reizendes Kindchen auf dem Rücken, zum Tempel des Buddha emporklimmen.

Und indem ich zwischen den Lichtern der bunten Papierlaternen mit dem lauten, sanften Völkchen die großen Steinstufen emporsteige, zwischen neuen Dekorationen schimmernder Lotosknospen, zwischen andern hohen Blütenhecken von Papierblumen, schweifen meine Gedanken plötzlich zurück zu dem kleinen, schadhaften Schrein in dem Zimmer der armen Frau mit dem armseligen Spielzeug davor und der lachenden, kreisenden Maske der „O Tafuku". Ich sehe die munteren, drolligen, kleinen Augen, von seidigen Wimpern beschattet, wie die O Tafukus selbst, wie sie auf die Spielsachen zu blicken pflegte, Spielsachen, in denen der frische Kindersinn Reize entdeckte, die ich nur kaum ahnen kann, und die ihn mit einem ererbten und eingeborenen Entzücken erfüllten. Ich sehe das zarte Geschöpfchen, wie es durch eine ebenso friedfertige Menge, wie diese, getragen wird, in einer ebenso linden, leuchtenden Nacht wie diese, wie es sich mit seinen weichen Händchen an den Hals der Mutter schmiegt und über ihre Schulter blickt.

Irgendwo unter dieser Menge ist sie sicherlich – die Mutter. Auch heute wird sie fühlen, wie zarte Kinderhändchen sie umfangen, aber sie wird nicht den Kopf wenden, um in ein lachendes Kindergesichtchen zu blicken, wie in früheren Tagen.

Bon-Odori

Über die Berge nach Izumo, dem Lande des Kamiyo, des Götterzeitalters.[14] Eine viertägige Kurumafahrt mit kräftigen Läufern vom Stillen Ozean bis zur Japanischen See; denn wir haben die längste und wenigst befahrene Route gewählt.

Der größte Teil dieser Reise führt durch Täler, Täler, die sich zu immer höheren Tälern öffnen, während der Weg ansteigt, – Täler zwischen Bergen von Reisfeldern, deren Hänge sich in eingefriedeten Terrassen aufbauen, die wie ungeheure grüne Treppenstufen aussehen. Über ihnen liegt der Schatten dunkler Zedern- und Fichtenwälder, und über diesen bewaldeten Gipfeln sieht man dunkelblaue ferne Hügel, überragt von zackigen, nebelgrauen Silhouetten. Die Luft ist lind und windstill und die Entfernungen sind von zarten Nebeln verschleiert. Und an diesem duftigsten aller blauen Himmel, diesem japanischen Himmel, der mir immer höher erscheint als irgend ein anderer Himmel, den ich je gesehen, schweben Tag um Tag nur vereinzelte, durchsichtige, weiße, wallende Gebilde umher, wie Geister von Wolken, die auf dem Winde reiten. Aber manchmal, wenn der Weg emporsteigt, verschwinden die Reisfelder für eine Weile: Gerste-, Indigo-, Roggen- und Baumwollfelder besäumen eine Strecke weit den Weg, der dann wieder in Waldesschatten versinkt.

Das Allerüberraschendste aber sind die Zedernwälder, die ab und zu die Straße begrenzen. Niemals habe ich außerhalb der Tropen eine Baumvegetation so dichter und kerzengerade aufstrebender Stämme gesehen – jeder Stamm steht kahl und aufrecht wie eine Säule. Diese Baumwand bietet das Schauspiel einer bleichen Säulenmasse, die sich zu einer Wolke dunklen Laubwerks emportürmt, von solcher Dichtheit, daß man über sich nichts sehen kann als in Schatten verlorenes Gezweig. Und die wenigen Lichtungen in der Palisade der bleichen Stämme sind nachtschwarz wie das Dunkel in Dores Föhrenwäldern.

---

[14] Die Periode, in der es nur Gottheiten gab.

Man sieht keine großen Städte mehr; nur Dörfer mit strohgedeckten Häuschen schmiegen sich in die Falten der Hügel, jedes mit seinem buddhistischen Tempel, dessen spitzes, blaugraues Ziegeldach über die Strohdächer hinausragt, und seiner Miya (Shintō-schrein), mit dem Torii davor, gleich einem großen Ideogramm aus Stein oder Holz.

Aber noch überwiegt der Buddhismus; jeder Hügelgipfel hat seine Tera und die Buddha- oder Bodhisattva-Statuen tauchen am Wegrain mit der Regelmäßigkeit von Meilensteinen auf. Oft ist eine Dorftera so groß, daß die sie umgebenden Häuschen der Landbevölkerung wie kleine Nebengebäude aussehen; und der Reisende begreift nicht, wie ein so kostspieliges Gotteshaus von einer so dürftigen Gemeinde erhalten werden kann. Und auf Schritt und Tritt machen sich die Zeichen des milden Glaubens bemerkbar; seine Ideogramme und Symbole sind auf den Felsenflächen eingemeißelt, seine Bilder lächeln dich aus jeder schattigen Straßennische an, ja manchmal ist es, als ob die buddhistische Seele der Landschaft selbst ihr Gepräge aufgedrückt hätte, dort, wo die Hügel so sanft hinanschweben wie ein Gebet. Und wieder andere haben gewölbte Kuppeln wie das Haupt Shakas, und das sie umwuchernde wellige Farnkraut gleicht dem Gekräusel seiner Locken.

Aber nach und nach, indem die Tage verstreichen und wir auf unserer Reise immer mehr in den höheren Westen gelangen, werden die Teras immer seltener. Die buddhistischen Tempel, an denen wir vorüberkommen, sind klein und ärmlich, und der Bilder am Wege werden immer weniger. Dafür mehren sich aber die Symbole des Shintōglaubens und seine Miyas werden immer imposanter und größer. Und überall tauchen Toriis auf und türmen sich höher vor den Zugängen zu den Dörfern, vor den von seltsamen und grotesken, steinernen Löwen und Füchsen gehüteten Tempelhöfen, vor altersgrauen, bemoosten Felstreppen, die zwischen Schatten dunkler uralter Zedern und Fichten zu Schreinen emporführen, die im Dämmerlicht heiliger Haine modern.

In einem kleinen Dörfchen sehe ich gerade über dem zu einem großen Shintōtempel führenden Torii einen ganz besonders merkwürdigen kleinen Schrein. Ich kann der Versuchung nicht widerstehen, ihn näher zu betrachten. An seiner geschlossenen Tür lehnen viele kurze, knorrige Stäbe in einer Reihe, Miniaturkeulen. Ohne Bedenken schiebt sie Akira beiseite, öffnet die Tür und fordert mich auf, einen Blick in das Innere zu werfen. Ich erblicke nur eine Maske – die Maske eines Kobolds, eines Tengu – unbeschreiblich grotesk mit einer ungeheuren Nase, so grotesk, daß es mich reut, sie angesehen zu haben.

Die Stäbe sind Votivgaben. Denn es ist der Glaube verbreitet, dass, wenn man einem Tengu einen solchen Stab darbringt, man ihn dazu bewegen kann, seine Feinde von einem abzuhalten. Obgleich alle japanischen Abbildungen diese Tengus in Koboldgestalt darstellen, sind die Tengu-Samas doch Gottheiten, – Gottheiten niederer Ordnung, Meister der Fechtkunst und jeglicher Waffenführung.

Und noch andere Veränderungen machen sich allmählich bemerkbar. Akira klagt, er könne die Sprache des Volkes nicht mehr verstehen, denn unser Weg führt uns durch Dialektdistrikte. Auch die Bauart der Häuser ist verschieden von der der Dörfer der nordöstlichen Gegend. Ihre hohen Strohdächer sind seltsam mit Strohbündeln dekoriert, die an einem mit dem Dachfirst perallel laufenden, aber diesen um zwei Fuß überragenden Bambuspfahl befestigt sind. Die Hautfarbe der Bauern ist auch dunkler als die der Landleute im Nordosten – und ich sehe nicht mehr jene reizenden, rosigen Gesichtchen, die mir bei den Frauen des Distriktes Tokyo aufgefallen sind. Die Bauern tragen auch andere Hüte, zugespitzt wie die Strohdächer jener Tempelchen am Wegrain, die seltsam genug „An" genannt werden (was Strohhut bedeutet).

Das Wetter ist so warm, daß man die Kleider als eine Last empfindet, und wenn wir auf unserem Wege an kleinen Dörfchen vorüberkommen, sehe ich viel gesunde, reinliche Nacktheit. Hübsche, nackte Kinder, gebräunte Männer und Knaben, nur mit einem weißen, weichen, schmalen Tuch um die Lenden, liegen schlafend auf dem mattenbedeckten Boden, denn alle Papierschiebwände sind fortgenommen, um der Luft freien Zutritt zu lassen. Die Männer scheinen leicht und biegsam gebaut, aber ich sehe keine rechte Muskulatur – die Linien der Gestalten sind immer gerundet. Fast vor jedem Haus kann man auf kleinen Reisstrohmatten Indigo in der Sonne trocknen sehen.

Die Landleute blicken verwundert auf den Fremden. Bei verschiedenen Stationen, wo wir Halt machen, kommen Männer an mich heran, um meine Kleider zu betasten, wobei sie sich mit demütigen Verbeugungen und gewinnendem Lächeln wegen ihrer so natürlichen Neugierde entschuldigen und meinem Dolmetsch allerlei wunderliche Fragen stellen. Sanftere und gutmütigere Gesichter habe ich nie gesehen, und sie sind auch wirklich der Spiegel ihrer Seele.

Und mit jedem Tage unserer Weiterfahrt wird das Land schöner, – von jener phantastischen Landschaftsschönheit, die man nur in vulkanischen Ländern trifft. Wären nicht jene dunklen Zedern- und Fichtenwälder und dieser ferne, zarte, traumhafte Himmel und das weiche, weiße Licht, ich könnte in manchen Momenten unserer Reise glauben, ich sei wieder in Westindien und stiege über die Bergketten von Dominique und Martinique. Und manchmal ertappe ich mich auch wirklich darauf, wie ich am leuchtenden Horizont nach Palmen und Ceibas ausblicke. Aber das helle Grün der Täler und der Bergabhänge unter den Wäldern ist nicht das Grün junger Palmen, sondern das von Reisfeldern – tausend und abertausend winzigen Reisfeldern, nicht größer als Hausgärtchen, durch niedrige, serpentinenartig gewundene Dämme voneinander getrennt.

Während wir am Rande eines Abgrunds – tief unter uns die Reisfelder – dahin rollen, erblicke ich im eigentlichen Herzen der Bergkette, in der Höhlung eines die Straße überragenden Felsens, einen kleinen Schrein, und wir machen Halt, um ihn zu betrachten. Unbehauene Felsblöcke bilden die Seiten und das abfallende Dach des Schreins; drinnen lächelt eine roh gemeißelte Bildsäule der Batō-Kwan-on – der Kwan-on mit dem Pferdekopf –, und davor sieht man Feldblumensträuße und eine irdene Weihrauchschale, und Opfergaben aus getrocknetem Reis sind ringsum ausgestreut. Gegen alle Erwartung, die der seltsame Name hervorruft, hat diese Kwan-on-Gestalt keinen Pferdekopf, bloß auf der von der Göttin getragenen Tiara ist ein Pferdekopf eingemeißelt. Und der symbolische Sinn wird genugsam durch eine vor dem Schrein aufgestellte Holzsotōba erläutert, die unter anderen Inschriften die Worte trägt: „Batō Kwan-ze-on Bosatsu gyo-ba bodai han ye.“ Denn Batō-Kwan-on beschützt die Pferde und das Vieh des Bauern, und dieser fleht zu ihr, nicht nur sie möge diese seine treuen Diener vor Krankheit bewahren, sondern auch ihre Geister nach dem Tode in einem glücklicheren Lebenszustande auferstehen lassen. Neben der Sotōba hat man ein ungefähr vier Fuß im Quadrat großes hölzernes Rahmenwerk aufgestellt, angefüllt mit kleinen Fichtenholztäfelchen, die so genau Kante an Kante aneinandergesetzt sind, dass sie eine glatte Fläche bilden. Und auf diesen stehen in Reihen von Hunderten und Aberhunderten die Namen aller derer verzeichnet, die für die Statue und ihren Schrein etwas beigetragen haben. Die angegebene Zahl ist zehntausend. Aber die ganzen Unkosten können nicht zehn japanische Dollars (Yen) überschritten haben, woraus ich schließe, daß keiner der Spender mehr als ein Rin (ein Zehntel eines Cent) beigetragen haben konnte, denn die Hyaku-shōs sind unsagbar arm.[15] Die Entdeckung dieses Schreins inmitten dieser Bergeinsamkeit erfüllt mich mit einem angenehmen Gefühl des Geborgenseins. Man kann fürwahr nichts als Gutes von einem Völkchen erwarten, das in seiner Herzensgüte so weit geht, sich das Seelenheil seiner Kühe und Pferde angelegen sein zu lassen.[16]

Als wir rasch einen Abhang hinabfahren, weicht mein Kurumaya so plötzlich zur Seite, daß ich heftig zusammenfahre, denn der Weg führt an dem Rande eines schroffen, mehrere hundert Fuß tiefen Abgrunds entlang. Dies geschah aber nur, um einer harmlosen Natter nichts zu Leide zu tun, die gerade über die Straße huschen wollte. Die Natter ist so wenig eingeschüchtert, daß sie, nachdem sie den Wegrand erreicht hat, den Kopf wendet, um uns nachzublicken.

---

[15] Hyakushō, ein Bauer, Landwirt. Die zwei, das Wort bildenden chinesischen Zeichen bedeuten „einhundert" (hyaku), und den „Familiennamen" (sei). Fast wäre man versucht, zu schließen, dass die Bezeichnung unserem „ihre Zahl ist Legion" entspricht. Und ein japanischer Freund versichert mir, dass man damit nicht sehr fehl ginge. In alten Zeiten hatten die Bauern keine Familiennamen; man nannte jeden mit seinem Vornamen, zu dem der Name seines Herrn, Besitzers oder Herrschers hinzugefügt wurde. So waren hundert Bauern eines großen Landbesitzes unter dem Namen ihres Herrn bekannt.

[16] Diese Sitte, für das Seelenheil der Tiere zu beten, ist keineswegs allgemein. Aber ich habe in den westlichen Provinzen mehreren Begräbnissen von Haustieren beigewohnt, bei denen solche Gebete gesprochen wurden. Nachdem man die Grube mit Erde angefüllt hatte, wurden jedes Mal über dem Grabe einige Weihrauchwurzeln entzündet und die Gebete im Flüsterton wiederholt. Einem in der Hauptstadt wohnenden Freunde verdanke ich die folgende seltsame Aufklärung. In dem Eko-in-Tempel in Tōkyō werden jeden Morgen Gebete für die Seelen gewisser Tiere gesprochen, deren Ihai (Sterbetäfelchen) im Gebäude aufbewahrt werden. Für einen Betrag von dreißig Sen kann man jedem seiner verstorbenen Haustierlieblinge ein Begräbnis in den Tempelgründen mit einer kurzen Zeremonie verschaffen. Zweifellos sind solche Tempel auch anderswo vorhanden. Sicherlich wird niemand, der ein Herz für unsere stummen Freunde und Diener hat, diesen liebevollen Brauch verspotten.

Und nun beginnen seltsame Zeichen in allen diesen Reisfeldern aufzutauchen. Überall über die reifende Saat sehe ich Dinge wie weiße befiederte Pfeile herausragen, Gebetpfeile. Ich ergreife einen, um ihn zu betrachten. Der Schaft ist ein dünner, ungefähr bis zu einem Drittel seiner Länge gespaltener Bambusstab. In der Spalte ist ein Streifen starken, weißen, mit Ideogrammen bedeckten Papiers, ein Ofuda oder Shintōamulett, eingeklemmt und die gespaltenen Enden des Rohres sind gerade darüber wieder zusammengefügt und festgebunden. Aus einer kleinen Entfernung gesehen, hat das Ganze genau das Aussehen eines langen, leichten, gutgefiederten Pfeils. Der erste, den ich untersuche, trägt die Worte: „Yu-asaki-jinja-kōzen-son-chu-an-zen", (Von dem Gotte, dessen Schrein vor dem Dorf des Friedens steht). Ein anderer trägt die Inschrift: „Miho-jinja-shō-gwan-jō-ju-go-kitō-shugo", was bedeutet, dass die Gottheit des Tempels Miho-jinja jeder an sie gerichteten Bitte Gehör schenkt. Beim Weiterfahren sehe ich überall die weißen Gebetpfeile über die grüne Reisfläche schimmern und sie werden immer zahlreicher. Soweit das Auge reicht, sind die Felder davon gesprenkelt, so dass die grünende Flur wie mit weißen Blumen übersät erscheint.

Manchmal bemerke ich auch rings um ein kleines Reisfeld eine Art magischer Hecke, von kleinen Bambusstäben gebildet, die ein langes Seil tragen, von dem lange Strohhalmfransen herabhängen, und dazwischen in regelmäßigen Abständen Papierschnitzel (Goheis), die Symbole sind. Das ist das Shimenawa, das heilige Shintōemblem. In diesen heiligen Bannkreis findet der Reif keinen Eingang, keine sengende Sonne dörrt die jungen Schößlinge; und wo die weißen Pfeile schimmern, werden die Heuschrecken nicht überhandnehmen, noch diebische Vögel Schaden anrichten. Vor allen Unbilden ist solch ein Feld geschützt.

Aber nun blicke ich vergebens nach Buddhas aus, vorbei ist es mit den großen Teras, man sieht keinen Shaka, keinen Amida, keinen Dai-nichi-Nyorai, selbst Bosatsu haben wir hinter uns gelassen; Kwan-on und ihre heilige Sippe ist verschwunden. Wohl ist ja Koshin, der Herr der Wege, noch mit uns, – aber er hat seinen Namen gewechselt und ist eine Shintōgottheit geworden – er heißt jetzt Saruda-Hiko no mikoto; und seine Gegenwart künden nur die Statuen der drei mystischen Affen, die seine Diener sind, – Mizaru, der seine Augen mit den Händen bedeckt und nichts Böses sieht; Kikazaru, der seine Ohren mit den Händen bedeckt und nichts Böses hört;

Iwazaru, der seinen Mund mit den Händen bedeckt und nichts Böses spricht.

Doch nein! Ein Bosatsu hat sich noch in der Zauberatmosphäre dieses magischen Shintōismus erhalten. Noch immer sehe ich in langen Zwischenräumen am Wegrand das Bildnis Jizō-Samas, des entzückenden Spielgenossen der toten Kinder. Aber auch Jizō ist ein wenig verändert; selbst in dieser sechsfachen Darstellung, Roku-Jizō,[17] erscheint er nicht stehend, sondern auf seinem Lotos sitzend, und ich sehe keine Steine vor ihm aufgeschichtet, wie in den östlichen Provinzen.

Von der Höhe eines ungeheuren Bergabhangs senkt sich plötzlich der Weg zu einem Gewirr hochgiebeliger Dächer und bemooster Dachtraufen, zu einem Dörfchen, wie ein Farbendruck aus dem Bilderbuch des alten Hiroshige, – ein Dörfchen, dessen Farben und Töne den Farben und Tönen der Landschaft gleichen, in der es liegt. Dies ist Kami-Ichi in dem Lande Hōki.

Wir machen vor einer stillen, altersgeschwärzten kleinen Herberge Halt, deren greiser Wirt herbeieilt, um uns zu begrüßen, während eine schweigende sanfte Menge von Landleuten, – meist Frauen und Kinder, die Kuruma umringen, um den Fremden zu begucken, zu bestaunen, ja sogar seine Kleider mit schüchterner, lächelnder Neugier zu betasten. Ein Blick auf das Antlitz des greisen Herbergsvaters bestimmt mich, bei ihm einzukehren. Ich muß hier bis morgen bleiben: denn meine Läufer sind zu müde, um noch heute Abend die Reise fortzusetzen.

---

[17] Warum sechs Jizō statt fünf oder drei oder irgendeiner beliebigen Zahl, mag der Leser fragen. Ich selbst stellte diese Frage oft und oft, ehe ich eine befriedigende Antwort erhielt. Vielleicht gibt die folgende Legende die beste Erklärung: Nach dem Buch Taijo-Hoshi-mingyo-nenbutsu-den, war zehntausend Ko (Kaipas) vor dieser Ära, Jizō-Bosatsu eine Frau und ward von dem Wunsch erfüllt, alle lebenden Wesen der Sechs Welten und der Vier Geburten zu bekehren. Und vermöge ihrer übernatürlichen Kräfte vervielfältigte sie sich und erschien gleichzeitig in allen Rokusshos oder Sechs Reichen der beseelten Welt, nämlich in der Jogoku, Gaki, Chikusho, Shura, Ningen, Tenjō, und bekehrte ihre Bewohner. (Ein Freund besteht darauf, dass Jizō, um solches vollbringen zu können, vorher ein Mann geworden sein musste.) Unter den vielen Namen Jizōs, wie der „Nie Schlafenden", „Der Drachenpreiser", der „Strahlende König", „Diamant des Mitleids", finde ich die bedeutungsvolle Bezeichnung „Der Jizō mit den zahllosen Körpern".

So mitgenommen von Zeit und Wetter das Häuschen von außen scheint, so entzückend ist es im Innern. Seine polierten Treppen und Balkone sind so makellos blank, daß sie gleichsam wie Spiegelflächen die nackten Füße der Hotelmädchen widerspiegeln, – die reinlichen Zimmer duften so lieblich, als wären ihre weichen Matten eben erst ausgebreitet worden, und die Blätter der Blumen an den aus irgend einer schwarzen kostbaren Holzart geschnitzten Säulen des Alkovens (toko) in meinem Zimmer, sind ein Wunder an Schönheit. Der dort hängende Kakemono ist ein Idyll, – Hotei, der Gott des Glücks gleitet in einem Boote über einen schimmernden Strom in das Geheimnis eines purpurumwobenen Abends.

So entfernt auch dieser Weiler von jedem Kunstzentrum ist, so sieht man in diesem Hause doch keinen einzigen Gegenstand, der nicht den japanischen Sinn für Formenschönheit offenbarte. Die alten goldgeblumten Lackarbeiten, die wunderbare Büchse, in der Süßigkeiten (kwashi) aufbewahrt werden, die durchsichtigen Porzellanweinkelche mit der leicht hingeworfenen Zeichnung einer einzigen Garnele; die Teetassen, deren Untersätze gekräuselte Lotosblätter aus Bronze sind, selbst der eiserne Kessel mit dem Drachen- und Wolkenmuster und das Messing-Hibachi, dessen Henkel buddhistische Löwenköpfe sind, entzücken das Auge und erfreuen die Phantasie. Und wirklich, wo man heutzutage in Japan etwas völlig Uninteressantes in Porzellan oder Metall sieht, etwas alltäglich Banales oder Hässliches, kann man beinahe sicher sein, daß dieses abscheuliche Etwas unter fremdem Einfluß entstanden ist Aber hier bin ich noch im alten Japan, und wahrscheinlich hat noch kein europäisches Auge vor mir auf diese Dinge geblickt.

Ein herzförmiges Fenster lugt auf den Garten hinaus, – einen wunderlichen kleinen Garten mit einem winzigen Weiher und Miniaturbrücken und Zwergbäumen, – wie die Landschaft auf einer Teetasse, – natürlich sind auch schöne Steine da, und einige anmutige Steinlaternen oder Tōrō, wie man sie in Tempelhöfen aufstellt. Und darüber sehe ich Lichter durch das warme Dämmer, – farbige Lichter, – die Laternen des Bonku, die man vor allen Häusern aufgehängt hat, als Willkommensgruß für die erwarteten lieben Geister der Abgeschiedenen. Denn nach dem alten Kalender, nach dem man in dieser alten Provinz rechnet, ist dies die erste Nacht des Festes der Toten.

Wie in allen anderen kleinen Dörfchen, wo ich mich unterwegs aufgehalten, finde ich die Bewohner liebenswürdig gegen mich, von einer Herzlichkeit und Höflichkeit, die man sich nicht vorstellen kann, die unbeschreiblich ist und die man in anderen Ländern gar nicht kennt, ja die man selbst in Japan nur im Innern des Landes findet. Ihre schlichte Höflichkeit hat nichts Gemachtes; ihre Güte ist durchaus unbewusste Güte – beide kommen gerade aus dem Herzen. Und nach kaum zweistündigem Beisammensein mit diesem liebenswürdigen Völkchen ruft seine Art, mir entgegenzukommen, im Verein mit dem Gefühl meiner gänzlichen Unfähigkeit, solche Güte zu erwidern, einen abscheulichen Wunsch in mir wach: Ich wünsche, diese entzückenden Menschen möchten mir irgend ein unerwartetes Übel zufügen, etwas erstaunlich Böses, etwas abscheulich Schlechtes, so dass ich nicht genötigt wäre, ihnen nachzutrauern, was ich sicherlich tun werde, sobald ich sie verlassen muss.

Während der alte Wirt mich zum Bad geleitet und darauf besteht, mich selbst zu waschen, als wäre ich ein Kind, bereitet seine Frau für uns ein köstliches kleines Mahl, bestehend aus Reis, Eiern, Gemüse und Süßigkeiten. Sie macht sich große Sorge, ob es ihr auch gelingen wird, meinen Geschmack zu treffen, selbst nachdem ich mehr als genug für zwei Personen gegessen habe, und erschöpft sich in Entschuldigungen, mir nicht mehr bieten zu können.

„Fische gibt es heute keine," sagt sie, „denn heute ist der erste Tag des Bonku, des Festes der Toten, der auf den 13. Tag des Monats fällt. Am 13., 14. und 15. des Monats darf niemand Fische essen, aber am Morgen des 16. Tages gehen die Fischer auf Fang aus; und jeder, dem beide Eltern noch am Leben sind, darf davon essen. Aber wer Vater oder Mutter verloren hat, darf selbst am 16. Tage keinen Fisch essen."

Während die gute Seele so plaudert, schlägt ein seltsamer Schall aus der Ferne an mein Ohr, – ein Schall, den ich von den Tänzen in den Tropen her kenne, ein regelmäßiges, abgemessenes Händeklatschen. Aber das Händeklatschen ist sehr sanft und ertönt in langen Intervallen – und in noch längeren Intervallen hallt zu uns ein dumpfes, wuchtiges Dröhnen, – die Schläge einer großen Trommel, einer Tempeltrommel.

„O! Wir müssen hingehen, es ansehen," ruft Akira, „das ist das Bon-odori, der Tanz des Festes der Toten. Und Sie werden das Bon-odori hier tanzen sehen, wie man es sonst in den Städten nirgends sehen und hören kann, das

Bon-odori der uralten Zeiten. Denn hier ist alles so geblieben wie es war; aber in der Stadt ist alles anders geworden.

So mache ich mich eilends auf den Weg, bekleidet mit nur einem jener leichten, weitärmeligen Sommergewänder – Yukata –, die alle japanischen Hotels den männlichen Gästen zur Verfügung stellen. Aber die Luft ist so warm, daß ich selbst in diesen so dünnen Kleidern leicht transpiriere. Doch die Nacht ist göttlich, – ruhevoller, klarer, tiefer als europäische Nächte, mit einem großen weißen Mond, der wunderliche Schatten zugespitzter Dachtraufen, sichelförmiger Giebel und wundersame Silhouetten festlich gekleideter Japaner zeichnet. Ein kleiner Knabe, der Enkel unseres Wirtes, geht mit einer scharlachroten Laterne voran, wir folgen; und das sonore Echo der Getas, das Koro-koro der Holzpantinen erfüllt die ganze Straße, – denn gar viele kommen denselben Weg wie wir, um den Tanz zu sehen.

Eine kurze Strecke geht es durch die Hauptstraße; dann einen kleinen engen Durchlaß zwischen zwei Häusern passierend, gelangen wir auf einen weiten, offenen, vom Mondlicht umfluteten Platz. Das ist der Tanzplatz; aber der Tanz ist für eine Weile unterbrochen worden. Ich blicke um mich und sehe, daß wir uns in dem Hofe eines uralten Buddhatempels befinden. Das Tempelgebäude selbst, ein niederer, langgestreckter Bau, ist zu der Veranstaltung nicht herangezogen worden. Verödet, dunkel und leblos streckt es seine lange, niedere, spitze Silhouette zum Sternenlicht empor – es ist jetzt zu einer Schule umgewandelt, sagt man mir.

Die Priester sind weg, die große Glocke ist fort, die Buddhas und die Bodhisattvas sind verschwunden, alle bis auf einen, – einen Jizō aus Stein, der mit abgebrochener Hand und geschlossenen Lidern im Mondschein lächelt.

In der Mitte des Hofes steht ein Bambusgestell, auf dem eine große Trommel ruht; und ringsherum hat man Bänke aufgestellt, Bänke aus dem Schulhaus, auf denen Landleute sitzen. Man hört ein Stimmengesurr, Stimmen von Menschen, die in gedämpftem Tone sprechen, wie in Erwartung von etwas Feierlichem, – und ab und zu Kindergeschrei und leises Mädchenlachen. Und weit hinter dem Hof über einer niedrigen Hecke dunkler, immergrüner Sträucher, sehe ich milde, weiche, weiße Lichter und eine Schar großer grauer Formen, die lange Schatten werfen. Und ich weiß, dass die Lichter die weißen Laternen der Toten sind, wie sie nur in Friedhöfen hängen, und dass die grauen Formen Silhouetten von Gräbern sind.

Plötzlich erhebt sich ein Mädchen von seinem Sitz und schlägt einmal auf die große Trommel. Das ist das Signal für den Tanz der Seelen.

Aus dem Schatten des Tempels gleitet ein Zug Tanzender in das Mondlicht und macht plötzlich Halt, – lauter junge Frauen und Mädchen in ihren erlesensten Gewändern; die größte führt den Zug an, ihre Genossinnen folgen nach der Größe geordnet, und kleine Mädchen von zehn und zwölf Jahren beschließen die Prozession. Gestalten, leicht beschwingt wie Vögel, – Gestalten, die einem unwillkürlich die traumhaft schwebenden Figuren auf antiken Vasen in Erinnerung rufen; wären nicht die weiten, phantastisch wallenden Ärmel und die wundersamen, breiten Gürtel, man wäre versucht, jene entzückenden japanischen, sich dicht an die Knie schmiegenden Gewänder für Nachahmungen der Zeichnungen griechischer oder etruskischer Künstler zu halten. Und nach einem zweiten Trommelschlag beginnt ein Schauspiel, das Worte unmöglich wiedergeben können, etwas Unsagbares, – ein Tanz, eine Phantasmagorie, eine Offenbarung.

Wie auf ein gegebenes Zeichen gleiten alle zusammen mit dem rechten Fuß einen Schritt vorwärts, ohne die Sandalen vom Boden zu heben, und alle strecken beide Hände nach rechts mit einer seltsam fließenden Wellenbewegung und einer lächelnden, geheimnisvollen Verbeugung. Dann wird der rechte Fuß zurückgezogen, mit einem abermaligen Händewinken und geheimnisvollem Neigen. Dann treten alle mit dem linken Fuß vor und wiederholen die früheren Bewegungen mit einer halben Wendung nach links. Dann machen alle zwei Schritte nach vorn, mit einem einzigen leichten Händeklatschen und hierauf werden die früheren Gesten abwechselnd nach rechts und nach links wiederholt; alle sandalenbekleideten Füße gleiten zusammen, alle die biegsamen Körper, alle die weichen Hände winken zusammen, neigen und wiegen sich zusammen. Und so geheimnisvoll, langsam schließt sich die wallende Prozessionsbewegung zu einer großen Runde, die den mondbeglänzten Hof und die stumme Zuschauermenge umkreist.

Und immer winken die weißen Hände gleichzeitig, wie geheimnisvolle Zauber webend, bald innerhalb und bald außerhalb des Kreises, bald mit erhobenen, bald mit gesenkten Armen, und alle die elfenhaften Ärmel huschen durcheinander, wie große Fittiche. Und die gleichzeitige Bewegung all der kleinen Füßchen vereinigt sich zu einem solchen Rhythmus, dass, wenn man darauf sieht, man sich gleichsam hypnotisiert fühlt, als mühte man sich, ein fließendes, schimmerndes Wasser mit den Blicken festzuhalten.

Und diese magische Betäubung wird noch gesteigert durch die lautlose Stille ringsum; niemand spricht, auch keiner der Zuschauer. Und in den langen Pausen zwischen dem sanften Händeklatschen hört man nur das Zirpen der Grillen in den Bäumen und das Shu-shu der den Staub leicht aufwirbelnden Sandalen. Womit, frage ich mich innerlich, kann dies verglichen werden? Mit nichts. Aber es suggeriert einen somnambulen Zustand – Träumer, die zu fliegen träumen, wachend träumen.

Und mich überkommt der Gedanke, daß ich hier etwas unvordenklich Altes vor mir sehe, etwas, das den Uranfängen des orientalischen Lebens angehört, vielleicht dem dämmerhaften Kamiyo selbst, dem magischen Zeitalter der Götter; einen Symbolismus der Bewegung, dessen Bedeutung seit zahllosen Jahren der Vergangenheit anheimgefallen ist. Und immer unwirklicher wird das Schauspiel, mit seinem stummen Lächeln, seinem schweigenden, geheimnisvollen Neigen wie das Grüßen unsichtbarer Beobachter, – und ich frage mich, ob nicht bei dem allerleisesten Ton alles wie ein Spuk für immer verschwinden würde und nichts übrig bliebe, als der modernde Hof, der verödete Tempel und die zerbrochene Statue des Jizō mit jenem geheimnisvollen Lächeln, wie ich es auf dem Antlitz der Tänzerinnen sehe.

Unter dem gleitenden Mond inmitten der Runde fühle ich mich wie in einem Zauberbann. Und fürwahr, dies ist Bezauberung, – ich bin berückt, berückt von dem geisterhaften Winken der Hände, von dem rhythmischen Gleiten der Füße und vor allem von dem Wallen und Wogen der wundersamen Ärmel, schemenhaft, lautlos, sammetweich wie der Flügelschlag großer tropischer Fledermäuse. Nein, – nichts, was ich je geträumt, ließe sich damit vergleichen, – und bei dem Gedanken an die uralte Hakaba hinter mir, mit den geheimnisvollen Willkommsgrüßen ihrer Laternen und den geisterhaften Vorstellungen, die sich an diese Stunde und diesen Ort knüpfen, überrieselt mich ein namenloser Schauer, unter Gespenstern zu weilen. Doch nein! Diese anmutigen schweigenden, winkenden Gestalten gehören nicht zu den schattenhaften Gästen, für deren Kommen die weißen Feuer entzündet wurden, – ein Sang voll klarer, bebender Süßigkeit wie ein Vogelruf löst sich von Mädchenlippen und fünfzig weiche Stimmen fallen ein:

„Sorōta soroimashita odoriko ga sorōta, Sorokite, kita hare yukata!"

„Dem Auge gleichförmig (wie Reisähren im Felde) alle gleich in sommerliche Festgewänder gekleidet, hat sich die Tänzerschar versammelt"

Und wieder nur das Zirpen der Grillen, das Shu-shu der Sandalen, das sanfte Händeklatschen, und der wogende, schwebende, feierliche Tanz fährt fort, magnetisch langsam, mit einer seltsamen Anmut, die gerade in ihrer Naivität so alt scheint wie der Hügelkranz, der sie einschließt.

Jene, die dort den jahrhundertelangen Schlaf schlafen, unter den grünen Steinen, wo die weißen Laternen sind, und ihre Väter und ihrer Väter Väter und die unbekannten Generationen vor ihnen, begraben auf Friedhöfen, die seit Tausenden von Jahren vergessen sind, auch sie haben sicherlich auf ein Schauspiel wie dieses geblickt. Ja, dieser von den jungen Füßen aufgewirbelte Staub war menschliches Leben und sang und lächelte ebenso unter demselben Mond „mit wallenden Schritten und winkenden Händen".

Plötzlich wird das Schweigen durch den Gesang tiefer Männerstimmen unterbrochen. Zwei Riesen haben sich der Runde angeschlossen und führen sie nun an. Zwei prächtige Bauernburschen aus den Bergen, fast nackt und um Haupteslänge die ganze Versammlung überragend. Ihre Kimonos sind wie Gürtel um den Leib gerollt und lassen ihre Bronzeglieder der Luft und der Sonne ausgesetzt. Sie sind sonst mit nichts bekleidet als mit ungeheuren Strohhüten und weißen Tabis, die eigens für dieses Fest angefertigt werden. Nie vorher habe ich unter diesem Volk solche Muskeln gesehen, aber ihre lächelnden, bartlosen Gesichter sind hübsch und gutmütig wie die japanischer Knaben. Sie scheinen Brüder zu sein, so gleichen sie einander in ihrem Körperbau, ihren Bewegungen und dem Klang ihrer Stimmen, als sie den Sang intonieren:

„No demo yama demo ko wa umiokeyo, sen ryō kura yori ko ga takara."

„Ob im Felde geboren oder auf Bergeshöhen, weit kostbarer als ein Schatz von tausend Ryōs ist ein Kind."

Und Jizō, der Freund der Kindergeister, lächelt durch das Schweigen.

Diese Seelen sind eins mit der Naturseele, – ungekünstelt und rührend ist ihr Denken, wie die Anbetung jener Kishibojin, zu der die Frauen beten. Und als die Strophe verklungen ist, antworten die süßen Frauenstimmen:

„Omou otoko ni sowasanu oya wa, oya de gozaranu ko no kataki."

„Die Eltern, die sich der Vereinigung ihrer Tochter mit dem Geliebten widersetzen, sind nicht des Kindes Eltern, sondern seine Feinde."

Und Lied folgt auf Lied, und der Kreis wird immer größer, und die Stunden fliegen dahin, unbemerkt und ungefühlt, während der Mond über die blauen Hänge der Nacht herabschwebt.

Plötzlich rollt ein tiefes, leises Dröhnen über den Hof, der sonore Ton irgendeiner Tempelglocke, die die zwölfte Stunde verkündet. Allsogleich ist der Bann gebrochen, wie das Wunder eines Traumes, das ein Laut zerstört; der Gesang verstummt, die Runde löst sich unter sanften Lachkaskaden und unter Plaudern und leise vokalisierten Rufen von Blumennamen, die Mädchennamen sind, und Abschiedsgrüßen: Sayōnara! Und Tänzer und Zuschauer wenden sich unter lautem Geklapper der Getas gleichzeitig heimwärts. Und indem ich mich von der Menge treiben lasse, ganz benommen wie jemand, der plötzlich aus dem Schlafe aufgeschreckt worden ist, überkommt mich eine undankbare Regung. Dieses liebe Völkchen mit dem hellen Silberlachen, das jetzt neben mir dahertrippelt, auf den lärmenden kleinen Getas und seine Schritte beschleunigt, um noch rasch einen Blick auf den Fremden zu werfen, – alle die Elfen waren noch eben eine Vision archaischer Anmut, Illusionen der Nekromantik, köstliche Phantome – und ich fühle einen leisen Groll gegen sie, daß sie sich jetzt in solch schlichte Dorfmädchen verwandeln.[18]

---

[18] Nachdem ich diese Skizze geschrieben hatte, habe ich das Bon-Odori in vielen verschiedenen Teilen Japans gesehen; aber nie habe ich genau dieselbe Art des Tanzes bemerkt Aus meiner Erfahrung in Izumo, Oki, Tottori, Hōki, Bingo und anderen Orten folgere ich, dass das Bon-Odori auch nicht in zwei Provinzen gleich getanzt wird. Nicht nur die Bewegungen und Gesten variieren je nach dem Ort, sondern auch die Melodien der Lieder, – und dies sogar, wenn die Worte dieselben sind. In manchen Orten ist das Tempo langsam und feierlich, in anderen wieder schnell und heiter und durch einen wunderlichen Schwung charakterisiert, den man unmöglich beschreiben kann. Aber überall sind die Bewegungen und die Melodien seltsam und anziehend genug, um die Zuschauer stundenlang zu fesseln. Gewiss sind diese primitiven Tänze von weit größerem Interesse als die Tanzproduktionen der Geishas. Obgleich vom Buddhismus verwendet und beeinflusst, sind sie zweifellos unvergleichlich älter als der Buddhismus selbst.

Nachdem ich mich zur Ruhe gelegt, sinne ich dem Grunde der seltsamen Empfindungen nach, die dieser schlichte, einfache ländliche Chor in mir ausgelöst hat.

Unmöglich, mir die Melodie mit ihren phantastischen Intervallen und der Chromatik der Töne zurückzurufen, – ebensowohl könnte man versuchen, das Vogelgezwitscher dem Gedächtnis einzuprägen, – aber der unsagbare Zauber umschwebt mich noch.

Abendländische Melodien erwecken in uns Empfindungen, die wir definieren können, Empfindungen, uns so vertraut, wie die Muttersprache, auf uns vererbt von all den vorhergehenden Generationen. Aber wie die Empfindungen erklären, die uns ein primitiver Sang erweckt, der so grundverschieden von aller abendländischen Melodik ist, ja selbst unmöglich in den Tönen niederzuschreiben, die die Ideogramme unserer musikalischen Sprache sind?

Und die Empfindung selbst, was ist sie? Ich weiß es nicht, – aber ich fühle, sie ist etwas unendlich Älteres als ich selbst, – etwas, was nicht bloß einem Ort und einer Zeit angehört, sondern in der Freude oder dem Leid alles Seins unter der Sonne des Universums mitvibriert. Und ich frage mich, ob das Geheimnis nicht vielleicht in irgendeiner unbewussten, spontanen Harmonie jener Melodie mit dem ältesten Sang der Natur liege, in einer unbewussten Verwandtschaft mit der Musik der Einsamkeiten, – mit allem Trillern und Zirpen des Sommerlebens, das zu der großen süßen Stimme der Erde verschmilzt.

Seelen

Kinjurō, der alte Gärtner, dessen Kopf so glänzend ist wie eine Elfenbeinkugel, setzte sich für einen Augenblick auf den Rand der Itanoma vor meinem Bibliothekzimmer nieder, um seine Pfeife an dem Hibachi, das dort stets für ihn bereit steht, zu rauchen. Während er rauchte, fand er Anlass, seinem jungen Gehilfen einen Verweis zu erteilen. Was der Knabe begangen hatte, weiß ich nicht recht; ich hörte nur, wie ihm Kinjurō sagte, er solle trachten, sich so zu benehmen wie ein Geschöpf, das mehr als eine Seele habe. Und weil mich diese Worte interessierten, trat ich hinaus und setzte mich zu Kinjurō.

„Kinjurō," sagte ich, „ob ich selbst eine oder mehrere Seelen habe, weiß ich nicht genau; aber lieb wäre mir, von dir zu erfahren, wie viele Seelen du hast."

„Ich, der Selbstsüchtige, habe nur vier Seelen", antwortete Kinjurō mit unerschütterlicher Überzeugung.

„Vier?" rief ich, unsicher, ob ich recht verstanden hatte.

„Vier," wiederholte er. „Aber der Knabe dort kann wohl nicht mehr als eine Seele haben; so sehr fehlt es ihm an Geduld."

„Und auf welche Weise hast du herausgefunden, dass du vier Seelen hast?"

„Es gibt weise Männer," sagte er, indem er seine kleine silberne Pfeife ausklopfte, „es gibt weise Männer, die diese Dinge wissen, und auch ein uraltes Buch ist vorhanden, das darüber Aufklärung gibt. Nach dem Alter eines Menschen, nach der Jahreszeit seiner Geburt und den Sternen des Himmels kann man die Zahl seiner Seelen bestimmen. Aber darüber wissen nur ehrwürdige Greise Bescheid; die jungen Leute von heutzutage, die die Dinge des Abendlandes lernen, sind ungläubig."

„Und sage mir, oh Kinjurō, gibt es jetzt noch Menschen, die mehr Seelen haben als du?"

„Gewiss; manche haben fünf, manche sechs, manche sieben, manche acht Seelen. Aber die Götter gestatten keinem Menschen, mehr Seelen zu haben als neun."

Das schien mir als allgemeine Regel nicht glaublich; denn ich erinnerte mich einer auf der anderen Erdhalbkugel lebenden Frau, die viele Generationen von Seelen besaß und sich aller vollkommen zu bedienen wusste. Sie trug ihre Seelen wie andere Frauen ihre Kleider und wechselte sie jeden Tag mehrmals. Und die Anzahl der Kleider in der Garderobe der Königin Elisabeth war gering im Vergleich zu der Anzahl der Seelen dieser merkwürdigen Frau. Nie erschien sie bei zwei verschiedenen Anlässen als dieselbe; und Stimme und Denkart wechselte sie mit ihren Seelen. Manchmal schien sie aus dem Süden, und ihre Augen waren braun, manchmal aus dem Norden, und ihre Augen waren grau. Manchmal gehörte sie dem dreizehnten Jahrhundert, dann wieder dem achtzehnten an. Die Leute wurden an ihren eigenen Sinnen irre, wenn sie solche Dinge sahen, und mühten sich, der Sache dadurch auf den Grund zu kommen, daß sie von der Frau Photographien erbaten, um sie miteinander zu vergleichen. Die Photographen waren sehr erfreut, diese Aufnahmen machen zu dürfen, denn die Frau war wunderschön. Doch auch sie wurden durch die Entdeckung verblüfft, dass sie nie zweimal dieselbe war. So durften die Männer, die sie am meisten bewunderten, nicht wagen, sich in sie zu verlieben. Das wäre ja absurd gewesen: Sie hatte allzu viele Seelen. Mancher, der diese Blätter liest, wird mir bestätigen, dass ich die Wahrheit rede.

„Für dieses Land der Götter mag, was du sagst, zutreffen, Kinjurō. Aber es gibt andere Länder, wo man nur Götter hat, die aus Gold gemacht sind; und in diesen Ländern sind die Dinge nicht so gut bestellt. Die Bewohner dieser Länder sind von einer wahren Seelenplage heimgesucht. Denn während einige nur eine halbe oder gar keine Seele haben, sind andere geradezu mit Seelen überhäuft, für die gar keine Nahrung und Verwendung zu finden ist. Und solche Seelen quälen ihre Besitzer über alle Maßen. Es sind natürlich abendländische Seelen... Aber sage mir, bitte, wozu es gut sein soll, mehr als eine oder zwei Seelen zu haben?"

„Herr, wenn alle dieselbe Anzahl und Beschaffenheit von Seelen hätten, würden alle eines Sinnes sein. Dass die Menschen sich voneinander unterscheiden, ist aber offenbar. Der Grund ihrer Verschiedenheit ist eben die Zahl und Beschaffenheit ihrer Seelen."

„Und was ist besser: viele oder wenige Seelen zu haben?"

„Viele."

„Und der Mensch, der nur eine Seele hat, ist also ein unvollkommener Mensch?"

„Ein sehr unvollkommener."

„Aber kann ein sehr unvollkommener Mensch nicht doch sehr vollkommene Vorfahren gehabt haben?"

„Gewiß."

„Also kann ein Mensch von heute, der nur eine Seele hat, einen Vorfahren mit neun Seelen gehabt haben?“

„Sicherlich.“

„Was ist dann also aus den acht übrigen Seelen geworden, die der Ahne besessen hat und die dem Nachkommen fehlen?“

„Das ist das Werk der Götter. Die Götter allein bestimmen für jeden von uns die Anzahl der Seelen, die ihm gebühren. Dem Würdigen geben sie viele, dem Unwürdigen wenige.“

„Also nicht von den Eltern stammen die Seelen?“

„Nein, uralt sind die Seelen, zahllos ihre Jahre.“

„Eins möchte ich gern wissen: Kann ein Mensch seine Seelen trennen? Kann er, zum Beispiel, zur selben Zeit eine Seele in Kyōto, eine in Tōkyō und wieder eine in Matsue haben?“

„Nein. Das kann er nicht; die Seelen bleiben immer beisammen.“

„Wie denn? Eine in die andere eingeschachtelt, wie die kleinen Lackkästchen eines Inrō?“

„Das wissen nur die Götter.“

„Und die Seelen trennen sich nie?“

„Manchmal kommt es schon vor; aber wenn sich die Seelen eines Menschen trennen, dann wird er verrückt. Wahnsinnige sind solche Menschen, die eine ihrer Seelen verloren haben.“

„Aber was wird nach dem Tode aus den Seelen?“

„Sie bleiben weiter beisammen. Wenn ein Mensch stirbt, steigen seine Seelen auf das Dach seines Hauses hinauf und bleiben neunundvierzig Tage lang oben.“

„Auf welchem Teil des Daches?“

„Auf dem Yane-no-mune – auf dem Dachfirst stehen sie.“

„Kann man sie sehen?“

„Nein; sie sind wie die Luft. Hin und her schweben sie, wie ein leichter Wind.“

„Warum bleiben sie nicht fünfzig Tage dort oben? Warum gerade neunundvierzig?“

„Sieben Wochen sind ihnen gewährt, bevor sie scheiden müssen. Sieben Wochen geben neunundvierzig Tage; aber warum es so ist, darüber kann ich nichts sagen.“

Der alte Glaube, dass der Geist eines Verstorbenen eine Weile das Dach seines Hauses heimsucht, war mir nicht unbekannt; in vielen japanischen Dramen wird ja nachdrücklich darauf hingewiesen. Aber nie hatte ich vorher von dreifach, vierfach und noch mehrfach zusammengesetzten Seelen gehört; und ich fragte Kinjurō danach, weil ich zu erfahren hoffte, auf welche Quelle sein Glaube zurückzuführen sei. Der Glaube seiner Väter war's. Das war alles, was er wußte.[19] Wie die meisten Bewohner Izumos war Kin-

[19] Nachträglich fand ich, dass der alte Mann mir nur eine volkstümliche Version eines Glaubens mitgeteilt hatte, zu dessen erschöpfender Darlegung es eines umfangreichen Buches bedürfte – eines auf chinesischer Astrologie beruhenden Glaubens, der möglicherweise durch buddhistische und shintōistische Ideen modifiziert worden ist. Diese Vorstellung einer zusammengesetzten Seele kann nicht ohne vorherige Kenntnis des astrologischen Zusammenhanges zwischen den chinesischen Zeichen des Tierkreises und den zehn himmlischen Stämmen erklärt werden. Aufklärung darüber erhält man aus dem interessanten Aufsatze „Time“ in Professor Chamberlains bewundernswertem Büchlein „Things Japanese“. Wenn man sich über diesen Zusammenhang klar geworden ist, ist es noch notwendig zu wissen, dass nach dem chinesischen astrologischen System jedes Jahr unter dem Einflusse eines der „fünf Elemente“ – Holz, Feuer, Erde, Metall, Wasser – steht; und je nach dem Tage und Jahre der Geburt ist das Temperament himmlisch bestimmt. Ein mnemotechnischer japanischer Vers erzählt uns von dem Zusammenhang der Seelenzahl mit den Elementareinflüssen: neun Seelen – Holz; drei – Feuer; eine – Erde; sieben – Metall; fünf – Wasser.

Kiku Karani
Himitsu no yama ni
Tsuchi hitotsu
Nanatsu kane to zo
Go suiryō are.

Zu zehn vervielfältigt, indem sich jedes in ein „älteres“ und „jüngeres“ scheidet, werden die fünf Elemente zu den zehn himmlischen Stämmen; und ihre Einflüsse mischen sich mit jenen der Ratte, des Stiers, des Tigers, des Hasen, des Drachen, der Schlange, des Pferds, der Ziege, des Affen, des Hahns, des Hundes und des Ebers (den zwölf Zeichen des Tierkreises) – die alle in Beziehung zu Zeit, Ort, Le-

jurō zugleich Buddhist und Shintōist Als Buddhist gehörte er zu der Zen-Sekte, als Shintōist zu der Izumo-Sekte. Aber seine Ontologie schien mir mit keiner von beiden Sekten zusammenzuhängen. Der Buddhismus kennt nicht die Lehre von der zusammengesetzten Seele. Es gibt alte, der Menge unzugängliche shintōistische Bücher, die mit der Lehre Kinjurōs eine entfernte Verwandtschaft zeigen. Aber er hat diese Bücher nie zu Gesicht bekommen. Sie sagen, jeder von uns habe zwei Seelen, die Ara-mi-tama oder rohe Seele, die rachsüchtig ist, und die Nigi-mi-tama oder gütige Seele, die alles verzeiht. Übrigens sind wir alle von dem Geist Oho-Maga-Tsu-Hi-No-Kami besessen, der „wunderbaren Gottheit des gewaltig Bösen", und von dem Geist Oho-Naho-Bi-No-Kami, der „wunderbar großen erlösenden Gottheit", die dem Einfluss des Bösen entgegenwirkt. Dies waren nicht gerade die Ideen Kinjurōs; aber ich erinnerte mich an eine Schrift Hiratas, die ich mit Kinjurōs Aussprüchen über die Möglichkeit einer Trennung der Seelen in Zusammenhang bringen konnte. Hirata lehrte, daß die Ara-mi-tama eines Menschen seinen Körper verlassen, die Gestalt des Menschen annehmen und ohne dessen Wissen einen verhassten Feind vernichten könne. Ich fragte also Kinjurō danach.

Er sagte mir, er habe nie von einer Nigi-mi-tama oder Ara-mi-tama gehört; aber er erzählte mir folgendes:

„Wenn eine Frau entdeckt, daß ihr Mann insgeheim mit einer anderen ein Liebesverhältnis hat, geschieht es manchmal, daß die schuldige Frau von einer Krankheit befallen wird, die kein Arzt zu heilen vermag. Denn eine

---

ben, Glück und Unglück stehen etc. Diese Andeutungen können jedoch keine Vorstellung geben, wie ungeheuer kompliziert diese Theorie tatsächlich ist. Das Buch, auf das der alte Gärtner sich bezog – einst in Japan so allgemein bekannt wie nur irgendein Wahrsagebuch in einem europäischen Lande – war der San-ze-sū, von dem man noch hie und da ein Exemplar auftreiben kann. Im Gegensatz zu Kinjurōs Meinung glauben die in solchen chinesischen Theorien Bewanderten, dass es ebenso von Übel sei, zu viele Seelen zu haben als zu wenige. Neun Seelen zu haben heißt zu „vielseitig" sein – ohne festen Vorsatz; hat man nur eine Seele, so fehlt es einem an schneller Auffassung. Nach den chinesischen astrologischen Vorstellungen würde das Wort „Naturen" oder „Charaktere" in diesem Falle zutreffender sein als das Wort „Seelen". Eine Welt seltsamer Phantasien ist diesen Vorstellungen entsprungen. Ein Beispiel aus Hunderten: eine „Feuer-Natur" soll keine „Wasser-Natur" heiraten. Daher die sprichwörtliche Wendung von Zweien, die sich nicht vertragen können: – „Sie sind wie Feuer und Wasser".

der Seelen der Gattin, durch Empörung zum Äußersten getrieben, geht in den Körper der Schuldigen über und zerstört ihn. Aber auch die rechtmäßige Gattin erkrankt oder verliert für einige Zeit ihren Verstand, weil ihr diese eine Seele fehlt. Und eine noch merkwürdigere Sache ist uns Japanern bekannt, von der Sie, als Abendländer, wohl nie gehört haben werden. Durch Göttermacht kann die Seele manchmal zu irgendeinem guten Zweck ihrem Körper für eine kleine Weile entzogen werden, auf dass sie ihre geheimsten Gedanken enthülle. Aber in diesem Fall geschieht dem Körper nichts zuleid. Hören Sie, wie sich das Wunder vollzieht. Ein Mann liebt ein schönes Mädchen, das er heiraten könnte; aber er zweifelt, ob er auf Gegenliebe hoffen dürfe. Er sucht also den ‚Kanushi' eines benachbarten Shintōtempels auf,[20] offenbart seine Zweifel und bittet die Götter, ihn davon zu befreien. Die Priester fragen nicht nach seinem Namen, sondern nach seinem Alter und nach Tag und Stunde seiner Geburt; diese Daten zeichnen sie für die Götter auf und sagen dem Mann, er möge nach sieben Tagen wieder in den Tempel kommen. Und während dieser sieben Tage beten die Priester zu den Göttern, die Zweifel zu verscheuchen, und einer von ihnen badet jeden Morgen seinen Körper in reinem kalten Wasser und isst bei jeder Mahlzeit nur von den Gerichten, die an heiligem Feuer bereitet sind. Und wenn der Mann am achten Tag zum Tempel zurückkehrt, wird er in ein Gemach des Inneren geführt, wo ihn die Priester empfangen. Nun wird eine Zeremonie vollzogen, bestimmte Gebete werden gesprochen und alles wartet schweigend. Plötzlich fängt dann der Priester, der die Weihehandlung geleitet hat, an, heftig, wie in Fieberschauern, zu zittern. Das geschieht, weil durch die Macht der Götter die Seele des Mädchens in seinen Körper eingetreten ist. Sie selbst weiß nichts davon, denn in dieser Zeit verfällt sie, wo sie auch weilen mag, in tiefen Schlaf, aus dem nichts sie erwecken kann. Da ihre Seele aber in den Körper des Priesters übergegangen ist, kann sie nur die lautere Wahrheit sprechen und muss alle ihre Gedanken offenbaren. Und der Priester spricht nicht mehr mit seiner eigenen Stimme, sondern nun mit der Stimme und dem Gefühlston der Mädchenseele und sagt nach Frauenart: ‚Ich liebe' oder: ‚Ich hasse', je nachdem es sich wirklich verhält. Wo Hass ist, wird die Ursache des Hasses mitgeteilt; verkündet die Antwort aber Liebe, dann bedarf es nicht vieler erklärender Worte. Und nun hört das Zittern des Priesters auf, denn die Seele entweicht von ihm; er

[20] Gewöhnlich ein Inari-Tempel. Solche Dinge geschehen niemals in den großen Shintō-Schreinen.

fällt vornüber auf sein Angesicht, liegt wie leblos da und bleibt lange so liegen."

„Sage mir, Kinjurō," fragte ich, nachdem ich diese seltsamen Dinge vernommen hatte, „ist dir jemals persönlich ein Fall bekannt geworden, in dem eine Seele durch die Macht der Götter dem Körper entrückt und in das Herz eines Priesters gebracht worden wäre?"

„Ja, ich selbst habe es an mir erfahren."

Ich schwieg und wartete. Der alte Mann klopfte sein kleines silbernes Pfeifchen aus, faltete die Hände, blickte ein paar Augenblicke lang auf die Lotosblumen, lächelte dann und sprach: „Herr, ich war noch sehr jung, als ich heiratete. Viele Jahre lang hatten wir keine Kinder; dann endlich schenkte mir meine Frau einen Sohn, und sie starb und wurde ein Buddha. Aber mein Sohn wuchs schön und kräftig heran, und als die Revolution ausbrach, folgte er der Armee des Sohnes des Himmels in den großen Krieg im Süden und starb in Kiushū den Heldentod. Ich liebte ihn und weinte vor Freude, als ich hörte, dass ihm vergönnt gewesen sei, für unseren Heiligen Kaiser zu sterben; denn es gibt keinen edleren Tod für den Sohn eines Samurai. So begruben sie unseren Jungen fern von mir in Kiushū, auf einem Hügel nah bei Kumamoto, einer sehr großen Festung, und ich ging hin, um sein Grab zu schmücken. Aber sein Name steht auch hier in Ninomaru auf dem Ehrendenkmal für die Helden von Izumo, die in tapferer Schlacht für die heilige Sache des Kaisers starben. Und wenn ich auf seinen Namen dort blicke, lacht mein Herz; ich spreche zu ihm und mir ist dann, als schreite er wieder an meiner Seite, unter den großen Fichten... Aber all das gehört ja nicht hierher.

Ich trauerte um meine Frau. In den langen Jahren, die wir zusammen verlebt hatten, war kein unfreundliches Wort zwischen uns gefallen. Und als sie starb, glaubte ich, daß ich nie wieder heiraten könnte. Doch als zwei Jahre vergangen waren, wünschten Vater und Mutter, wieder eine Tochter im Hause zu haben und sagten es mir und bezeichneten ein schönes, aber armes Mädchen aus guter Familie als passende Gefährtin für mich. Die Familie gehörte zu unserem Verwandtenkreis; das Mädchen war ihre einzige Stütze. Sie webte wollene und seidene Gewänder, erhielt aber nur wenig Geld dafür. Und weil sie eine so gute Tochter und ein so reizendes Mädchen war und unsere Verwandten in dürftigen Verhältnissen lebten, wünschten meine Eltern, dass ich sie ehelichen und ihren Eltern beistehen sollte; denn dazumal hatten wir ein kleines Einkommen von unseren Reisfeldern. Ich war gewohnt, meinen Eltern zu gehorchen, und ließ sie auch jetzt machen, was ihnen gut dünkte. Also wurde der Nakodo geholt und die Abmachungen für die Hochzeit begannen.

Zweimal konnte ich das Mädchen in seinem Elternhause sehen. Das erste Mal pries ich mich glücklich, denn sie war sehr jung und sehr lieblich. Aber beim zweiten Mal bemerkte ich, dass sie geweint hatte und dass ihre Augen mich vermieden. Da erbebte mein Herz, denn ich dachte: Sie will dich nicht, und die Eltern zwingen sie zu der Heirat. So beschloss ich, die Götter zu befragen. Ich ließ die Hochzeit aufschieben und ging in den Tempel Yanagi no Inari-Sama in der Straße Zaimoku-chō. Und als das Zittern über den Priester kam, sprach er zu mir aus der Seele des Mädchens: ‚Mein Herz verabscheut dich und schon der Anblick deines Antlitzes macht mich krank, denn ich liebe einen anderen, und diese Ehe wird mir aufgezwungen. Aber obgleich mein Herz dich hasst, muss ich dich heiraten, weil meine Eltern alt und arm sind und weil ich sie nicht länger allein versorgen kann, denn meine Arbeit richtet mich zugrunde. Aber wenn ich mich auch bemühen will, dir eine pflichtgetreue Frau zu werden, so kann doch nie Freudigkeit in deinem Hause sein, denn mein Auge sieht dich mit tiefem, dauernden Hass, der Klang deiner Stimme gibt mir einen Stich ins Herz, und wenn du vor mir stehst, wünsche ich, tot zu sein.‘ Nun, da ich die Wahrheit wusste, vertraute ich mich meinen Eltern an und schrieb dem Mädchen einen freundlichen Brief, in dem ich sie bat mir den Schmerz zu verzeihen, den ich ihr unwissentlich zugefügt hatte. Und ich schützte eine langwierige Krankheit vor, um ohne Gerede die Verbindung zu lösen. Der Familie ließen wir eine Unterstützung zukommen, und das Mädchen war sehr froh, denn es fügte sich später so, daß sie den jungen Mann, den sie liebte, heiraten konnte. Meine Eltern aber drangen nie mehr in mich, zu heiraten, und seit ihrem Tode lebe ich allein... Doch, Herr, sehen Sie nur die ungeheure Schlechtigkeit dieses Jungen!“

Kinjurōs junger Gehilfe hatte sich unser Gespräch zunutze gemacht, um aus einem Bambusstab und einem Stückchen Schnur eine Angelrute zu improvisieren. An das Ende der Schnur hatte er ein Kügelchen Tabak befestigt, den er aus dem Tabaksbeutel des Alten stibitzt hatte. Mit dieser Angel fischte er in dem Lotosteich: und ein Frosch hatte den Köder verschluckt. Der Junge ließ ihn hoch über den Kieselsteinen baumeln und das geängstigte Tier schnaubte und zappelte in konvulsivischen Zuckungen des Widerwillens und der Verzweiflung.

„Kaji!“ schrie der Gärtner dem Missetäter zu. Der Knabe ließ lachend die Angel fallen und lief uneingeschüchtert auf uns zu, während der Frosch, der endlich den Tabak wieder herausgesprudelt hatte, in den Lotosteich zurückplumpste. Offenbar war Kaji vor Schelte nicht bang.

„Goshō ga warui,“ rief der Alte, seinen kahlen Kopf schüttelnd, „o Kaji, ich fürchte sehr, deine nächste Geburt wird eine böse sein. Kaufe ich Tabak für die Frösche?... Herr, hatte ich nicht recht, als ich sagte, dieser Knabe könne nur eine Seele haben?“

Die Hauptstadt der Provinz der Götter

Das erste Geräusch, das der Schläfer in Matsue vernimmt, klingt wie das Klopfen eines ungeheuer langsamen Pulses dicht an sein Ohr. Es ist ein weicher, dumpfer Ton – wie ein Herzschlag in seiner Regelmäßigkeit, seiner gedämpften Tiefe und der Art, wie er durch das Polster vibriert, so dass man ihn eher fühlt als hört. Tatsächlich ist es nur das Stampfen der ungeheuren Keule des Kometsuki, des Reisreinigers, eine Art kolossalen Holzstößels, mit einem ungefähr fünfzehn Fuß langen Hebel, der horizontal in einer Achse hängt. Indem der Kometsuki mit aller Kraft auf das Ende des Hebels tritt, steigt die Keule in die Höhe und fällt dann vermöge ihrer eigenen Schwere mit aller Wucht in den Reisbottich. Der abgemessene gedämpfte Klang ihres Falles erscheint mir als der pathetischste Ton des ganzen japanischen Lebens, und in der Tat ist er der eigentliche Pulsschlag des Landes.

Dann erschüttert das Dröhnen der großen Glocke des Zenshū-Tempels von Tōkōji die Stadt, dann hallt das melancholische Echo von Trommelschlägen aus dem winzigen Jizōtempel in der Straße Zaimo-kuchō neben meinem Hause, der gläubigen Menge die Stunde des Morgengebetes kündend, und schließlich ertönt der Ruf der ersten herumziehenden Verkäufer, – „Daikoya! Kabuya-kabu!“ der Verkäufer des Daikon und anderer seltsamer Gemüse. „Moyaya-moya!“ der klagende Ruf der Frau, die kleine Zündstreifen zum Anmachen der Kohlenfeuer feilhält.

So von den ersten Klängen des beginnenden Stadtlebens geweckt, öffne ich mein kleines japanisches Papierfenster und blicke über eine grüne, weiche Wolke von Frühlingslaub des stromumgürteten Gartens dort unten in den Morgen hinaus. Vor mir erglänzt die klare Mündung des Ōhashigawa, wie er sich in den großen Shinjisee ergießt, der sich zur Rechten zwischen einem dämmerigen Gipfelrahmen mächtig ausbreitet Mir gerade gegenüber auf dem anderen Stromufer haben die blauen, spitzigen Häuschen alle ihre Tos[21] geschlossen. Sie sind noch zugesperrt wie Kästchen, denn noch ist ja die Sonne nicht aufgegangen, obgleich es schon Tag ist. Aber o welch zauberhafte Vision, – diese ersten, geisterhaften Liebesfarben eines in wallende Nebel getauchten Morgens, als ob der Schlaf selbst in einem sichtbaren Hauch aufgelöst vor uns schwebte! Lange Striche zartgetönter Nebelwolken umgaukeln den Rand des Sees – wallende Nebelbänder, wie du sie vielleicht in japanischen Bilderbüchern gesehen und für künstlerische Phantastereien gehalten haben magst, wenn du sie nicht in Wirklichkeit erblickt. Der Fuß aller Berge ist von ihnen verschleiert, und sie umschweben die Gipfel in verschiedener Höhe wie endlose Gazestreifen, so daß der See weit größer erscheint, als er tatsächlich ist – nicht wie ein wirklicher See, sondern ein geisterhaftes Meer von derselben Farbe wie der Morgenhimmel und mit ihm verschmelzend, während Gipfelspitzen wie Inseln aus dem Nebelmeer tauchen und traumhaft verschwindende Hügelreihen, die Kunststraßen gleichen, sich ins Unendliche erstrecken. Ein köstliches Chaos von immer wechselnden Bildern, wenn sich die Nebel langsam, langsam heben. Und wie der Goldsaum der Sonne zum Vorschein kommt, schießen zartere, wärmere Lichttöne durch die Flut, in geisterhaften Violett- oder Opalschattierungen schillernd – Baumwipfel erglühen, vergolden sich, und die unbemalten Fassaden der hohen Gebäude jenseits des Flusses verwandeln in dem bleichen Duft ihre Holzfarbe zu köstlichstem Glanz.

Mein Blick schweift zu dem langen Ōhashigawa über die vielpfeilerige Brücke hinweg zu einer hochgebauten Djunke mit aufgehisstem Segel, die mir als das phantastischste, schönste Fahrzeug erscheint, das ich jemals gesehen, – ein morgenländischer Meertraum, so idealisiert ist sie von dem

---

[21] Dicke, solide Schiebeläden aus unbemaltem Holz, die in japanischen Häusern sowohl als Türen wie als Fenster dienen.

Nebelduft – der Geist einer Djunke, aber ein Geist, der das Licht so auffängt wie es die Wolken tun – ein goldenes Nebelgebilde, halb diaphan im bleichen, blauen Licht schwebend.

Von dem Flussufer hinter meinem Garten dringt das Geräusch von Händeklatschen zu mir – einmal, zweimal, dreimal, viermal, aber die Person, von der es herrührt, ist von den Büschen verdeckt. Fast zugleich sehe ich Frauen und Männer die Steintreppe der Werften an dem anderen Ōhashigawa-Ufer herabsteigen, alle haben sie blaue Tücher in ihren Gürteln stecken. Sie waschen sich Gesicht und Hände und spülen sich den Mund, – die übliche Reinigung vor dem Shintōgebet. Dann wenden sie ihr Antlitz gen Sonnenaufgang, klatschen viermal in die Hände und beten. Dies Klatschen tönt auch von der langen, hohen, weißen Brücke wie ein Widerhall herüber, und von den fernen, anmutigen, mondsichelförmigen Booten, merkwürdigen Booten, in denen nacktbeinige Männer stehen, das Haupt dem goldenen Osten zugekehrt. Nun steigert sich das Klatschen, wächst an zu einem fast unausgesetzten scharfen Knattern, denn die ganze Bevölkerung grüßt die aufgehende Sonne, – O-Hi-San! Herrin des Feuers, – Ama-Terasu Oho-mi-Kami, Herrin des großen Lichtes,[22] Konnichi-Sama! Heil dir an diesem Tage, himmlische Lichtbringerin! Heil und Preis dir, für dieses dein holdes Licht, das die Welt verschönt! So ist zweifellos das Gefühl zahlloser Herzen, wenn es sich auch nicht ganz so in Worten äußert. Manche wenden sich nur der Sonne zu, indem sie in die Hände klatschen, aber einige wenden sich auch gen Westen zum heiligen Kizuki, dem uralten Schrein, und viele andere wenden sich hintereinander nach allen Himmelsrichtungen und murmeln dabei Namen von Hunderten von Göttern – andere wieder blicken, nachdem sie die Feuergöttin gegrüßt, gen Ichibachi, dem Platz, wo der große Tempel Yakushi-Nyorai steht, der den Blinden das Gesicht wiedergibt – diese klatschen nicht in die Hände, wie die Angehörigen des Shintōglaubens, sondern reiben nur nach buddhistischer Weise die Handflächen mehrmals sanft aneinander. Aber alle – denn in dieser uralten Provinz Japans sind alle Buddhisten auch Shintōisten – sprechen die uralten Worte des Shintōgebetes: „Harai tamai, kiyome tamai to Kami imi tamai!"

Gebete an die alten Götter, die schon herrschten, ehe Buddha kam und noch immer herrschen in ihrem ureigensten Lande Izumo, in dem Lande der

[22] Amaterasu Oho-mi-Kami bedeutet wörtlich: „Die Himmelerleuchtende Große Erhabene Gottheit". (Siehe Prof. Chamberlains Übersetzung des Kojiki.)

Schilfebenen; dem Orte des Wolkenaufstiegs; Gebete zu den Göttern des Urchaos, des Urmeers, und des Weltanfangs; seltsame Götter mit langen, geisterhaften Namen; Sippen des U-hiji-ni no Kami, des ersten Urschlammgottes; Sippen der Su-hiji-ni no Kami, der ersten Sandgöttin; Gebete an die, die nach ihnen kamen; – die Götter der Kraft und Schönheit, die Weltbildner, die Schöpfer der Berge und Inseln, und Vorfahren jener Herrscher, deren Geschlechter noch die „Sonnennachfolger" genannt werden, Gebete an die dreitausend innerhalb der Provinz wohnenden Götter und die achthundert Myriaden, die im Azur der Takama-no-hara wohnen, der „Blauen Ebene des Hohen Himmels". Nippon-koku chū yaoyorozu no Kami-gami Sama!

„Hō-ke-kyō!" Mein Uguisu ist endlich erwacht und spricht sein Morgengebet. Du weißt nicht, was ein Uguisu ist? Ein Uguisu ist ein heiliger kleiner Vogel, der den Buddhismus verkündet. Alle Uguisus haben den Buddhismus verkündet seit unvordenklicher Zeit; allen Menschen ohne Unterschied haben die Uguisus die Vortrefflichkeit der göttlichen Sutra gepredigt. „Hō-ke-kyō!"

In japanischer Sprache Hō-ke-kyō, im Sanskrit Saddharma Pundarika Sūtra: Die Sutra des Lotos des Guten Gesetzes! Das göttliche Buch der Nichiren-Sekte. Sehr kurz fürwahr ist das Glaubensbekenntnis meines kleinen gefiederten Buddhisten! – Nur der heilige Name in immer neuer und neuer Wiederholung, wie eine Litanei, mit perlenden Zwitscherkaskaden dazwischen.

„Hō-ke-kyō!"

Dieses einzige Wort nur, aber wie hinreißend klingt es! Mit welcher weichen, schmelzenden Liebesekstase verweilt er auf jeder seiner goldenen Silben.

Es steht geschrieben: „Dem, der dieser Sutra anhangen, sie lesen, schreiben oder lehren wird, sollen achthundert gute Gaben des Auges zuteilwerden. Er wird das ganze dreifache Universum schauen, hinab bis zur großen Hölle Avichi und hinauf bis zur äußersten Grenze des Daseins. Auch zwölfhundert gute Eigenschaften des Ohres soll er erhalten. Er soll alle Töne des dreifachen Universums vernehmen, Töne von Göttern, Kobolden und Geschöpfen, die keine Menschen sind."

„Hō-ke-kyō !" Ein einziges Wort nur.

Aber es steht auch geschrieben: „Der, der freudig auch nur ein einziges Wort dieser Sutra annimmt, dessen Verdienst soll unermeßlich größer sein als das Verdienst dessen, der allen Wesen in den vierhunderttausend Asankhyeyas der Welten alle Glücksgüter verschafft."

„Hō-ke-kyō!"

Nachdem er es gerufen, macht er immer eine kurze ehrfürchtige Pause. Und dann folgt der ekstatische Trillergesang – sein Vogel-Tedeum. Zuerst das Zwitschern, dann eine Pause von etwa fünf Sekunden, dann langsam feierlich der Ruf des heiligen Namens, wie in wunderndem Sinnen, dann wieder eine Pause – dann ein zweites wildes überschwänglich leidenschaftliches Zwitschern. Könntest du ihn sehen, du würdest staunen, wie solch ein mächtiger und sonorer Sopran aus einer so winzigen Kehle strömen kann, denn er ist der allerkleinste der gefiederten Sänger. Und dennoch tönt sein Sang weit über den breiten Fluß, und die Kinder auf ihrem Wege zur Schule bleiben täglich auf der Brücke lange stehen, um seinem Tirilieren zu lauschen. Und wie unscheinbar ist er! Ein farbloses Geschöpfchen, fast unsichtbar in seinem großen Hinokiholzkäfig, dessen Gitterfenster mit Papier verdunkelt sind – denn er liebt das Dämmer.

Zart ist er und tyrannisch anspruchsvoll. All seine Nahrung muss mühsam zerkleinert, in der Waagschale gewogen und in genau abgemessenen Quantitäten ihm zu bestimmten Stunden vorgesetzt werden. Ihn bloß am Leben zu erhalten, dazu bedarf es der größten Sorgfalt und Aufmerksamkeit. Aber er ist auch ein kostbares Geschöpf, „weit und von der äußersten Küste ist sein Preis", so selten ist er. Ich wäre nicht in der Lage gewesen, ihn zu kaufen, ich erhielt ihn zum Geschenk von einer der lieblichsten Damen, der Tochter des Gouverneurs von Izumo; sie dachte wohl, der fremde Lehrer könnte sich während der kurzen Erkrankung einsam fühlen und erfreute sein Herz mit diesem entzückenden Genossen.

Das Händeklatschen hat aufgehört – das Tagewerk beginnt – immer lauter und lauter wird das Getöse der Getas, die über die Brücke klappern. Es ist ein Klang, den man nie vergessen kann, dieses Klappern der Getas über den Ōhashi, – hurtig, fröhlich, musikalisch, wie der Rhythmus eines langen Tanzes – und es ist wirklich ein Tanz. Die ganze Bevölkerung bewegt sich auf den Fußspitzen und der Anblick dieser zahllosen, blinkenden Füße, die über den Rand der besonnten Straße tanzen, setzt einen in Erstaunen. Alle diese Füße sind klein, symmetrisch, leicht, wie die Füße der Gestalten, die man auf griechischen Vasen abgebildet sieht, und alle treten sie mit den Fußspitzen zuerst auf – mit Getas könnte man auch gar nicht anders auftreten, denn die Füße berühren weder die Getas noch den Boden, und der Fuß wird durch die keilförmige Holzsohle nach vorwärts geschoben. Wer nicht daran gewöhnt ist, Getas zu tragen, dem fällt selbst das Stehen darin schwer, aber japanische Kinder sieht man im vollen Lauf dahineilen, mit Getas an den Füßen, die mindestens drei Zoll hoch sind und nur durch eine zwischen der großen und den anderen Zehen befestigten Lasche am Fuße festgehalten werden. Und sie stolpern nicht, und die Getas lösen sich niemals los. Noch seltsamer ist der Anblick der Männer, die in Bokuris oder Taka-getas daherschreiten, einer Sohle mit Holzunterlagen von mindestens fünf Zoll Höhe, so daß das ganze Gestell wie das Modell eines lackierten Holzbänkchens aussieht. Aber die Träger dieser Fußbekleidung gehen so leichtfüßig, als hätten sie nichts an den Füßen.

Nun erscheinen auf der Brücke auch Kinder, die zur Schule eilen. Wie sie so dahinlaufen, gleicht das Wogen der breiten Ärmel ihrer hübschen gemusterten Kleidchen dem Flattern fremdartiger Schmetterlinge. Die Djunken breiten ihre weißen oder gelben Schwingen aus, und die Schornsteine der kleinen Dampfer, die die ganze Nacht an den Werften geschlummert haben, fangen zu rauchen an.

Eines dieser kleinen Fahrzeuge auf der gegenüberliegenden Werft hat eben seinen Rachen zu einem unbeschreiblich durchdringenden verzweifelten Geheul geöffnet. Wenn dieses Signal ertönt, lacht alles. Die anderen kleinen Dampfer lassen nur ein klägliches Stöhnen vernehmen, aber diesem, von einer Konkurrenzgesellschaft neu erbauten und eben dem Verkehr übergebenen Fahrzeug hat man eine Stimme von geradezu verblüffender, rücksichtsloser Feindseligkeit und herausfordernder Wildheit gegeben. Als die guten Leute von Matsue diese Stimme zum erstenmal vernahmen, gaben sie ihr gleich einen neuen und richtigen Namen „Okami-Maru“. „Maro“ heißt Dampfer, „Okami“ Wolf.

Ein sehr seltsames kleines Ding kommt langsam den Strom herabgeschwommen und ich glaube, du könntest nie darauf verfallen, was es eigentlich ist.

Die Hotokes oder Buddhas und die wohlwollenden Kamis sind nicht die einzigen von der armen Klasse der Japaner angebeteten Gottheiten. Die Gottheiten des Bösen oder wenigstens einige von ihnen werden bei bestimmten Anlässen gebührend besänftigt und mit Gaben belohnt – immer, wenn sie so gnädig waren, statt unheilbarer Krankheit nur vorübergehendes Übel über einen zu verhängen.[23] (Im Grunde ist dies nicht weniger rationell als die Dankgebete nach dem Schlusse der Orkanperiode in Westindien, die zweiundzwanzigtausend Menschenleben zerstörte.) So beten manchmal die Menschen zu Ekibyōgami, dem Gott der Pestilenz, und zu Kaze no Kami, dem Gott der Winde und bösen Erkältungen, und zu Hōsō no Kami, dem Gott der Blattern, und zu anderen bösen Geistern.

Ist nun bei einem Blatterkranken sichere Hoffnung auf Genesung vorhanden, wird zu Ehren Hōsō no Kamis ein Fest gegeben, gerade so wie für einen Fuchs-Gott, der von etwas Besitz ergriffen und nun versprochen hat, sich austreiben zu lassen. Auf einer Sandawara, oder kleinen Matte, wie man sie zum Schließen von Reisballen verwendet, stellt man ein oder mehrere Karayaki oder kleine irdene Schüsselchen auf. Diese werden mit einem Gemisch aus Reis und roten Bohnen angefüllt, ein Gericht, von dem man glaubt, daß sowohl Inari-Sama als auch Hōsō no Kami es gern essen. Man befestigt kleine Bambusstäbe mit Goheis (Papierschnitzeln) entweder an der Matte oder dem Azukimeshi (Napf mit Bohnen), und die Farbe dieser Goheis muß rot sein. (Man beachte, daß die Goheis anderer Kamis weiß sein müssen.) Diese Gaben werden dann entweder an einen Baum gehängt oder man läßt sie in irgendeinem Strom in großer Entfernung von dem Hause des Genesenden fortschwimmen. Dies nennt man den „Gott abziehen sehen".

Die lange weiße Brücke mit ihren Eisenpfeilern ist unverkennbar modern. Und wirklich wurde sie erst im letzten Frühling mit großen Zeremonien dem Verkehr übergeben. Nach irgendeiner uralten Oberlieferung muß die erste Person, die über eine neue Brücke geht, der glücklichste Mensch der Gemeinde sein. So fahndete also die Obrigkeit von Matsue nach den glücklichsten Leuten, und ihre Wahl fiel auf zwei bejahrte Männer, die beide in mehr als fünfzigjähriger glücklicher Ehe lebten und nicht weniger als zwölf Kinder hatten, die alle am Leben geblieben waren. Diese ehrwürdigen Patriarchen wurden ausersehen, als erste die Brücke zu überschreiten, gefolgt von ihren greisen Frauen, ihren erwachsenen Kindern, Kindeskindern, Ur-

---

[23] „Die Götter, die Böses tun, sollen beschwichtigt werden, damit sie diejenigen nicht strafen, von denen sie beleidigt wurden." Dies sind die Worte des großen shintōistischen Lehrers Hirata.

enkeln und Ururenkeln, unter Freudenrufen des Volkes, dem Knattern von Feuerwerk und dem Dröhnen von Böllerschüssen.

Aber weit malerischer war die alte Brücke, die sich mit ihren unzähligen Pfeilern, einem langbeinigen Tausendfüßler gleich, über den Fluss hinstreckte. Dreihundert Jahre hatte sie über dem Strom gestanden, festgefügt Und sie hatte ihre eigene Überlieferung.

Als Hōryō Yoshiharu, der große General, der in der Keichō-Ära Daimyō von Izumo wurde, zum ersten Mal den Versuch machte, eine Brücke über die Flussmündung zu schlagen, wollte es durchaus mit der Arbeit nicht von statten gehen, denn es schien, als gäbe es keinen festen Boden, auf dem die Brückenpfeiler ruhen könnten. Millionen großer Steine wurden in den Fluss versenkt, vergebens. Das am Tage mühsam vollbrachte Werk wurde in der Nacht wieder zusammengerissen, verschlungen, fortgespült. Endlich gelang dennoch die Fertigstellung. Aber bald darauf begannen sich die Brückenpfeiler zu senken, und dann trug eine Strömung die Hälfte der Brücke weg. Wie oft man auch den Schaden gut machte, immer wieder und wieder wurde die Brücke zerstört. Da verfiel man darauf, die erzürnten Flussgeister mit einem Menschenopfer zu versöhnen. Ein Mann wurde lebendig in dem Flussbett unter dem Mittelpfeiler begraben, dort wo die Strömung am tückischsten ist, – und seitdem blieb die Brücke dreihundert Jahre lang unversehrt.

Das Opfer war ein Mann mit Namen Gensuke, der in der Straße Saikamachi wohnte. Denn man hatte beschlossen, dass der erste Mensch, der in einer Hakama ohne Machi[24] über die Brücke kommen würde, unter der Brücke begraben werden sollte. Gensuke traf dieses Verhängnis, und so opferte man ihn. Und darum wurde der mittelste Brückenpfeiler dreihundert Jahre lang mit seinem Namen benannt – Gensuke-bashira. Man behauptet, dass in dunklen Nächten ein gespenstisches Feuer um jenen Pfeiler flackere, immer in der Geisterstunde zwischen zwei und drei Uhr, und dass die Farbe des Lichtes rot sei, obgleich man mir versicherte, dass in Japan wie in anderen Ländern die Feuer der Toten zumeist blau sind.

---

[24] Machi — ein steifes Stück Pappdeckel oder anderes Material, das in den rückwärtigen Teil der Hakama hineingenäht wird, um den Falten einen senkrechten, schönen Fall zu geben.

Man behauptete nun, Gensuke sei nicht der Name einer Person, sondern einer Epoche, nur durch den Volksdialekt zu einer gewissen Ähnlichkeit mit einem Personennamen umgewandelt. Aber der Glaube an die Legende wurzelt so tief, dass, als die neue Brücke fertiggestellt war, Tausende von Landleuten sich scheuten, in die Stadt zu kommen, denn es hatte sich das Gerücht verbreitet, dass ein neues Menschenopfer dargebracht werden würde, das aus denjenigen ausgewählt werden sollte, die ihr Haar noch nach alter Sitte in einem Zopfe trügen, weshalb Hunderte bejahrter Männer ihre Zöpfe abschnitten. Dann kam wieder ein Gerücht in Umlauf, die Polizei sei angewiesen, die tausendste Person, die die Brücke überschritte, zu ergreifen und mit ihr so zu verfahren, wie seinerzeit mit Gensuke. Und zur Zeit der Feier des großen Festes des Reisgottes, da sonst die Stadt von Landleuten überfüllt zu sein pflegte, die herbeiströmten, um bei den verschiedenen Inarischreinen ihre Andacht zu verrichten, sah man in diesem Jahre nur ganz wenige, und der hierdurch dem lokalen Handel zugefügte Schaden wurde auf viele tausend Yen veranschlagt.

Die Nebel haben sich zerteilt, und scharfumrissen taucht in einer Entfernung von kaum einer halben Meile ein schönes, kleines Eiland aus dem See auf – ein niedriger schmaler Landstreifen mit einem von Riesenföhren beschatteten Shintōschrein; nicht Föhren wie die unsrigen – nein, mächtige, knorrige, zerzauste, gekrümmte Formen, weit ausladend wie alte Eichen. Mit Hilfe eines Fernglases kann man leicht einen Torii entdecken und davor zwei symbolische Steinlöwen (Karashishi). Einem fehlt der Kopf, er ist wohl bei einem heftigen Sturm von der heranbrausenden Flut herabgeschmettert worden. Diese Insel ist Benten, der Göttin der Schönheit und Beredsamkeit geweiht, weshalb sie Benten-no-shima genannt wird. Aber im Volksmund nennt man sie auch „Yome-ga-shima“ oder die „Insel der Jungen Frau“. Dies gründet sich auf eine Sage, nach der eines Nachts lautlos wie ein Traum aus der Tiefe der Flut der Körper einer ertrunkenen jungen Frau emportauchte, die sehr lieblich, sehr fromm und sehr unglücklich gewesen war. Das Volk erblickte darin ein Zeichen des Himmels, weihte die Insel der Benten, erbaute ihr dort einen Schrein, pflanzte Bäume darum, stellte einen Torii davor, und umgab ihn mit einem Wall aus großen, seltsam geformten Steinen. Und dort begruben sie die Leiche der ertrunkenen Frau.

Nun ist der Himmel blau bis hinab zum Horizont, und die Luft umfächelt mir das Gesicht so weich und zart wie eine Frühlingsliebkosung. Ich mache mich auf den Weg, um die wunderliche alte Stadt zu durchwandern.

Auf der Schiebetür oder gerade über dem Haupteingang fast jedes Hauses bemerke ich längliche weiße Papierstreifen, mit Ideogrammen bedeckt, und von jeder Schwelle sehe ich das heilige Shintōemblem herabhängen (das kleine Reisstrohseil mit seiner langen, baumelnden Stengelfranse). Die weißen Papiere fesseln gleich mein Interesse, denn es sind Ofudas oder heilige Texte und Amulette, und solche sammle ich eifrig. Fast alle stammen aus Tempeln in Matsue oder seiner Umgebung, und die buddhistischen zeigen durch ihre heiligen Inschriften, zu welcher besonderen Shu oder Sekte die Familie gehört; denn fast jede Seele dieser Gemeinde bekennt sich zu irgend einer Form des Buddhaglaubens und zugleich zu dem alles beherrschenden und viel älteren Shintōglauben. Und selbst ein der japanischen Ideogramme ganz Unkundiger kann beinahe immer auf den ersten Blick die Formel der großen Nichirensekte erkennen, an dem besonderen Aussehen der Zeichenkolonne, die von langen scharfen Lanzen und Fähnlein starrt wie ein gewappnetes Heer: Den berühmten uralten Text „Namu-myō-hō-ren-ge-kyō", der seit alters her auf der Flagge des Kapitäns Kato Kiyomasa, des Vertilgers der spanischen Christenheit, des ruhmreichen vir ter execrandus der Jesuiten, zu lesen ist. Alle dieser Sekte angehörenden Pilger haben das Recht, an jeder Türe, die diese Formel trägt, Almosen oder Nahrung zu verlangen.

Aber die überwiegende Mehrzahl der Ofudas ist shintōistisch. Fast an jeder Türe erregt insbesondere eine Ofuda die Aufmerksamkeit des Fremden, weil am Fuße der Ideogrammkolonne des Textes zwei kleine Fuchsgestalten abgebildet sind, ein weißer und ein schwarzer Fuchs, die einander gegenübersitzen; jeder hat ein Büschel Reisstroh in seiner Schnauze, statt des üblichen symbolischen Schlüssels. Diese Ofudas stammen aus dem großen Inaritempel von O-shiro-yama[25] innerhalb des Schlossgebietes, und sind Amulette gegen Feuersbrünste. Sie repräsentieren wirklich die einzige Form der Feuerversicherung in Matsue, – wenigstens soweit Holzgebäude in Betracht kommen. Und obgleich ein einziger Funke bei einem heftigen Windstoß genügt, um eine noch größere Stadt in einem Tage einzuäschern,

---

[25] Kusunoki Matsuhira Inari Daimyōjin.

sind doch große Feuersbrünste in Matsue ganz unbekannt, und auch kleine kommen nur selten vor.

Dieses Amulett ist eine Eigentümlichkeit der Stadt. Und von diesem Inari erzählt man sich folgende Legende:

Als Naomazu, der Enkel Iyeyasus, sich zum ersten Mal nach Matsue begab, um dort die Regierung zu übernehmen, näherte sich ihm ein schöner Jüngling und sagte: „Ich kam hierher von Echizen, der Residenz deines erhabenen Vaters, um dich vor Ungemach zu schützen. Aber ich habe keine Heimstätte und bleibe deshalb im Buddhatempel von Fumon-in. Willst du nun für mich innerhalb des Schlossgebietes eine Wohnstätte errichten, so werde ich die Gebäude dort und die Häuser der Stadt vor Feuer bewahren, ebenso wie auch deine andere Residenz in der Hauptstadt. Denn ich bin Inari Shinyemon." Mit diesen Worten entschwand er. Darum widmete ihm Naomazu den großen Tempel, der noch im Schlossgebiete steht, von Tausenden von Füchsen aus Stein umgeben.

Ich komme nun in ein kleines enges Gässchen, das, obgleich es so alt ist, dass seine zweistöckigen Zwerghäuschen aussehen, als wären sie aus der Erde wie Pilze herausgewachsen, die „Straße des Neuen Holzes" heißt. Neu mochte das Holz vor hundertfünfzig Jahren gewesen sein, aber jetzt müssen die Tönungen der Gebäude jeden Künstler entzücken, – die dunklen, aschfarbenen Nuancen des Holzwerkes, das Pelzbraun der alten Strohdächer, gerippt, gesprenkelt, berändert von dem warmen, weichen Grün jener samtenen Gräser und Moose, die auf japanischen Dächern wuchern.

Aber die Straßenperspektive ist der Rahmen für eine noch überraschendere Vision als irgendwelche Einzelheiten der zerbröckelnden Häuser. Zwischen sehr hohen Bambuspfählen, die höher als irgendeines der Häuschen zu beiden Seiten der Straße in einer Linie aufgepflanzt sind, strecken sich merkwürdige schwarze Netze wie wunderbare Spinngewebe in den Himmel hinein. Bei ihrem Anblick überkommt einen gleich die Erinnerung an jene Riesenspinnen der japanischen Mythologie, die wir aus den Bilderbüchern der alten Künstler kennen. Aber es sind Fischernetze aus Seidenfäden, und dies ist die Straße der Fischer. Ich schlage den Weg zur großen Brücke ein.

Von der großen Brücke schweift mein Blick ostwärts über jene spitzen, schönen, blauen und grünen Berge, die den Horizont umzacken – und vor mir taucht ein herrlicher Schemen auf, der sich zum Himmel türmt. Sein Fuß ist von Nebeln verdeckt – es ist, als ob ich ein Luftgebilde vor mir sähe – eine Firnvision, unten durchsichtig grau, oben duftig weiß, – ein Traum ewigen Schnees, – der mächtige Berg Daisen.

Beim ersten Nahen des Winters hüllt er sich von Kopf bis zu Fuß weiß ein, und dann ähnelt seine schneeige Pyramide so sehr jenem heiligen Berg, den die Dichter so oft mit einem umgedrehten Fächer vergleichen, der halbgeöffnet vom Himmel herabhängt, daß er der „Izumo-Fuji", der „Fuji von Izumo" genannt wird. Aber tatsächlich befindet er sich in Hōki und nicht in Izumo, obgleich man ihn von keinem Teil Hōkis aus so pittoresk sehen kann. Dies ist das einzig sublime Schauspiel in diesem so lieblichen Land. Aber es ist nur bei sehr reiner Luft sichtbar. Viele wundersame Legenden knüpfen sieh daran und irgendwo auf seinem geheimnisvollen Gipfel sollen die Tengus wohnen.

Auf dem äußersten Ende der Brücke, dicht bei der Werfte, wo die kleinen, Dampfboote liegen, steht ein winziger Jizō-Tempel (Jizōdō). In diesem finden sich sehr viele Dregganker aus Bronze, die, wenn jemand ertrunken ist und der Körper nicht ans Land geschwemmt wurde, dem Tempel entliehen werden, um den Fluss damit abzusuchen. Wird der Leichnam auf diese Weise gefunden, muss dem Tempel ein neuer Dregganker gespendet werden. Eine halbe Meile von hier südlich von dem großen Shintōtempel des Ten-jin, des Gottes der Gelehrsamkeit und der Kalligraphie, streckt sich Ten-jin-machi, die Straße der reichen Kaufleute, zu beiden Seiten mit blauen Draperien behangen, auf welchen bei jedem Windhauch vom See her weiße, wundersame Ideogramme tanzen, die Namen und Zeichen sind, während in weiter Ferne eine lange Linie von Telegraphenstangen in weißer Perspektive verschwimmt.

Oberhalb des Ten-jin-Tempels wird die Stadt wiederum durch einen Fluss, den Shindotegawa, geteilt, über den sich die Brücke Ten-jin-bashi wölbt. Und darüber hinaus erstrecken sich ausgedehnte Stadtteile zu den Hügeln hinan und winden sich dem Seeufer entlang. Aber in dem Terrain zwischen den zwei Flüssen wogt das reichste und geschäftigste Treiben der Stadt, und dort befinden sich auch die ausgedehntesten und interessantesten Tempelanlagen. In diesem Inseldistrikt liegen auch die Theater und die Ringplätze, auf denen die Ringkämpfe stattfinden, sowie auch die meisten sonstigen Vergnügungsetablissements.

Parallel mit der Ten-jin-machi zieht sich die große Straße der buddhistischen Tempel, Tera-machi, deren östliche Seite eine ununterbrochene Tempelkette bildet – eine solide Fassade von ziegelgedeckten Mauern mit imposanten Torwegen in regelmäßigen Zwischenräumen. Über diese lange Mauerzeile erheben sich die schönen, spitz zulaufenden, massiven Linien der graublauen Tempeldächer zum Himmel. Hier leben alle Sekten Seite an Seite in friedlicher Eintracht – Nichiren-shū, Shingon-shū, Zenshū, Tendai-shū, ja selbst die Shin-shū, die in Izumo sehr unpopulär ist, da ihren strengen Anhängern die Kami-Anbetung untersagt ist. Hinter jedem Tempelhof befindet sich ein Friedhof oder Hakaba. Über sie hinaus in östlicher Richtung erstrecken sich andere Tempelreihen und über diesen wieder andere: eine Gasse buddhistischer Architektur, untermischt mit Gartenfragmenten und Miniaturheimstätten, ein Riesenlabyrinth verfallender Höfe und Straßenruinen. Heute, wie schon so oft, möchte ich einige Stunden in angenehmer und anregender Belehrung damit zubringen, Tempel zu durchwandern, alte Statuen anzusehen, die von ihren Heiligenscheinen umgeben, in goldenen Lotoskelchen sitzen, seltsame Mamori (Amulette) zu kaufen und Friedhofsskulpturen zu betrachten, unter denen ich fast immer irgend eine träumende Kwan-on oder einen lächelnden Jizō entdecke, die des Besuches wohl wert sind.

Für denjenigen, der das Volksleben studieren will, sind die großen Höfe der buddhistischen Tempel äußerst interessant. Denn sie sind seit unvordenklichen Jahrhunderten die Tummelplätze der Kinder. Generationen glücklicher Kinder haben sich dort ergötzt. All die Kinderwärterinnen und die kleinen Mädchen, die ihre winzigen Geschwister auf dem Rücken tragen, kommen an jedem Tage, an dem die Sonne scheint, hierher; Hunderte von Kindern gesellen sich zu ihnen, und sie spielen seltsame drollige Spiele, – „Oni-gokko" oder das Teufelsspiel, „Kage-oni" oder der Schatten und der Dämon, und „Mekusan-gokko", was eine Art Blindekuhspiel ist.

Während der langen Sommerabende sind diese Tempel auch Plätze für Ringkämpfe, jedem zugänglich, der ein Freund des Ringens ist – ja, in vielen gibt es sogar eigene Arenas. Robuste, junge Arbeiter und sehnige Handwerker kommen in diese Höfe, um nach beendetem Tagewerk ihre Kraft zu erproben; und hier wurde der Ruf mehr als eines bekannten Ringers begründet. Hat ein Jüngling sich als fähig erwiesen, im Kämpfe alle übrigen seines Distriktes zu besiegen, so wird er von Ringern anderer Distrikte zum

Kampfe herausgefordert; und besiegt er auch diese, dann hat er Aussicht, als gesuchter und beliebter Berufsringer anerkannt zu, werden.

In den Tempelhöfen finden auch die heiligen Tänze statt, und dort werden auch Volksreden gehalten. Zu Zeiten der großen Feiertage werden auch hier die seltsamsten Spielsachen verkauft, Spielsachen, von denen die meisten religiöse Bedeutung haben. Große, uralte Bäume sind dort und Weiher voller Fische, die so zahm sind, daß sie den Kopf herausstecken, um Futter zu verlangen, sobald dein Schatten auf das Wasser fällt. In diesen Weihern werden auch die heiligen Lotosblumen gezogen.

„Obgleich im tiefsten Schlamme wachsend, bleibt die Blume rein und makellos. Und die Seele dessen, der inmitten aller Versuchung rein bleibt, ist dem Lotos gleich. Deshalb sieht man auf allen Tempelgärten überall den Lotos eingemeißelt oder geschnitzt, und auch auf allen Abbildungen Buddhas, unseres Meisters. Im Paradiese wird der Begnadete auf den Kelchen goldener Lotosblumen thronen."[26]

Ein Hornruf erschallt durch die wunderliche Straße, und um die Ecke des letzten Tempels kommt ein Trupp schöner, junger Rekruten, in einer Uniform, die der der französischen leichten Infanterie gleicht; zu Vieren geordnet, marschieren sie so taktfest gleichmäßig, dass alle die gamaschenbekleideten Beine einem einzigen Körper anzugehören scheinen, und wenn die Kolonne in Sicht kommt, die Sonne genau im gleichen Winkel auf jede Bajonettspitze fällt. Dies sind die Studenten der Shihan-gakkō, der Lehrerbildungsanstalt, die eben ihre tägliche militärische Übung machen. Ihre Professoren halten ihnen Vorträge über das mikroskopische Studium der Zellengewebe, über die Abtrennung der sich entwickelnden Nervenstruktur, über die Spektralanalyse, über die Entwickelung des Farbensinns und das Kultivieren von Bakterien in flüssigem Glyzerin. Aber unbeschadet ihrer modernen Bildung sind sie bescheiden und ritterlich in ihrem Benehmen und Auftreten und nicht minder ehrfurchtsvoll ergeben ihren greisen Eltern, deren Ideen ihr Gepräge von der Epoche des Feudalismus erhalten haben.

Hier kommt eine Pilgerschar daher mit gelben Strohüberkleidern, „Regenmänteln" (mino) und enormen, gelben, pilzförmigen Strohhüten, deren nach unten gebogener Rand teilweise das Gesicht verbirgt. Alle haben Stäbe

[26] Aus einem englischen Aufsatz eines meiner japanischen Schüler.

und tragen ihre Kleider hochgegürtet, so dass der untere Teil ihrer, in eine Art weißer, merkwürdiger Baumwollgamaschen eingewickelten Beine sichtbar ist. Genau dasselbe Kostüm wurde von derselben Klasse von Reisenden vor vielen Jahrhunderten getragen und geradeso wie du Sie eben vorüberziehen siehst – familienweise, das pilgernde Kind sich an der Hand des Vaters festhaltend – so kannst du sie in ihrem seltsamen Zuge durch die verblichenen Seiten der japanischen, jahrhundertealten Bilderbücher wallen sehen.

Von Zeit zu Zeit machen sie vor irgendeinem Laden Halt, um die vielen seltsamen Dinge anzusehen, die sie so gern betrachten, aber die zu kaufen sie nicht das Geld haben. Ich selbst habe mich schon an Überraschungen so gewöhnt, an interessante oder außerordentliche Schauspiele, dass, wenn ein Tag vergeht, ohne dass ich etwas Besonderes gesehen oder gehört habe, mich förmlich ein Gefühl der Enttäuschung überkommt. Aber solche leeren Tage sind selten – für mich höchstens nur dann, wenn das Wetter allzu schlecht zum Ausgehen ist. Denn mit noch so wenig Geld kann man doch des Vergnügens teilhaftig werden, seltsame Dinge zu sehen, und dies war eine der Hauptfreuden des Volkes in Japan während Jahrhunderten und Jahrhunderten. Denn Generationen dieses Volkes haben ihre Lebenszeit damit verbracht, solche Dinge entweder selbst zu schaffen oder sich ihres Anblickes zu freuen. In dieser Weise zu genießen, scheint wirklich der Hauptzweck der japanischen Existenz von Anbeginn an, schon wenn das Kind seine verwunderten Augen öffnet. Die Gesichter des Volks haben auch einen unbeschreiblichen Ausdruck geduldiger Erwartung – gleichsam als harrten sie auf das Erscheinen von etwas Interessantem. Kommt es nicht, nun, so machen sie sich eben auf den Weg, es aufzusuchen: Sie sind erstaunliche Fußwanderer und unermüdliche Pilger, und ich glaube, sie unternehmen ihre Wallfahrten nicht minder zu ihrer eigenen Freude, um schöne und seltene Dinge zu sehen, als um den Göttern wohlgefällig zu sein. Denn jeder Tempel ist ein Museum, und jeder Hügel und jedes Tal rings im ganzen Land hat seine Tempel und Wunder. Selbst der ärmste Landmann, und sei er so arm, daß es ihm nicht einmal gegönnt ist, ein Körnchen seiner eigenen Reisernte zu essen, kann sich eine monatelange Pilgerfahrt erlauben; und während der Jahreszeit, in der der wachsende Reis der geringsten Pflege bedarf, begeben sich Hunderttausende der Allerärmsten auf die Pilgerschaft; dies ist nur möglich, weil von uralter Zeit her es jedem zur Pflicht gemacht worden ist, den Pilgern beizustehen und sie immer Ruhe und Obdach in besonderen Pilgerherbergen (Kishinyado) finden können, wo ihnen bloß die Kosten für die zur Bereitung der Nahrung notwendige Feuerung angerechnet werden.

Aber zahllose Arme begeben sich auf Pilgerfahrten, die mehr als einen Monat in Anspruch nehmen, wie die Pilgerfahrt zu den dreiunddreißig großen Tempeln der Kwan-on oder die zu den achtundachtzig Kōbō-daishi-Tempeln. Und diese, obgleich sie Jahre erfordern, sind nichts im Vergleiche zu der ungeheuren Sengaji, der Wallfahrt zu den tausend Tempeln der Nichiren-Sekte. Ein Menschenalter kann darüber vergehen, ehe man an das Ziel gelangt, man kann sich vielleicht in früher Jugend auf den Weg gemacht haben, um erst ans Ziel zu kommen, wenn die Jugend schon längst hinter einem liegt. Dennoch gibt es in Matsue nicht wenige Männer und Frauen, die diese ungeheure Pilgerfahrt gemacht haben, dabei durch ganz Japan gekommen sind und ihren Unterhalt nicht bloß durch Betteln, sondern auch durch eine Art Hausierhandel bestritten haben.

Der Pilger, der eine solche Pilgerfahrt unternehmen will, trägt auf seiner Schulter ein kleines, nach Art der buddhistischen Schreine geformtes Kästchen, in dem er seine dürftige Kleidung und Nahrung verwahrt. In der Hand hält er einen Messinggong, den er ununterbrochen ertönen lässt, wenn er eine Stadt oder ein Dorf passiert, während zugleich sein Ruf „Namu-myō-hō-ren-ge-kyō" erschallt. Er trägt auch immer ein kleines unbeschriebenes Büchlein bei sich, in das der Priester jedes von ihm besuchten Tempels das Tempelsiegel in roter Tinte aufdrückt. Nach vollendeter Pilgerfahrt wird dieses Büchelchen mit seinen tausend Siegelabdrücken ein gar sehr in Ehren gehaltenes, kostbares Erbstück in der Familie des Pilgers.

Auch ich mache verschiedene Pilgerfahrten, denn rings um die Stadt, über dem Wasser, und hinter den Hügeln liegen uralte, heilige Orte. Kizuki, von den Göttern gegründet, „die die Pfeiler auf dem tiefsten Felsgrund einrammten und die Querbalken bis zu der Hohen Himmelsebene ragen ließen" – Kizuki, das Allerheiligste, dessen Hohepriester seine Abstammung von der Sonnengöttin herleitet; und Ichibata, der berühmte Schrein des Yakushi-Nyorai, der den Blinden das Gesicht wiedergibt, Ichibata-no-Yakushi, zu dessen hehrem Gipfel sechshundertvierzig Steinstufen emporführen; und Kiyomitsu, der Schrein der Kwan-on mit den elf Gesichtern, vor deren Altar das heilige Feuer tausend Jahre ununterbrochen gebrannt hat; und Sada, wo die heilige Schlange bis in alle Ewigkeit sich auf dem

Sambō der Götter ringelt; und Oba mit seinen Tempeln von Izanami und Izanagi, den Ahnen der Götter und Menschen, den Weltbildnern; und Yaegaki, wohin Liebende wallfahrten, die um ihre Vereinigung flehen; und Kaga, Kaga-ura, Kaga no Kukedo-San, alle, alle hoffe ich zu sehen.

Aber vor allem nach Kaga-ura, ja, nach Kaga muss ich gehen.

Wenige Pilger nehmen den Seeweg hin und es ist den Schiffern verboten, zu fahren, wenn der Wind auch nur so stark ist, „um drei Haare zu bewegen", so dass, wenn irgendjemand nach Kaga gehen will, er entweder warten muss, bis die Wasserfläche so glatt ist wie ein Spiegel, was an der Küste des japanischen Meeres sehr selten der Fall ist, oder er muss zu Lande reisen. Und der Landweg ist mühsam und anstrengend. Aber ich muss Kaga sehen, denn in Kaga ist eine große Meeresgrotte, mit einem berühmten Jizō aus Stein. Und man sagt, dass jede Nacht die Geister der Kinder zu der hohen Grotte hinaufklettern und vor der Statue kleine Hügel aus Kieselsteinen aufhäufen, und jeden Morgen kann man in dem weichen Sand die frischen Abdrücke kleiner nackter Füße sehen, der Füße der Kindergeister. Man sagt auch, dass in der Höhle ein Fels sei, aus dem ein Milchstrahl komme wie aus der Brust einer Frau, und der weiße Strahl fließe unablässig, und die kleinen Geister der Kinder tränken immer daraus. Pilger bringen Geschenke mit, kleine Strohsandalen (Zoris), wie sie die Kinder tragen, und stellen sie vor die Grotte, damit die Füße der kleinen Schatten sich nicht an den spitzen Steinen verwunden. Und der Pilger tritt vorsichtig auf, um nicht die vielen Kieselhäufchen umzustürzen – denn geschieht dies, dann weinen die Kinder.

Die eigentliche Stadt ist so eben wie ein Tisch, aber sie wird von zwei Seiten durch niedrige, halbmondförmige, reizende Hügel eingefaßt, die von immergrünem Laub beschattet und von Tempeln gekrönt sind. In zehntausend Häusern, die dreiunddreißig Hauptstraßen und viele kleine Gässchen bilden, wohnen fünfunddreißigtausend Seelen. Von dem Ende fast jeder Straße hinter den Hügeln, dem See oder den östlichen Reisfeldern ist immer ein Berggipfel sichtbar – grünblau oder grau je nach der Entfernung. Man kann zu jedem Teil der Stadt reiten, gehen, oder mit dem Boot fahren, denn sie ist nicht nur durch zwei Flüsse geteilt, sondern nach allen Richtungen von Kanälen durchschnitten, über die sich kleine wunderliche Brücken wie straffe Bogen spannen. Das architektonische Bild der Stadt ist (ungeachtet der im europäischen Stil ausgeführten Bauten, wie die Lehrerbildungsanstalt, die große öffentliche Schule, das Kenchō [Präfektur], das neue Postgebäude) ganz so wie das anderer wunderlicher japanischer Städte; die Bauart ihrer Tempel, Wirtshäuser, Kaufläden und Privathäuser ist dieselbe wie die anderer Orte an der Westküste. Aber zweifellos ist der Umstand, dass Matsue sich als ein Bollwerk des Feudalismus bis in die Zeit erhielt, in die die Erinnerung Tausender noch jetzt Lebender zurückreicht, der Grund, dass die in alten Zeiten so streng gezogenen Kastenunterschiede noch jetzt mit seltsamer Genauigkeit an der wechselnden Architektur der verschiedenen Distrikte ersichtlich sind. Die Stadt kann genau in drei architektonische Viertel geschieden werden. Das Viertel der Kaufleute und Ladenbesitzer, das Zentrum der Niederlassung, wo alle Häuser zwei Stockwerke haben – das Tempelviertel, das fast den ganzen südöstlichen Stadtteil umfasst und das Viertel der Shizoku (der Adligen, vormals Samurai genannt), eine Anzahl sehr umfangreicher, gartenumgürteter einstöckiger Häuserkomplexe. Von diesen vornehmen Wohnsitzen konnten in den feudalen Tagen in einem Moment fünftausend „Zweischwertermänner" mit ihren bewaffneten Lehnsleuten entboten werden, was für die Stadt selbst eine Heeresmacht von nicht weniger als dreizehntausend Kriegern bedeutete. Dazumal war mehr als ein Drittel der Stadtgebäude Häuser von Samurais, denn Matsue war das militärische Zentrum der allerältesten Provinz Japans. An beiden Enden der Stadt, die sich mondsichelförmig dem Seeufer anschmiegt, lagen die zwei Hauptniederlassungen der Samurai. Aber ebenso, wie manche der wichtigsten Tempel sich außerhalb des Tempeldistrikts befinden, so waren auch mehrere der schönsten dieser Rittersitze in anderen Vierteln gelegen. Meistens aber drängten sie sich dicht um das Schloss herum, welches heute noch auf dem Gipfel seiner Hügelzitadelle, dem O-shiro-yama, festgefügt dasteht, sowie es vor vielen Jahrhunderten aufgeführt wurde – ein kolossaler, düsterer Bau, eisengrau von dem zyklopischen Steinfundament sich zum Himmel emportürmend. Phantastisch grimmig ist das Gebilde, und verschnörkelt grotesk im Detail. Es erinnert ein wenig an eine Riesenpagode, deren zweites, drittes und viertes Stockwerk herabgedrückt und durch die eigene Schwere ineinandergeschoben worden ist. Mit seinen gleich einem Helm aus der Feudalzeit sichelförmig gebogenen Spitzen, mit den zwei kolossalen Bronzefischen, deren geschweifte Körper sich von den beiden Enden des Daches himmelwärts strecken, ist es ein aus entzückenden Monstrositäten zusammengesetzter architektonischer Drachen, ein Drachen, bedeckt mit unzähligen Augen – Augen, die an allen erdenklichen

Vorsprüngen angebracht sind, oben, unten, und auf allen Seiten. Aus der schwarzen Augenhöhle der höchsten Dachrinne kann man die ganze Stadt überblicken, wie ein kreisender Falke sie erspähen würde; und von der Nordecke sieht man dreihundert Fuß tief zur Schloßstraße hinab, wo wandelnde Menschen nicht größer als Fliegen erscheinen.

Das grimme Schloss hat seine Sage. Man erzählt, dass nach einem uralten barbarischen Brauch wie der, dessen schreckliche Erinnerung noch in der so pathetischen Ballade „Die Gründung von Skodra" fortlebt, bei der Grundsteinlegung des Schlosses ein Mädchen lebendig unter den Mauern begraben wurde, irgendeinem vergessenen Gott als Sühneopfer. Ihr Name wird nicht erwähnt, und man weiß nichts von ihr, als daß sie schön war und den Tanz sehr liebte.

Als nun das Schloss fertiggestellt war, ließ man ein Gesetz in Kraft treten, demzufolge kein Mädchen mehr in den Straßen Matsues tanzen dürfte, denn man glaubte, dass, sobald irgendein Mädchen auf der Straße tanzte, der Hügel O-shiro-yama bis in seinen Grund erschauern und das ganze Schloss erbeben würde.

Man kann noch manchmal in den Straßen ein fröhliches Preislied hören, das in früheren Zeiten jedermann auswendig wusste und das die „Sieben Wunder" Matsues rühmte. Denn früher zerfiel Matsue in sieben Viertel, von denen jedes einzelne etwas besonders Sehenswertes enthielt – entweder einen Gegenstand oder eine Person. Jetzt wird es in fünf Religionsbezirke geteilt und in jedem derselben befindet sich ein Tempel der Staatsreligion. Die Gemeinden, die in diesen Bezirken leben, nennt man Ujiko, und den Tempel den Ujigami oder den Wohnort des Schutzgottes. Die Ujikos müssen den Ujigami erhalten (jedes Dort und jede Stadt hat mindestens einen Ujigami).

Unter den zahllosen Tempeln Matsues gibt es wohl nicht einen einzigen, an den sich nicht irgendeine wunderbare Überlieferung knüpft; in jedem Bezirk kursieren viele Legenden, und ich glaube, dass jede der dreiunddreißig Straßen ihre ganz spezielle Geistergeschichte hat. Von diesen Gespenstergeschichten will ich zwei Beispiele anführen; sie sind recht charakteristisch für eine gewisse Art der japanischen Volkssage.

Neben dem Fu-mon-in-Tempel im nordöstlichen Stadtviertel ist eine Brücke, Azuki-togi-bashi oder die Brücke der „Bohnenwaschung" genannt.

Denn man sagte vormals, daß zur Nachtzeit das Gespenst einer Frau unter der Brücke saß und Schemen von Bohnen wusch. Es gibt eine herrliche Iris von regenbogenvioletter Farbe, die Kakitsubata genannt wird, und über diese Blume existiert ein Lied, genannt Kakitsubata no uta. Dieses Lied nun darf nie in der Nähe dieser Adzuki-togi-bashi gesungen werden, weil aus irgendeinem seltsamen Grunde, der in Vergessenheit geraten zu sein scheint, die diesen Ort heimsuchenden Geister sich sehr erzürnen, wenn sie diese Melodie hören, so daß der Sänger sich den größten Gefahren aussetzt. Ein Samurai nun, der keine Furcht kannte, ging eines Nachts über jene Brücke und sang dabei laut das verpönte Lied. Als darauf kein Gespenst erschien, wandte er sich lachend heimwärts. Am Tore seines Hauses traf er eine schöne, hochgewachsene Frau, die er niemals vorher gesehen hatte. Mit einer Verbeugung reichte sie ihm ein kleines, lackiertes Kästchen – Fumi-bako – wie sie die Frauen zum Aufbewahren ihrer Briefe benutzen. Er verbeugte sich dankend in seiner ritterlichen Weise vor ihr, aber sie sagte: „Ich bin nur eine Dienerin, – dies ist die Gabe meiner Herrin" – damit entschwand sie seinen Blicken. Er öffnete das Kästchen und sah ein blutendes Kinderhaupt vor sich. Als er in sein Haus trat, fand er auf dem Boden seines Gastzimmers den Leichnam seines eigenen Söhnchens mit abgerissenem Kopf liegen.

Und dann die folgende Geschichte: Vor dem Friedhof Dai-Oji, der sich in der Straße Nakabara-machi befindet, liegt ein kleiner Ameya (Verkaufsladen), in dem Mizu-ame verkauft wird, – der bernsteinfarbene, aus Malz bereitete Kindersyrup, den man den Kleinen in Ermangelung von Milch gibt. Jede Nacht in sehr vorgerückter Stunde kam eine weißgekleidete, abgezehrte, bleiche Frau in den Laden, um für den Betrag von einem Rin[27] Mizu-ame zu kaufen. Der Verkäufer wunderte sich über ihr bleiches, abgezehrtes Aussehen und richtete freundliche Fragen an sie. Aber sie blieb immer stumm. Eines Abends nun übermannte ihn die Neugierde, und er folgte ihr. Sie ging zum Friedhof. Da faßte ihn Angst und er kehrte um. Am nächsten Abend kam die Frau wieder, kaufte aber kein Mizu-ame, sondern bedeutete ihm, ihr zu folgen. Und er folgte ihr mit Freunden auf den Friedhof. Sie schritt ihm voraus, ging zu einem Grabe und verschwand; unter der Erde hörte man das Schreien eines Kindes. Da öffneten sie das Grab und

[27] Rin, 1/10 eines Cents, eine kleine runde Kupfermünze mit einem viereckigen Loch in der Mitte.

fanden dort den Leichnam der Frau, die allnächtlich den Ameya aufgesucht hatte, und ein lebendiges Kind, das beim Anblick der brennenden Laternen lachte. Neben dem Kind aber stand eine kleine Schale mit Mizu-ame. Denn die vorzeitig begrabene Mutter hatte das Kind in der Gruft geboren und ihr abgeschiedener Geist hatte so für das Kind gesorgt – denn Liebe ist starker als der Tod.

Über die Ten-jin-bashi oder Ten-jin-Brücke und durch schmale Straßen dichtbevölkerter Bezirke, vorüber an vielen herrenlosen, verfallenden, feudalen Wohnsitzen, wandere ich zum äußersten südwestlichen Ende der Stadt, um den Sonnenuntergang von einem kleinen am See gelegenen Sobaya[28] aus zu betrachten. Denn von diesem Soboya aus die Sonne sinken zu sehen, ist einer der vielen Genüsse Matsues.

Japan hat nicht solche Sonnenuntergänge wie die Tropen: das Licht ist so sanft wie das Licht der Träume; es gibt da keine heftigen Farbenorgien, die Natur dieses Landes kennt keine chromatischen Farbensymphonien. Alles, Meer und Himmel, sind mehr Nuance als Farbe, und die Töne sind verhauchender Duft. Ich glaube, daß der exquisite Farbengeschmack dieser Rasse, wie er sich in den feinen Schattierungen ihrer wundervollen Gewebe zeigt, in erster Linie auf die maßvolle und zarte Schönheit des Naturkolorits dieser so weichen, ausgeglichenen Welt, in der sich nichts Schreiendes findet, zurückzuführen ist.

Der schöne, große See vor mir schlummert, weich, leuchtend, in weiter Ferne von Ketten blauer, vulkanischer Hügel umgürtet! Zu meiner Rechten, auf der Ostseite, erheben sich die graublauen Ziegeldächer des ältesten Stadtteiles; die Häuser drängen sich bis dicht an das Ufer hinab, um ihre Holzfüße in die Flut zu tauchen. Mit einem Fernglas kann ich die Fenster meines Wohnhauses sehen, und die in der Ferne verschwimmenden Dächer darüber und über allem die grüne Zitadelle mit dem grotesken Gezack ihres grimmigen Schlosses. Die Sonne beginnt zu sinken, und ein wundersames, überraschendes Farbenspiel wird am Himmel und im See sichtbar. Breite, stumpfe Scharlachwolken über und hinter der schwarzen, zusammengeballten Hügelmasse, schwebende Purpurnebel in zarten Rosentönen und blassem Gold verhauchend, sich wieder durch Beimischung eines geisterhaften Grüns in Blau auflösend. Der tiefere Teil des Sees draußen in wei-

[28] Ein Wirtshaus, wo Soba verkauft wird.

ter Ferne nimmt eine unbeschreibliche zartviolette Farbe an, und die Silhouette des föhrenbeschatteten Eilands scheint in diesem weichen, schmelzenden Farbenmeer zu schwimmen. Aber der nähere, seichtere Teil des Sees wird von dem tiefen Strom so scharf durchschnitten, wie durch eine gezogene Linie, und der ganze Wasserspiegel diesseits der Linie schimmert bronzefarben, – eine reiche, alte, rote Goldbronze. Die zarten Nuancen wechseln unablässig, ein wundersames, schillerndes Farbenspiel, wie Lichter und Schatten schöner Changeantseide.

Oft wird die Aufmerksamkeit des zur Nachtzeit Wandelnden, insbesondere in den Nächten der heiligen Feste (matsuri) auf irgendeine kleine Hütte gelenkt, um die sich eine bewundernde, aber ganz lautlose Menge drängt. Gelangt man endlich dazu, einen Blick hineinzuwerfen, so merkt man, dass es nichts anderes zu sehen gibt als ein paar Vasen mit Blumen darin oder vielleicht einige duftige, eben vom Baum geschnittene Blütenzweige. Es ist einfach nur eine kleine Blumenausstellung, oder richtiger, eine freie Darstellung der Kunst der Blumenanordnung. Denn die Japaner reißen den Blumen nicht brutal die Köpfe ab, um sie zu sinnlosen Farbenmassen zusammenzukoppeln, wie wir Barbaren es tun, – dazu lieben sie die Natur allzusehr. Sie wissen, wie sehr der natürliche Zauber der Blumen auf ihrer Haltung und Stellung, ihrer Beziehung zu Blatt und Stengel beruht. Und sie wählen einen einzelnen anmutigen Zweig oder ein grünendes Reis, just so, wie die Natur es gemacht. Auf den ersten Blick wirst du als fremder Abendländer solch eine Ausstellung gar nicht verstehen; du bist in diesen Dingen im Vergleich zu dem gewöhnlichsten Kuli deiner Umgebung noch ein Wilder. Aber während du dich noch über das allgemeine Interesse für solch eine kleine Ausstellung wunderst, überkommt dich selbst der Zauber wie eine Offenbarung. Trotz deines abendländischen Überlegenheitsgefühls erkennst du beschämt, daß alle Blumenausstellungen, die du je in Europa gesehen, eine Ungeheuerlichkeit waren, verglichen mit der natürlichen Schönheit dieser wenigen, einfachen Blütenzweige. Du wirst dann auch bemerken, wie sehr die weißen oder blassblauen Schirme hinter den Blumen die Wirkung bei Lampen- oder Laternenlicht erhöhen. Denn die Schirme wurden lediglich zu dem Zweck aufgestellt, um den eigenartigen Reiz der Pflanzenschatten zu zeigen. Und die scharfen Silhouetten, Blüten und Zweige der Blumen, die sich darauf abzeichnen, sind so schön, dass sie alle Vorstellungen des abendländischen Dekorationskünstlers übertreffen.

Es herrscht noch die Jahreszeit der Nebel in diesem Lande, dessen ältester Name der „Ort des Wolkenaufstieges“ ist. Nach Anbruch der Dämmerung wallt ein leichter, geisterhafter Hauch über den See und die Landschaft; verschleiert geheimnisvoll alle Formen und löscht sachte alle Entfernungen aus. Als ich mich auf meinem Heimweg über die Brüstung der Ten-jinbashi beuge, um einen letzten Blick nach Osten zurückzuwerfen, sehe ich, dass die Berge schon ganz verschwunden sind. Vor mir dehnt sich eine nebelhaft verschwimmende Flut ohne Horizont, – das Phantom eines Sees. Plötzlich sehe ich kleine weiße Dinge in das Wasser gleiten. Sie flattern aus den Händen einer neben mir auf der Brücke stehenden Frau, die mit leiser, süßer Stimme etwas murmelt. Sie betet für ihr totes Kind. Jeder dieser kleinen Papierstreifen, die sie in die Flut senkt, trägt ein winziges Bild Jizōs, und vielleicht auch eine kleine Inschrift. Denn wenn ein Kind stirbt, kauft die Mutter einen kleinen Stempel (hanko) mit dem Bilde des Jizō und drückt damit das Abbild der Gottheit auf hundert kleine Papierzettel. Manchmal schreibt sie auch auf diese Zettel Worte, die bedeuten: „Um – folgt der Name – willen...“, wobei sie nie den wirklichen Namen, sondern das Kaimyo, den Seelennamen, daraufsetzt, den der buddhistische Priester dem verstorbenen Kinde gegeben hat und der auch auf der kleinen Gedenktafel geschrieben steht, die in dem buddhistischen Hausaltar (Butsuma) aufbewahrt wird. An einem bestimmten Tage (ich glaube meistens dem neunundvierzigsten Tage nach der Beerdigung) begibt sie sich zu irgend einem fließenden Wasser und lässt die kleinen Papierstücke eines nach dem andern hineinfallen; jedesmal, wenn sich eines aus ihren Fingern löst, wiederholt sie die heilige Beschwörung: „Namu Jizō Dai Bosatsu!“

Diese fromme kleine Mutter, die neben mir im Dämmerlicht betet, ist sicherlich sehr arm. Wäre sie es nicht, sie würde ein Boot mieten und ihre kleinen Papierzettel weit draußen in das Herz des Sees streuen. (Jetzt darf dies erst bei Anbruch der Dunkelheit geschehen, denn die Polizei – ich weiß nicht warum – ist angewiesen worden, den schönen Ritus zu verhindern, ebenso wie sie in den offenen Häfen das Schwimmenlassen der kleinen Strohboote der Toten, der Shōryōbune, nicht mehr gestatten darf.)

Aber warum sollen diese Papierstücke in fließendes Wasser geworfen werden? Ein guter alter Tendaipriester sagte mir, dass ursprünglich der Ritus nur für die Seelen der Ertrunkenen geübt worden sei; aber nun glauben diese sanften Herzen, dass alle Wasser hinab zum Schattenreich fließen und durch die Sai-no-Kawara, wo Jizō weilt.

Wieder zu Hause angelangt, öffne ich noch einmal mein kleines Papierfenster und blicke hinaus in die Nacht. Ich sehe die Papierlaternen über der Brücke flirren, wie Reihen schimmernder Leuchtkäfer – ich sehe Hunderte vibrierender Lichterschemen auf der schwarzen Flut tanzen, – ich sehe die breiten Shōjis der Wohnhäuser jenseits des Flusses im weichen gelben Lichterglanz unsichtbarer Lampen erstrahlen, und in diesen Lichträumen unterscheide ich Bewegungen schlanker Schatten, Silhouetten anmutiger Frauen. Andächtig bete ich, das Glas möge in Japan nie allgemein eingeführt werden, denn mit den köstlichen Schatten wäre es dann vorbei.

Eine Zeitlang lausche ich den Stimmen der Stadt. Ich höre das weiche, buddhistische Dröhnen der großen Glocke von Tōkōji durch das Dunkel rollen, und den Sang der Nachtschwärmer, deren Herz vom Wein froh ist, und den langen, sonoren Sang der nächtlichen Wanderverkäufer.

„Umai udon-ya, soba-ya!“ Es ist der Verkäufer von heißer Soba, japanischem Buchweizen, der seine letzte Runde macht.

„Umai handan, machibito endan, usemono, ninsō kasō kichikyō no uranai!“ Der Ruf des herumziehenden Wahrsagers.

„Ame-yu!“ Der musikalische Ruf des Verkäufers von Mizu-ame, dem süßen bernsteinfarbigen Sirup, den die Kinder so lieben.

„Amai!“ Der schrille Ruf des Verkäufers von Amasake, dem süßen Reis wein.

„Kawachi no kuni yōtan-yama koi no tsuji uri!“ Der Verkäufer von Liebeskarten und Planeten, hübschgetönten Sächelchen mit kleinen schattenhaften Bildern. Hält man sie gegen ein Licht oder eine Lampe, so kommen die mit unsichtbarer Tinte geschriebenen Worte zum Vorschein. Es dreht sich dabei immer um Liebessachen, und manchmal erfährt man, was man nicht zu wissen wünscht. Der Glückliche, der sie liest, dünkt sich noch glücklicher als zuvor, – der Unglückliche gibt alle Hoffnung auf, und der Eifersüchtige wird noch eifersüchtiger, als er ohnehin schon war.

Aus weiter Ferne über die Stadt hin schallt es wie Gurgeln und Quaken großer Frösche in einem Sumpf – das Echo der kleinen Trommeln der Tänzerinnen, – der reizenden Geishas. Unablässig wie das Brausen eines Wasserfalls hallt das tausendfältige Geklapper der Getas auf der Brücke wider. Ein neues Licht taucht im Osten auf – aus weißen Nebeln löst sich der Mond und schwebt hinter den Berggipfeln empor, groß, bleich, geisterhaft. Und wieder vernehme ich das Klatschen zahlloser Hände. Denn die des Weges Kommenden huldigen O-Tsuki-San: Von der langen Brücke grüßt man das Kommen der weißen Mondfrau.[29]

Ich schlafe ein und träume von kleinen Kindern, die in irgendeinem verfallenden, moosüberwucherten Tempelhof „Schatten und Dämon" spielen.

Frauenhaar

In Japan trägt die jüngste Tochter des Hauses das Haar sehr lang, und es ist kein uninteressantes Schauspiel, zu sehen, wie man beim Frisieren damit verfährt. Die Prozedur, die alle drei Tage vorgenommen wird, kostet vier Sen und soll eine Stunde in Anspruch nehmen, aber tatsächlich dauert sie beinahe zwei Stunden. Die Friseuse (Kamiyui) schickt zuerst ihre Gehilfin, die das Haar reinigt, wäscht, parfümiert und es mit wenigstens fünf verschiedenen Kämmen kämmt und glättet. Das Reinigen geschieht mit so minutiöser, peinlicher Gründlichkeit, daß das Haar drei, ja sogar vier Tage lang von einer Makellosigkeit bleibt, von der man sich im Abendland überhaupt gar keinen Begriff machen kann. Des Morgens während der Arbeit im Hause bleibt der Kopf mit einem Tuche oder einem kleinen, blauen Shawl sorgfältig vor Staub geschützt, und das merkwürdige japanische Holzkissen, das bloß den Nacken, aber nicht den Kopf stützt, macht es möglich, zu schlafen, ohne daß der Wunderbau dabei Schaden nimmt.[30]

---

[29] Nach der Mythologie des Kojiki ist die Mondgottheit eine männliche Gottheit. Aber die unteren Volksschichten wissen nichts von dem Kojiki, das in einem archaischen Japanisch geschrieben ist, welches nur die Gelehrten lesen können, und sie rufen den Mond als „O-Tsuki-San" oder „Mondfrau" an, gerade so, wie die alten griechischen Idyllendichter.

[30] In früheren Zeiten benutzten beide Geschlechter ein solches Polster aus demselben Grunde. Das Ordnen des langen, zu einem künstlichen Knoten aufgebundenen

Nach beendeter Vorarbeit der Gehilfin erscheint die Friseuse selbst und beginnt den Aufbau der Coiffure. Zu diesem Zweck benutzt sie außer den verschiedenartigen Kämmen schöne Schleifen aus Goldfäden, oder gewundene, farbige Papierflechten, zierliche, entzückend getönte Seiden- oder Kreppbändchen, niedliche Stahlagraffen und eigenartige, körbchenförmige kleine Dinger als Unterlage, über die das Haar in die gewünschte Form gebracht wird, ehe man es feststeckt.

Die Kamiyui bringt auch Rasierzeug mit; denn die japanische Dame wird auch rasiert, Gesicht, Augenbrauen, Kinn, selbst die Nase! Aber was ist da zu rasieren? Nur der Pfirsichflaum, der den zartesten Hauch der menschlichen Haut bildet, der aber nach japanischem Schönheitsgebot dem Messer verfallen muss. Aber das Rasiermesser hat noch eine andere Aufgabe. Alle japanischen Mädchen tragen das Zeichen ihrer Jungfräulichkeit in Form einer kleinen, runden, zollgroßen Tonsur auf der obersten Stelle ihres Kopfes. Dieser kahle Fleck wird nur teilweise durch eine von vorn nach hinten geführte Haarsträhne bedeckt, die man am Hinterkopf befestigt. Im frühesten Kindesalter ist der Kopf des japanischen Mädchens vollkommen kahl geschoren. Ist sie einige Jahre alt, darf sie ihr Haar wachsen lassen, mit Ausnahme der bereits erwähnten Stelle, wo eine große Tonsur freigehalten werden muss. Mit jedem Jahre aber verringert sich das Ausmaß der Tonsur, bis sie zu dem erwähnten Fleckchen zusammenschrumpft; und selbst dieses verschwindet nach der Hochzeit, da dann eine noch kompliziertere Haartracht an die Reihe kommt.

Solch absolut schlichtes, dunkles Haar, wie das der meisten Japanerinnen, würde – wenigstens nach abendländischen Begriffen – für die höchsten Leistungen der Frisierkunst als ungeeignet erscheinen. Es ist übrigens irrig, anzunehmen, dass alle Japaner blauschwarzes Haar haben. Es gibt zwei charakteristische Rassetypen. Bei einem ist das Haar dunkelbraun statt rein schwarz und ist auch weicher und feiner. Selten, sehr selten sieht man in Japan natürlich gekräuseltes Haar. Aus merkwürdigen Gründen, die hier nicht angeführt werden können, schämt sich eine Frau in Izumo, weiliges Haar zu haben, ja schämt sich dessen mehr als irgendeines natürlichen Körperfehlers.

Haares eines Samurai-Jünglings erforderte viel Zeit. Seitdem es fast zur allgemeinen Regel geworden ist, das Haar kurz zu tragen, haben die Männer ein Kissen adoptiert, das wie unsere kleinen Pölsterchen aussehen.

Aber die Kunst der Kamiyui hat es jeder ästhetischen Laune gefügig gemacht. Papilloten und Brenneisen sind freilich unbekannt geblieben, aber in welch wundervolle und schöne Formen bringt man trotzdem das Mädchenhaar: Wellenkaskaden, Schlangengeringel, Schlupfen, Knoten, eins ins andere übergehend, so wie die Pinselstriche in der Schrift eines chinesischen Schreibkünstlers. Die Kunst der Kamiyui ist der der Pariser Coiffeuse weit überlegen. Seit dem mythischen Zeitalter der Nation[31] hat sich die japanische Phantasie auf die Erfindung hübscher Vorbilder für die Haarfrisur verlegt, und es hat wohl nirgends so reizende Moden darin gegeben, als in Japan. Diese haben im Verlaufe von Jahrhunderten mancherlei Wandlungen durchgemacht, haben sich manchmal zu merkwürdiger Kompliziertheit gesteigert, und waren dann wieder von edelster Einfachheit, – wie uns jene anmutige Sitte zeigt, die uns so viele Bilder veranschaulichen, auf denen die langen schwarzen Flechten frei über die Schultern herabfallen.[32] Aber jede Mode, von der irgendeine bildliche Darstellung auf uns gekommen ist, hat ihren eigenen, charakteristischen Reiz. Indische, koreanische, chinesische, malayische Schönheitsideen fanden Eingang in das Land der Götter, und wurden dort, nach seinen feineren und zarteren Schönheitsbegriffen modifiziert, angenommen. Auch mag der Buddhismus, der alles japanische Kunstempfinden und Denken so tief beeinflusst hat, nicht ohne Einwirkung auf die Haartrachten geblieben sein; denn seine weiblichen Gottheiten erscheinen mit den schönsten Frisuren. Man betrachte nur die Haartracht einer Kwan-on oder Benten, und die Flechten der Tennin, jener Mädchenengel, die auf den Decken der großen Tempel im Azur schweben.

Das eigenartig Reizvolle des modernen Stils ist die Art, wie das Haar gleichsam als Aureole für das Gesicht verwendet wird, und dessen Ausdrucksfähigkeit oder die liebliche Schönheit des jungen Antlitzes hervorhebt und aufs Wirkungsvollste steigert. Hinter dieser entzückenden schwarzen Aureole sehen wir ein geheimnisvolles Rätsel von Schlupfen und Wellen, deren Anfang und Ende ineinander verschwimmen. Nur die Kamiyui hat den Schlüssel zu diesem Rätsel. Und das Ganze wird durch

---

[31] Schon zur Zeit des Kojiki muss die Frisierkunst auf einer gewissen Entwicklungsstufe gestanden haben.

[32] Ein Kunstexperte kann das Alter eines unsignierten Kakemonos oder eines anderen Kunstwerks, auf dem menschliche Gestalten vorkommen, nach der Frisur der weiblichen Figuren bestimmen-

seltsame Schmuckkämme festgehalten und von langen feinen Nadeln aus Gold, Silber, Perlmutter oder Schildkröt mit wunderbar geschnitzten Köpfen durchkreuzt.[33]

Nicht weniger als vierzehn verschiedenartige Frisuren werden von den Coiffeusen Izumos ausgeführt, aber zweifellos steht die Frisierkunst in der Hauptstadt und in einigen der größeren Städte des östlichen Japans auf einer noch höheren Entwickelungsstufe. Die Friseusen gehen von Haus zu Haus und besuchen ihre Klientinnen an bestimmten Tagen zu regelmäßigen Stunden. Das Haar der kleinen Mädchen von sieben und acht Jahren wird in Matsue auf eine besondere Art, die man O-tabako-bon nennt, frisiert, wenn es nicht einfach zusammengebunden ist. Nach der O-tabako-bon-Art („ehrenwerter Rauchbüchschen-Stil") wird das Haar ungefähr vier Zoll rings um den Kopf abgeschnitten, ausgenommen über der Stirne, wo es kürzer gestutzt wird. Auf der Spitze des Kopfes läßt man es länger wachsen und sammelt es in eine Art seltsamen Knotens, der den sonderbaren Namen der Frisur rechtfertigt. Wenn das Mädchen alt genug ist, um eine öffentliche Mädchenschule zu besuchen, wird ihr Haar in der schlichten hübschen Art frisiert, die Katsurashita heißt, oder vielleicht auch in der neuen hässlichen, halbfremden „Bündelart", die Sakuhatsu genannt wird und die zur allgemeinen boarding-school-Frisur geworden ist. Für die Töchter der Armen, ja selbst für die der Mittelklasse, ist die Schulzeit eine sehr kurze. Ihre Lernzeit hört gewöhnlich einige Jahre vor dem heiratsfähigen Alter auf, und dabei werden die Mädchen in Japan sehr früh verheiratet. Die erste kunstvolle Mädchenfrisur bekommen sie frühestens im Alter von vierzehn oder fünfzehn Jahren. Von ihrem zwölften bis vierzehnten Jahre wird ihre Haartracht nach der sogenannten „Omoyezukiweise" geordnet; dann ändert man sie in den wunderschönen „Jōrōwage-Stil". Dieser hat viele Spielarten, einfachere und kompliziertere. Einige Jahre später weicht der Jōrōwagestil dem „Shinjōchō" (dem neuen Schmetterlingsstil), oder der „Shimada-Frisur", auch „Takawage" genannt Der „Shinjōchōstil" ist der verbreitetste, er wird von Frauen verschiedenen Alters getragen und

[33] Die unentbehrlichste und wichtigste Haarnadel (Kanzashi), gewöhnlich über sieben Zoll lang, ist gespalten und ihr doppelter Schaft kann wie ein kleines Essstäbchen benutzt werden, kleine Dinge damit aufzuheben. Der Kopf schließt mit einem winzigen löffelförmigen Vorsprung, der einen speziellen Zweck in der japanischen Toilette hat.

gilt nicht für sehr distinguiert. Der Shimadastil hingegen ist sehr exquisit, aber je respektabler die Familie, desto kleiner ist die Form dieser Frisur; Geishas und Jorōs tragen diese Frisurart loser und in größeren Dimensionen, was der Bezeichnung Takawage oder „Hohe Frisur“ besser entspricht. Zwischen achtzehn und zwanzig Jahren kommt wieder eine andere Mädchenfrisur an die Reihe, die „Tenjingaeshi“; zwischen zwanzig und vierundzwanzig Jahren folgt die „Mitsuwage-“ oder die „drei Rollen-Frisur“, und eine ähnliche, nur etwas kompliziertere Art, „Mitsuwakazushi“ genannt, die von jungen Frauen zwischen vierundzwanzig bis achtundzwanzig Jahren getragen wird. Bis dahin bedeutete jeder Wechsel der Haartracht eine Steigerung des Kunstreichen und Komplizierten. Aber nach dem achtundzwanzigsten Jahre wird eine japanische Frau nicht mehr als jung angesehen und es gibt dann für sie nur mehr eine einzige Frisur – die „Mochiriwage“ oder „Bōbai“, die einfache und eigentlich hässliche Frisur, wie sie von alten Frauen getragen wird.

Aber die Krone aller Frisuren ist die Brautfrisur, sie weicht von jeder anderen vollkommen ab und ist die geschmackvollste und die kostspieligste von allen. Die Brautfrisur wird „Hanayome“ genannt, eine Bezeichnung, die wörtlich „Blumen-Frau“ bedeutet. Der Aufbau ist zierlich wie sein Name und man muss sie gesehen haben, um ihre künstlerische Wirkung würdigen zu können. Später trägt die Frau ihr Haar im „Kumesa“- oder „Maruwage-Stil“, der auch „Katsuyama“ heißt Der Kumesa-Stil ist nicht vornehm und die Haartracht der Armen; der Maruwage- oder Katsuyama-Stil ist elegant. In früheren Zeiten trugen die Frauen der Samurai ihr Haar in zwei besonderen Weisen: die Mädchenfrisur war „Ichogaeshi“ und die der Verheirateten „Katahaishi“. Noch jetzt kann man in Matsue hier und da Katahaishi-Frisuren sehen.

Die Haus-Kamiyui O-Koto-San, die geschickteste ihrer Berufsgenossinnen in Izumo, ist eine kleine, noch ganz niedliche Frau von ungefähr dreißig Jahren. Um ihren Hals ziehen sich die drei weichen, hübschen Linien, die von Schönheitskennern das „Venushalsband“ genannt werden. Dieses seltsame Schönheitszeichen wäre einstmals beinahe das Verderben Kotos geworden. Die Geschichte ist eine gar seltsame.

Koto hatte am Anfang ihrer Berufslaufbahn eine Rivalin – eine Frau von wundersamem Geschick in der Frisierkunst, aber von böser Gemütsart, die Jin hieß. Jin verlor allgemach alle ihre vornehmen Kunden und die kleine

Koto wurde die fashionable Friseuse. Aber ihre alte Rivalin, von eifersüchtigem Hass erfüllt, ersann eine verleumderische Geschichte über Koto. Diese Geschichte schlug Wurzel in dem fruchtbaren Boden des alten, abergläubischen Izumo und gestaltete sich ganz phantastisch. Den Stoff hatten Jins scharfsinniger Erfindungsgabe eben jene drei weichen Linien an Kotos Hals geliefert. Sie erklärte, Koto habe einen Nuke-Kubi.

Was ist ein Nuke-Kubi? „Kubi" bedeutet entweder Hals oder Kopf. „Nukeru" heißt kriechen, schleichen, auflauern, fortschlüpfen. Einen Nuke-Kubi haben, bedeutet einen Kopf haben, der sich vom Körper lostrennt und zur Nachtzeit allein umherkriecht.

Koto war zweimal verheiratet gewesen und ihre zweite Ehe war glücklich, aber ihr erster Mann hatte ihr viel Sorge verursacht und war schließlich mit irgendeinem unwürdigen Weibe davongelaufen. Man harte seither nichts mehr von ihm vernommen, so daß Jin glaubte, ungestraft eine Schauermär als Erklärung für sein Verschwinden in Umlauf bringen zu können. Sie behauptete, er habe Koto verlassen, weil er eines Nachts gesehen, wie der Kopf seines Weibes sich vom Polster erhob, ihr Hals sich wie eine große, weiße Schlange reckte, während ihr übriger Körper regungslos blieb. Er habe gesehen, wie der Kopf, gestützt auf den immer länger und länger werdenden Hals, sich in die weiter abliegenden Zimmer begab, dort alles Öl aus den Lampen trank und dann sachte wieder zur Lagerstatt zurückschlich, wobei der Hals wieder zu seiner natürlichen Länge zusammenschrumpfte. „Da erhob er sich und floh entsetzt davon", sagte Jin.

Da eine Geschichte die andere zeitigt, begannen alsbald allerlei unheimliche Gerüchte über die bedauernswerte Koto zu kursieren. Man erzählte sich, ein Polizeibeamter habe spät in der Nacht einen körperlosen Frauenkopf an Obstbäumen, die über eine Mauer hingen, herumnagen gesehen, und da er ihn als Nuke-Kubi erkannte, habe er mit seiner flachen Klinge darauf geschlagen. Erschreckt sei der Kopf hastig wie eine Fledermaus fortgehuscht, aber er habe doch das Gesicht der Kamiyui erkannt. „O! es ist die lauterste Wahrheit," sagte Jin am Morgen nach dem eben mitgeteilten angeblichen Vorfall, – „und wenn Sie es nicht glauben wollen, dann senden Sie zu Koto mit der Botschaft, daß Sie sie sehen wollen, – sie kann nicht ausgehen, denn ihr Gesicht ist ganz verschwollen." Diese letzte Behauptung nun stimmte vollkommen, denn Koto hatte eben zufällig sehr heftige Zahnschmerzen – und dieses Zusammentreffen unterstützte die Verleumdung. Das Märchen fand seinen Weg in die Tageszeitung, die es als seltsamen Beweis für die Leichtgläubigkeit des Volkes zum Abdruck brachte und Jin brüstete sich und sagte: „Nun, sprach ich nicht die Wahrheit? Seht, nun steht es in der Zeitung."

Scharen von Neugierigen sammelten sich um Kotos Häuschen, quälten sie und verleideten ihr das Leben, so daß ihr Mann sie unablässig bewachen musste, damit sie keinen Selbstmord beging. Glücklicherweise hatte sie aber Gönner in der Familie des Gouverneurs, wo sie Jahre lang als Friseuse beschäftigt war. Als der Gouverneur von dieser Niedertracht hörte, ließ er eine schriftliche Verurteilung dieser Beschuldigungen veröffentlichen und setzte seinen Namen eigenhändig darunter. Da die Bewohner Matsues ihren alten Statthalter wie einen Gott verehrten, glaubten sie seinen Worten, schämten sich und wandten sich mit Abscheu von der Lügnerin ab, und die kleine Friseuse erfreute sich fortan noch größerer und allgemeinerer Sympathien als in früherer Zeit und ihr Handwerk florierte mehr denn je.

Seit altersher gibt es mancherlei seltsame, abergläubische Vorstellungen über Frauenhaar.

Die Medusasage hat in den japanischen Volksmythen so manches Gegenstück. Der Gegenstand einer solchen Erzählung ist immer irgendein wunderbar schönes Mädchen, dessen Haar zur Nachtzeit sich zu Schlangen ringelt und das sich schließlich als ein Drache oder zum mindesten als die Tochter eines Drachen entpuppt. Aber in uralten Zeiten glaubte man, dass das Haar jeder jungen Frau unter gewissen verhängnisvollen Umständen sich zu Schlangen wandeln könnte, so zum Beispiel unter dem Einfluss lange zurückgedrängter Eifersucht.

In den Zeiten Alt-Japans gab es viele begüterte Männer, die ihre Konkubinen (Mekake oder Aijō) unter demselben Dache mit ihren legitimen Gattinnen Okusama) wohnen ließen. Und man sagt, dass, obgleich die strengste patriarchalische Disziplin die Mekake und Okusama zu zwingen vermochte, in scheinbar vollkommener Harmonie tagsüber nebeneinander zu leben, ihr geheimer Hass sich in der Nacht durch die Verwandlung ihrer Haare offenbaren konnte. Die langen schwarzen Haarzöpfe einer jeden solchen Frau ringelten sich, lösten sich auf, züngelten und versuchten die andere zu verschlingen. Ja selbst die Spiegel der Schläferinnen fielen klirrend aufeinander. Denn ein altes Sprichwort sagt: „Kagami onna-no tamashii" – „Der

Spiegel ist die Seele der Frau".[34] Und es gibt eine berühmte Sage von einem gewissen Katō Sayemon Shigenji, der zur Nachtzeit das Haar seiner Gattin und das seiner Konkubine sich zu Vipern verwandeln sah, die zischend aufeinander losgingen und sich gegenseitig bissen. Da trauerte Katō Sayemon sehr über den geheimen Hass, der durch seine Schuld verursacht worden; er schor sein Haupt und wurde ein Priester in dem großen buddhistischen Kloster von Koya-San, wo er bis zum Tage seines Todes unter dem Namen Karukaya lebte.

Das Haar gestorbener Frauen wird in eigener Weise, „Tabanegami" geheißen, geordnet Tabanegami nennt man Haar, das zu einem Bündel aufgebunden ist wie ein Reisbund. Diese Haartracht muss auch von den Frauen während der Trauerzeit getragen werden.

Nichtsdestoweniger werden Gespenster mit gelösten langen Haaren dargestellt, die geisterhaft über ihr Antlitz herabfallen. Und zweifellos wird die Weide wegen ihrer hängenden Zweige als der Lieblingsbaum der Gespenster angesehen. Man sagt, sie trauern in der Nacht und mischen ihr schattenhaftes Haar mit den langen hängenden Weidenflechten.

Japanische Gespenster werden immer durchsichtig und in übernatürlicher Größe dargestellt, – nur der obere Teil der Gestalt ist deutlich umrissen, während der untere nebelhaft verläuft. Wie das japanische Sprichwort sagt: „Ein Gespenst hat keine Füße": seine Erscheinung ist wie ein Hauch, der nur in einer gewissen Entfernung über dem Boden sichtbar wird; und es wallt und verlängert sich und schwebt und wogt in den Konzeptionen der Künstler wie ein vom Winde bewegter Nebeldunst. Manchmal figurieren Frauenphantome in Bilderbüchern nach dem Vorbilde wirklicher Frauen – aber dies sind nicht eigentliche Gespensterbilder. Es sind Fuchs-Frauen oder andere Kobolde und ihre übernatürliche Beschaffenheit wird durch einen besonderen Ausdruck der Augen und eine gewisse unmögliche elfenhafte Anmut angedeutet.

Kleine Kinder in Japan, wie kleine Kinder allüberall, lieben gruselige Spiele, und mit der Zeit haben sie viele solcher erfunden. Eines derselben ist das O-bake-goto oder das Gespensterspiel. Die ältere Schwester oder das Kinder-

---

[34] Die alten japanischen Spiegel waren aus Metall und wunderschön. Kagami ga kumoru to tamashii ga kumoru („Ist der Spiegel getrübt, ist die Seele unrein") ist ein anderes seltsames Sprichwort, das sich auf Spiegel bezieht.

mädchen löst ihr Haar und läßt es vorne über das Gesicht herunterfallen, so dass dieses ganz verdeckt ist. Nun verfolgt sie das kleine Völkchen mit Stöhnen oder Seufzen und geisterhaften Bewegungen, wobei sie alle Stellungen und Gesten der Gespenster aus den Bilderbüchern nachahmt.

Da das Haar der Japanerin ihr kostbarster Schmuck ist, muss sein Verlust sie naturgemäß am meisten schmerzen. In früherer Zeit geschah es darum oft, dass ein edelgesinnter Mann, der sich von der Untreue seiner Gattin überzeugt hatte, sie nicht tötete, sondern es als genügende Rache und Sühne ansah, ihr das Haar abschneiden zu lassen und sie dann zu verstoßen. Nur die größte Frömmigkeit oder die tiefste Liebe kann eine Frau dazu bewegen, freiwillig ihren ganzen Haarschmuck zu opfern. Hingegen werden kleinere Opfergaben von Haar häufig dargebracht und man kann eine oder zwei lange und dicke Haarsträhnen sehr oft vor vielen Altären in Izumo hängen sehen.

Was der Glaube in Bezug auf so ein Opfer vermag, wird der am besten ermessen, der die großen, von Frauenhaar gedrehten Kabel in dem kolossalen Hongwanji-Tempel in Kyōto gesehen hat. Und stärker noch als der Glaube ist die Liebe, obgleich weniger zur Schau getragen. Nach alter Sitte opfert die zur Witwe gewordene Frau einen Teil ihres Haares, damit es ihrem Gatten in den Sarg gelegt und mit ihm begraben werde. Die Menge des Haares ist nicht vorgeschrieben; in den meisten Fällen ist sie so gering, dass die Frisur durch den Verlust gar nicht beeinträchtigt wird. Aber die Frau, die dem Andenken des Verstorbenen für immer treu bleiben will, beraubt sich ihres ganzen Haares. Mit eigenen Händen schneidet sie es ab und legt die ganze schimmernde Opfergabe – das Symbol ihrer Jugend und Schönheit – auf die Knie des Toten. Und sie lässt es nie mehr wachsen.

Kizuki, der urälteste Schrein Japans

Shinkoku ist der heilige Name Japans, Shinkoku, das „Land der Götter"; und das heiligste Reich in ganz Shinkoku ist das Land Izumo. Hierher kamen von den blauen Gefilden des hohen Himmels zuerst die Weltbildner

Izanagi und Izanami, die Eltern der Götter und Menschen, um hier eine Zeitlang zu verweilen. Irgendwo an den Ufern dieses Landes ward Izanami begraben, und aus diesem Lande folgte ihr Izanagi in das schwarze Totenreich und suchte vergebens, sie wieder auf die Erde zurückzubringen. Und ein Bericht über sein Hinabsteigen in diese geheimnisvolle Unterwelt und über das, was ihm dort widerfuhr, ist in dem Kojiki verzeichnet.[35] Und von allen Legenden über die Unterwelt ist diese Geschichte die geheimnisvollste – geisterhafter selbst als die assyrische Legende von dem Hinabsteigen der Ishtar.

Ebenso wie Izumo unstreitig die Provinz der Götter ist und die Kindheitswiege der Rasse, die noch Izanagi und Izanami anbetet, so ist Kizuki in Izumo die auserwählte Residenz der Götter und seine uralten Tempel die frühesten Stätten des alten Glaubens, der großen Shintōreligion.

Seitdem ich die Legende aus dem Kojiki kennen gelernt hatte, war es mein glühendster Ehrgeiz, Kizuki zu sehen, und dieser Ehrgeiz wurde noch durch die Entdeckung angestachelt, dass überhaupt nur sehr wenige Fremde Kizuki besucht hatten und keiner von ihnen jemals in den großen Tempel selbst zugelassen worden war. Einigen wurde es nicht einmal erlaubt, sich dem Tempelhof zu nähern. Ich hoffte aber glücklicher zu sein, hatte ich doch einen Empfehlungsbrief von meinem Freunde Nishida Sentarō, dem persönlichen Freunde des Hohenpriesters von Kizuki, so dass ich also annehmen durfte, dass, wenn mir auch der Eintritt in den Tempel selbst nicht gestattet würde – ein Privilegium, das auch nur ganz wenigen Japanern zuteil wird – ich wenigstens die Ehre einer Begegnung mit dem Gūji, dem geistlichen Statthalter von Kizuki, Senke Takanori, haben würde, dessen fürstliche Familie sich der Abstammung von der Sonnengöttin rühmt.[36]

---

[35] Das älteste noch vorhandene Buch in der archaischen Sprache Japans. Es ist die heiligste Schrift der Shintōreligion. Es wurde von Professor Basil Hall Chamberlain bewunderungswürdig übersetzt und mit eingehenden Kommentaren reichlich versehen.

[36] Die Familiengenealogie ist in einem seltsamen kleinen Buch verzeichnet, mit dem ich in Kizuki beschenkt wurde. Senke Takanori ist der 81. Hohepriester-Statthalter (früher Kokuzō genannt) in Kizuki. Sein Geschlecht wird durch fünfundsechzig Generationen von Kokuzōs und sechzehn Generationen irdischer Gottheiten auf Ama-Terasu und ihren Bruder Susanoo-no-mikoto zurückgeführt.

An einem schönen Septembernachmittag mache ich mich in früher Stunde auf den Weg nach Kizuki. Auf dem kleinen Dampfer, der mich hinbringen soll, ist alles, von der Maschine angefangen bis zum Verdeck, liliputanisch. In den Kabinen muss man knien, und selbst unter dem Zeltverdeck kann man nicht aufrecht stehen. Aber das Miniaturfahrzeug ist niedlich und hübsch wie ein Spielzeugmodell und bewegt sich mit erstaunlicher, sich stets gleichbleibender Schnelligkeit. Ein schöner nackter Knabe ist eifrig damit beschäftigt, den Passagieren Tee und Backwerk zu servieren und kleine Feuerbecken für diejenigen aufzustellen, die zu rauchen wünschen. Alles dies aber kostet nur ungefähr drei Viertel eines Sen.

Ich flüchte mich von dem zeltbeschatteten Verdeck auf das Kabinendach, um besseren Ausblick zu haben – und die Aussicht ist unsagbar lieblich.

Über den durchsichtigen Seespiegel sehen wir einem fernen Kranz schöner Gebilde entgegen, von jener zartblauen Färbung, die allen entfernten Dingen in der japanischen Atmosphäre eigen ist. Gipfelformen und Landzungen heben sich leuchtend vom Seeufer gegen den porzellanweißen Hintergrund ab. Man kann keine Einzelheiten unterscheiden – es sind nur Silhouetten – Massen von durchaus reiner Farbe. Rechts und links tauchen herrliche wellige Ketten grünbewaldeter Hügel auf, die den Shinjiko einrahmen. Im Nordwesten ist der große Yakuno-San der höchste Berg; hinter uns im Südosten ist die Stadt verschwunden, aber stolz darüber thronend ragt der Daisen, – ungeheuer, geisterhaft blau, und er erhebt die weiße Spitze seines ausgebrannten Kraters in die Region des ewigen Schnees. Über all dem wölbt sich ein Himmelsbogen von zartester Bläue wie ein Traum.

Es ist als schwebte ein himmlischer Zauber in der Atmosphäre, als durchdränge er den leuchtenden Tag und wallte über das duftige Land und das geisterhafte Blau der Flut – ein Hauch des Shintōismus. So ganz erfüllt ist meine Phantasie von den Legenden aus dem Kojiki, daß die monotone Musik der Maschine, wie der Rhythmus eines shintōistischen Rituales an mein Ohr tönt, verwoben mit Götternamen: Koto-shiro-nushi no Kami, Oho-kuni-nushi no Kami.

Wir fahren weiter. Der hohe Bergzug zur Rechten türmt sich immer höher auf, und seine uns immer näher rückenden Hügel lassen uns alle Einzelheiten ihrer reichen Bewaldung erkennen. Und siehe – auf der äußersten Zacke einer großen bewaldeten Bergspitze taucht das vielgieblige Dach eines buddhistischen Tempels auf. Das ist der Tempel von Ichibata, auf dem Berg

Ichibata yama, der Tempel des Yakushi-Nyorai, des Arztes der Seelen. Aber in Ichibata offenbart er sich mehr als der Heiler körperlicher Gebrechen, als der Buddha, der den Blinden das Augenlicht wiedergibt. Man sagt, dass jeder, den eine Augenkrankheit befallen hat, wieder gesunde, wenn er inbrünstig vor diesem großen Schrein betet; und hierher pilgern viele Tausende Betrübter aus fernen Provinzen, erklimmen den langen mühseligen Bergpfad und die sechshundertvierzig Steinstufen, die zu dem winddurchwehten Tempel auf dem Gipfel führen, von dem aus man eines der lieblichsten Landschaftsbilder Japans sehen kann. Dort waschen die Pilger ihre Augen mit dem Nass des heiligen Quells, knien vor dem Schrein nieder und murmeln die heilige Formel von Ichibata: „Onkoro-koro-sendai-motōki-sowaka", Worte, deren Sinn längst in Vergessenheit geraten ist, wie der so mancher anderer buddhistischer Beschwörungsformeln – Sanskritworte in das Chinesische und dann in das Japanische übertragen, deren Sinn bloß von gelehrten Priestern verstanden wird, die aber jedermann im ganzen Lande auswendig weiß und mit inbrünstiger Ehrfurcht betet.

Ich steige vom Kabinendach herab, hocke mich auf den Boden des Verdecks, um mit Akira ein wenig zu rauchen und frage ihn:

„Wieviele Buddhas gibt es, o Akira? Ist dir die Anzahl der Erleuchteten bekannt?"

„Zahllos sind die Buddhas," antwortet Akira. „Aber es gibt in Wahrheit nur einen einzigen Buddha – die vielen sind nur Formen. In jedem von uns ist ein künftiger Buddha. Alle sind wir gleich bis auf die größere oder geringere Erkenntnis der Wahrheit. Aber der Unkundige mag diese Dinge vielleicht nicht erfassen und seine Zuflucht in Symbolen und Formen suchen."

„Und die Kamis – die Gottheiten des Shintōglaubens?"

„Vom Shintōismus weiß ich nicht viel, aber es gibt achthundert Myriaden von Kamis in der hohen Himmelsebene – so sagt das Uralte Buch. Von diesen wohnen dreitausendeinhundertzweiunddreißig in den verschiedenen Provinzen des Landes und haben ihre Schreine in zweitausendachthunderteinundsechzig Tempeln. Und der zehnte Monat unseres Jahres wird der „Kein-Gott-Monat" genannt, weil in diesem Monate alle Gottheiten ihre Tempel verlassen, um sich in der Provinz Izumo im großen Tempel von Kizuki zu versammeln. Und aus eben diesem Grunde wird dieser Monat in Izumo, aber ausschließlich nur in Izumo, der „Göttermonat" geheißen; doch gebildete Menschen nennen ihn manchmal das „Fest der anwesenden Götter", wobei sie sich der chinesischen Worte bedienen. Man glaubt, dass dann die Schlangen vom Meere an das Land kommen und sich auf dem „Sambō", dem Tisch der Götter, zusammenballen, denn die Schlangen verkünden deren Kommen; und der Drachenkönig entsendet Boten zu den Tempeln von Izanagi und Izanami, den Eltern der Götter und Menschen."

„O Akira, es muss viele Millionen Kamis geben, die mir unbekannt bleiben werden, denn dem Gedächtnis sind Grenzen gesetzt, aber erzähle mir etwas von den Göttern, deren Namen ganz selten genannt werden, den Göttern seltsamer Orte und seltsamer Dinge, den ganz besonders ungewöhnlichen Göttern."

„Über diese können Sie von mir nicht viel erfahren. Da müssen Sie Gelehrtere fragen, aber es gibt Götter, deren Bekanntschaft nicht wünschenswert ist, ein solcher ist der Gott der Armut und der Gott des Hungers, der Gott des Geizes und der Gott der Hindernisse und Widerwärtigkeiten. Ihre Farbe ist dunkel wie die Farbe düsterer Wolkentage, und ihre Gesichter gleichen den Gesichtern der Gakis.[37]"

„Die Götter der Hindernisse und Widerwärtigkeiten, o Akira, habe ich nur zu gut kennen gelernt. Erzähle mir lieber von anderen."

„Ich weiß von ihnen allen nur wenig, außer von Bimbōgami. Man sagt, es gäbe zwei Götter, die immer zusammen erscheinen: Fuku-no-Kami, der Gott des Glücks, und Bimbōgami, der Gott der Armut. Der erste ist weiß und der zweite schwarz."

„Vermutlich," werfe ich ein, „weil der letztere nur der Schatten des ersteren ist. Fuku-no-Kami ist der Schattenwerfer, Bimbōgami der Schatten. Und ich habe auf meinen vielen Reisen durch die Welt beobachtet, dass, wo immer der eine geht, der andere ihm folgt."

Akira ist mit dieser Deutung nicht einverstanden und fährt fort: „Hat Bimbōgami einmal begonnen, jemanden zu verfolgen, dann ist es sehr schwer, sich wieder von ihm zu befreien. In dem Dorfe Umitsu in der Provinz Omi, nicht weit von Kyōto, lebte einstmals ein buddhistischer Priester,

[37] Im Sanskrit Pretas. Die Gakis sind die ausgehungerten Gespenster jenes Marterkreises der Hölle, dessen Strafe der Hunger ist; und der Mund einiger ist „kleiner als eine Nadelspitze".

der mehrere Jahre lang schrecklich von Bimbōgami geplagt wurde. Nachdem er oft vergebens versucht hatte, ihn auszutreiben, verfiel er darauf, ihn irre zu führen, indem er laut vor allem Volk verkündigte, er gehe nach Kyōto. In Wahrheit aber begab er sich nach Tsuruga in der Provinz Echizen; als er bei dem Wirtshaus in Tsuruga anlangte, kam ihm ein Knabe entgegen, bleich und dürftig wie ein Gaki. Und der Knabe sagte: ‚Ich habe auf dich gewartet', und der Knabe war Bimbōgami.

Man erzählt auch von einem anderen Priester, der sich sechzig Jahre lang vergeblich bemühte, Bimbōgami loszuwerden und endlich eines Tages den Entschluss fasste, auszuwandern. In der Nacht, die diesem Entschluss folgte, hatte er einen wunderlichen Traum; er sah einen großen, abgezehrten, nackten und schmutzigen Knaben, der Strohsandalen (Waraji) flocht, wie sie die Pilger und Läufer tragen. Er machte deren eine solche Menge, dass der Priester sich darüber verwunderte und fragte: ‚Zu welchem Zwecke machst du so viele Sandalen?' Und der Knabe antwortete: ‚Ich werde mit dir reisen, ich bin Bimbōgami.'"

„Gibt es also keine Möglichkeit, Bimbōgami loszuwerden, Akira?"

„In dem Buch Jizō-kyō-Kosui steht geschrieben", antwortete Akira, „dass es dem greisen Enjobō, einem in der Provinz Owari lebenden Priester, kraft eines Zaubers gelungen sei, sich Bimbōgamis zu entledigen. Am letzten Tage des letzten Monats des Jahres nahmen er und seine Jünger und andere Priester der Shingonsekte Zweige von Pfirsichbäumen in ihre Hände, und indem sie eine Formel sprachen, machten sie mit den Zweigen Bewegungen, als ob sie eine Person aus dem Tempel hinausscheuchen wollten. Dann schlössen sie alle Türen und Tore des Tempels, wobei sie wieder andere Formeln rezitierten. In derselben Nacht träumte Enjobō von einem Gerippe im Priestergewand, das allein in einem verfallenen Tempel weinend dasaß, und das Priestergerippe sagte zu ihm: ‚Wie konntest du es über das Herz bringen, mich auszutreiben, nachdem ich so viele Jahre treu zu dir gehalten habe?' Aber von diesem Tage an lebte Enjobō bis zu seinem Ende immer ungetrübt glücklich."

Anderthalb Stunden lang rücken die Bergketten rechts und links bald näher, bald weichen sie wieder zurück – schöne, blaue Formen gleiten auf uns zu, wandeln sich zu grün, und dann, sachte hinter uns verschwindend, werden sie wieder blau. Aber die fernen Berge gerade vor uns – regungslos unwandelbar – bleiben immer geisterhaft. Plötzlich steuert das kleine

Dampfboot direkt dem Lande zu – nach einem so niedrigen Landstrich, dass er ganz unvermutet in Sicht kommt; wir dampfen über einen engen Strom zwischen Reisfeldern zu dem niedlichen, hübschen, am Kanalufer gelegen Dörfchen Shobara. Hier muß ich Jinrikshas mieten, um nach Kizuki zu gelangen. Es bleibt keine Zeit, viel von Shobara zu sehen, wenn ich Kizuki vor Anbruch der Nacht erreichen will, und ich habe nur die flüchtige Vision einer langen malerischen Straße (so malerisch, dass ich wünschte, wenigstens einen Tag dort verweilen zu dürfen), während unsere Kurumayas die kleine Stadt hinter sich lassen und durch eine große, mit Reisfeldern bedeckte Ebene eilen. Der Weg selbst ist nur ein breiter Damm, kaum breit genug, um zwei Jinrikshas aneinander vorüber zu lassen. Auf jeder Seite ist die herrliche Ebene von zwei Bergketten eingerahmt, die den weißen Horizont abschließen. Ein tiefes Schweigen, ein unendliches Gefühl traumhaften Friedens, und ein herrliches, weiches, duftiges Licht ruht über allen Dingen, wie wir so in das Land Jyasugi nach Kaminawoe rollen. Links die zerklüftete Bergkette, Shusai-yama, grellgrün mit dem alles überragenden Riesen Daikoko-Yama, dessen Gipfel die Namen von Göttern tragen. Weiter entfernt, zu unserer Rechten, ungeheuer, tief purpurn, strecken sich die Formen der Kita-yama oder der nördlichen Kette in kolossalen Höhenzügen; gegen Sonnenuntergang, immer mehr gen Westen verschwindend, versinken sie auf die geisterhafteste, unbegreiflichste Art in den hellen Tag. All dies ist schön, aber stundenlang wechselt das Bild nicht. Meilenweit windet sich der Weg immer wieder durch Reisfelder, aus denen weißbeflügelte Papierfähnchen hervorragen, die Gebetspfeile sind. Unablässig tönt das Quaken der Frösche, ein Klang wie ein unendliches Wogen und Wallen – immer die grüne Kette zur Linken – die rotviolette zur Rechten, westwärts in eine große Zeile zartgetönter Gebilde verhauchend, die sich schließlich in Nichts auflösen wie körperlose Luft. Die Gleichförmigkeit der Szenerie wird zeitweilig unterbrochen, wenn wir ein seltsames, hübsches japanisches Dorf passieren oder bei einer Wegbiegung an einem Monument, einer Jizōstatue, vorüberkommen, oder an dem Grabe eines Ringkämpfers, wie man sie an den Ufern des Hinogawa sehen kann, einem großen Granitblock mit den eingemeißelten Worten: „Ikumo matsu kikuzuki" (Wenn man auch noch so lange wartet, der Chrysanthemum-Monat [der 9. Monat] kommt doch).

Aber nachdem man Kando-gōri erreicht und einen breiten, aber seichten Fluss überschritten hat, taucht ein neues Detail in der Landschaft auf. Über der Bergkette zu unserer Linken erhebt sich eine ungeheure, fast sattelförmige, blaue Silhouette, die nach ihrer Umrisslinie als ein einst mächtiger Vulkan erkennbar ist. Jetzt ist er unter verschiedenen Namen bekannt, aber im Altertum nannte man ihn Sahime-yama, und es knüpft sich eine Shintōlegende an ihn.

Man sagt, im Urbeginn blickte der Gott von Izumo über das Land und sprach: „Dieses neue Land Izumo ist ein Land von nur geringem Umfang, darum will ich es vergrößern, indem ich noch etwas hinzufüge." Nachdem er dieses gesagt, ließ er seine Augen nach Korea schweifen und entdeckte dort Land, das sich zu diesem Zwecke eignete. Mit einem großen Seil zog er also vier Inseln davon herbei und gliederte sie an Izumo an. Die erste Insel wurde Ya-o-yo-ne genannt und bildete das Land, in welchem sich jetzt Kizuki befindet. Die zweite Insel wurde Sada no kuni genannt und ist jetzt der Sitz des heiligen Tempels, wo alle Götter ihre zweite Sitzung abhalten, nachdem sie sich vorher in Kizuki versammelt haben. Das dritte Eiland erhielt an seiner neuen Stelle den Namen Kurami no kuni, das jetzt Shimane-gōri bildet. Die vierte Insel bekam den Platz, wo jetzt der Tempel des großen Gottes steht, an dessen Altären den Gläubigen der Zauber offenbart wird, der die Reisfelder beschützt.[38]

Beim Herüberziehen dieser Inseln über das Meer zu ihren verschiedenen Orten befestigte nun der Gott das Seil an die mächtigen Berge Daisen und Sahime-yama, und an beiden Bergen sind noch bis zum heutigen Tage die Spuren dieses wundersamen Seiles sichtbar. Was nun aber das Seil selbst betrifft, so wurde ein Teil davon das lange Eiland, das einstmals Yomi-gahama hieß,[39] und der andere Teil davon wurde zu dem langen Gestade von Sono.

Nachdem wir an Horikawa vorübergekommen sind, verengert sich die Straße und wird immer unwegsamer, rückt aber stetig an die Kita-yama-Kette heran. Gegen Sonnenuntergang sind wir den großen Hügeln nahe genug gekommen, um die Einzelheiten ihrer Bewaldung genau unterschei-

---

[38] Mionoseki.

[39] Nun fest mit dem Hauptland verbunden. Viele außerordentliche, für den Physiographen und Geologen hochinteressante Veränderungen haben an dieser Küste von Izumo und in der Nachbarschaft des großen Sees stattgefunden. Selbst jetzt noch kommt in jedem Jahre irgendeine Veränderung vor. Ich selbst habe sehr seltsame beobachtet.

den zu können. Nun beginnt der Pfad anzusteigen und wir winden uns langsam durch das immer dichter werdende Dunkel empor. Endlich blinken zahllose, glitzernde Lichter vor uns auf – wir haben Kizuki erreicht – die heilige Stadt liegt vor uns.

Über eine lange Brücke und durch ein großes Torii rollen wir die aufstrebende Straße hinan. Das Stadttor Kizukis ist wie das Enoshimas ein Torii, aber dieser ist nicht aus Bronze. Dann folgt eine flüchtige Vision offener laternenerhellter Ladenfassaden, Zeilen lichtschimmernder Shōjis unter hochgiebeligen Dachrinnen, und buddhistische von Steinlöwen gehütete Torwege und lange niedrige, mit Ziegeln bedeckte Tempelhofmauern, von Gartengesträuch überragt, und wieder große Toriis, die Vorläufer von Shintōaltären sind, aber keine Spur von dem großen Tempel selbst. Dieser liegt gegen das Ende der eigentlichen Stadt zu, am Fuß der bewaldeten Berge, und wir sind zu müde und hungrig, um ihn jetzt aufzusuchen. So kehren wir in einem geräumigen und behaglich aussehenden Gasthof ein, dem besten des Ortes, und machen es uns bequem, essen, und trinken Sake aus entzückenden kleinen Porzellantassen, dem Geschenk irgendeiner hübschen Geisha an das Hotel. Da es nun für einen Besuch bei dem Gūji zu spät geworden ist, entsende ich einen Boten in seine Residenz mit meinem Einführungsbrief in Akiras Handschrift, der die demütige Bitte enthält, es möge mir gestattet sein, mich im Laufe des morgigen Vormittags vorzustellen.

Bald darauf kommt der Hotelwirt, der ein sehr gutmütiger Mensch zu sein scheint, mit angezündeten Papierlaternen und fordert uns auf, ihm zum Oho-Yashiro (großen Tempel) zu folgen.

Die meisten Häuser haben schon ihre Holzschiebewände und Türen für die Nacht geschlossen, so daß die Straßen ganz dunkel sind und die Laternen unseres fürsorglichen Wirtes sich als unentbehrlich erweisen. Denn auch der Mond scheint nicht, und die Nacht ist sternenlos. Wir wandern eine lange Strecke durch die Hauptstraße und bei einer Wegbiegung sehen wir uns vor einem großen Bronzetorii, dem Torweg zu der prächtigen Tempelavenue.

Die Nacht, die die Entfernungen und die Farben verwischt, erhöht durch ihre suggestive Kraft den Eindruck der grandiosen Erhabenheit großer Räume und Formen. Das Nahen zu dem Heiligtum des großen Schreins, bei dem dämmerigen Lichtschein der Laternen, hat etwas Überwältigendes – so überwältigend, dass mich bei dem bloßen Gedanken, dieses Schauspiel morgen im nüchternen Tageslicht zu sehen, ein Wehmutsgefühl überkommt. Vor uns liegt eine prächtige, von sehr alten Bäumen eingesäumte, sich in das Unabsehbare ziehende Avenue, dazwischen Riesentoriis, von denen enorme Shimenawas herabhängen, wohl würdig des Griffes der himmlischen „Handkraft" der Gottheit, deren Symbole sie sind. Aber mehr noch als durch die Toriis und ihren symbolischen Festonschmuck wird die düstere Majestät der großen Avenue durch die mächtigen Bäume gesteigert, von denen viele wohl tausend Jahre alt sein mögen – knorrige Fichten, deren zerzauste Wipfel sich im Dunkel verlieren. Manche der mächtigen Stämme sind mit Strohseilen umwunden; diese sind heilige Bäume. Die ungeheuren, nach allen Seiten ausgreifenden Wurzeln sehen im Laternenschimmer wie sich zusammenknäuelnde krümmende Drachen aus.

Die Avenue misst sicherlich nicht weniger als eine Viertelmeile in der Länge; sie überschreitet zwei Brücken und durchschneidet zwei heilige Haine. Der ganze, breite Landstrich zu beiden Seiten gehört zum Tempel. In früheren Zeiten durfte kein Fremder über den mittleren Torii hinauskommen. Die Avenue endet mit einem hohen Wall, von einem Torweg durchschnitten, ähnlich denen der buddhistischen Tempelhöfe, aber sehr massiv. Dies ist der Eingang zu dem äußeren Hof. Die wuchtigen Türen sind noch geöffnet, und viele schattenhafte Gestalten gehen aus und ein.

Durch das Dunkel des inneren Hofes flirren bleiche, gelbe Lichter wie Schwärme enormer Leuchtkäfer – die Laternen der Pilger. Ich kann nur die schattenhaften Umrisse kolossaler Holzgebäude links und rechts unterscheiden. Unser Führer durchschreitet einen sehr großen Hof, betritt einen andern und macht vor einem imponierenden Gebäude Halt, dessen Türen noch offen sind. Über ihnen sehe ich beim flimmernden Laternenschein einen wundersamen Fries, Drachen und Wasser vorstellend, in kostbarem Holz von der Hand eines Meisters geschnitzt. Im Innern unterscheide ich im ersten Schrein links Shintōsymbole. Und gerade vor uns leuchtet das Laternenlicht über einen mit Matten bedeckten Fußboden, von einer Größe, die alle meine Erwartungen übertrifft. Ich kann daraus einen Schluss auf den Umfang des Gebäudes ziehen, das ich für den Tempel halte. Aber der Wirt sagt uns, dies sei nicht der Tempel, sondern erst die Haiden oder die Gebetshalle, vor der das Volk seine Andacht verrichtet. Bei Tage ist der Tempel durch die geöffneten Türen sichtbar. Aber jetzt können wir ihn nicht sehen und nur sehr wenigen Besuchern ist der Eintritt überhaupt gestattet. „Das Volk betritt zumeist nicht einmal den Hof des großen Schreins," erklärt Akira. „Sie beten in einiger Entfernung davon. Hören Sie!"

Rings aus dem Schatten um mich vernehme ich ein Geräusch wie Rieseln und Plätschern von Wasser – das Klatschen zahlloser Hände beim Shintōgebet.

„Aber dies ist nichts," sagt der Wirt. „Es sind jetzt nur wenige. Warten Sie bis morgen, da ist ein Festtag."

Auf unserem Heimweg durch die große Allee an den Toriis und den Riesenbäumen vorbei, verdolmetscht mir Akira, was unser Wirt über die heilige Schlange sagt.

„Die kleine Schlange," sagt er, „wird vom Volk auch die erhabene Drachenschlange genannt, denn sie wird vom Drachenkönig entsendet, das Kommen der Götter zu künden. Das Meer verdunkelt sich, wogt empor und brüllt vor dem Nahen der Ryūja-Sama. Wir nennen sie Ryū-ja-Sama, weil sie die Botin aus dem Ryōjo ist, dem Drachenpalaste. Aber sie wird auch Hakuja oder Weiße Schlange genannt."[40]

„Kommt die kleine Schlange aus eigenem Antrieb in den Tempel?"

---

[40] Die Hakuja oder Weiße Schlange ist auch die Dienerin Bentens oder Ben-zai-tens, der Göttin der Liebe, der Schönheit, der Beredsamkeit und des Meeres. „Die Hakuja hat das Gesicht eines alten Mannes mit weißen Brauen und trägt ein Krönlein auf dem Kopf". Sowohl die Göttin als die Schlange können mit Gestalten aus der altindischen Mythologie identifiziert werden und beide wurden vom Buddhismus zuerst in Japan eingeführt. Im Volk, insbesondere vielleicht in Izumo werden beim Gottesdienst und im gewöhnlichen Leben gewisse buddhistische Gottheiten mit gewissen Kamis identifiziert oder eigentlich verwechselt. Nachdem ich diese Skizze geschrieben hatte, fand ich Gelegenheit, eine Hakuja wenige Stunden nach ihrer Gefangennahme zu sehen. Sie war zwei bis drei Fuß lang und maß an der dicksten Stelle ungefähr einen Zoll im Durchmesser. Der obere Teil ihres Leibes war tiefdunkelbraun, der Bauch gelblichweiß; gegen den Schwanz hin war sie gelblich gefleckt. Der Leib war nicht zylindrisch, sondern merkwürdig vierkantig, — wie jene schönen gewebten, vierränderigen Peitschen. Der Schwanz war flach und dreieckig wie der einer gewissen Fischart. Ein japanischer Instruktor der Lehrerbildungsanstalt, Mr. Watanabe, bezeichnete das kleine Geschöpfchen als zu der Spezies Pelamis bicolor gehörig. Man sieht sie aber so selten, dass die vorstehende flüchtige Beschreibung für manchen Leser vielleicht nicht ohne Interesse sein mag.

„O nein! Sie wird von den Fischern gefangen und nur eine einzige im Jahre kann gefangen werden, weil nur eine entsendet wird, und wer sie fängt und sie entweder nach dem Kizukino Oho-Yashiro oder zum Tempel Sada-Jinja bringt, wo die Götter ihre zweite Versammlung während des Kami-arizuki abhalten, erhält ein Hyō Reis zur Belohnung.[41] Es kostet viel Mühe und Zeit, eine Schlange zu fangen, aber wer sich einer solchen bemächtigt, kann sicher sein, früher oder später reich zu werden."[42]

„Es sind wohl viele Gottheiten in Kizuki eingeschreint?" frage ich.

„Ja, aber die große Gottheit von Kizuki ist Oho-kuni-nushi no Kami,[43] die das Volk häufig Daikoku zu nennen pflegt. Hier wird auch ihr Sohn angebetet, den viele Ebisu nennen. Diese Gottheiten sind gewöhnlich zusammen abgebildet: Daikoku, auf einem Reisballen sitzend, hält die rote Sonne mit einer Hand an seine Brust gedrückt, mit der anderen fasst er nach dem Zauberhammer, von dem ein einziger Schlag Reichtum gibt; Ebisu hat eine Fischangel in der Hand und hält einen großen Tai-Fisch unter seinem Arm. Diese Götter werden mit lächelnden Gesichtern abgebildet, und beide haben große Ohren, was ein Zeichen von großem Reichtum und Glück ist"

---

41 Ippyō ein Hyō; 2½ Hyō sind ein Koku = 5/13 Scheffel. Das Wort Hyō bedeutet auch der Sack, der einen Hyō enthalten kann.

42 In Kizuki oder Sada ist es manchmal möglich, eine Schlange zu kaufen. Auf vielen Hausgötterregalen kann man die kleine Schlange sehen. Ich sah eine, die ganz altersschwach und schwarz geworden zu sein schien, aber durch irgendein mysteriöses Verfahren, dessen Geheimnis ich nicht herausbringen konnte, wundervoll konserviert wurde. Man hatte sie in einen winzigen Drahtkäfig getan, der genau in einen weißen Holzschrein hineinpasste, und sie musste bei Lebzeiten ungefähr 2 Fuß und 4 Zoll lang gewesen sein. Täglich entzündete man eine kleine Lampe vor ihr, während die arme Familie, der sie gehörte, irgendeine shintōistische Formel sprach.

43 Von Prof. Chamberlain übersetzt: „Göttlicher Herr des Großen Landes" – eine der ältesten Gottheiten Japans, aber im Volksglauben verwechselt mit Daikoku, dem Gott des Reichtums. Sein Sohn Kotoshiro-nushi no Kami wird ebenso mit Ebizo oder Yebiso verwechselt dem Schützer ehrlicher Arbeit. Der Ursprung der Shintōsitte, beim Gebet in die Hände zu klatschen, soll nach manchen japanischen Schriftstellern auf ein von Kotoshiro-nushi no Kami gegebenes Zeichen zurückzuführen sein. Beide Gottheiten sind von japanischen Künstlern in mannigfacher Weise dargestellt. Einige ihrer in Kizuki verkauften Doppelbildnisse sind ebenso hübsch wie eigentümlich.

Von der Tagesreise ein wenig ermüdet, begebe ich mich früh zu Bett und schlafe traumlos wie eine Pflanze, bis ich bei Tagesanbruch durch schwere, regelmäßige, dumpfe Schläge geweckt werde – die durch das Holzpolster an mein Ohr vibrieren – es sind die Katsuschläge des Kometsuki, der seine ewige Arbeit des Reisreinigens beginnt. Dann öffnet die hübsche Hotel-Musume das Zimmer der frischen Bergluft und Morgensonne, schiebt alle Holzläden in ihre Gehäuse hinter die Galerie, nimmt das braune Moskitonetz ab, stellt ein Hibachi mit brennender Holzkohle für meine Morgenpfeife zurecht und trippelt fort, um das Frühstück zu holen.

Obwohl es noch sehr früh ist, als sie damit zurückkommt, meldet sie mir, dass schon ein Sendbote des Goji Senke Takanori – des erhabenen Abkömmlings der Sonnengöttin – angekommen ist. Der Sendbote ist ein würdiger junger Shintōpriester; er trägt das übliche japanische Kostüm, dazu eine prächtige blauseidene Hakama oder japanisches Zeremonienbeinkleid, das sich nach dem Fuße zu malerisch erweitert. Ich lade ihn ein, mit mir eine Tasse Tee zu trinken, und er teilt mir mit, sein erhabener Herr erwarte uns im Tempel.

Dies ist eine gar erfreuliche Nachricht, aber leider können wir nicht allsogleich aufbrechen, denn Akiras Anzug wird von dem Sendboten als nicht präsentabel befunden. Akira muss frische weiße Tabis und eine Hakama anlegen, ehe er vor dem erhabenen Angesicht erscheinen darf – ohne Hakamas ist dies niemandem gestattet. Glücklicherweise kann der Wirt Akira mit einer Hakama aushelfen; und nachdem wir uns so gut als möglich ausstaffiert haben, machen wir uns unter der Führung des Sendboten auf den Weg zum Tempel.

Als wir wieder das Bronzetorii durchschreiten, das ich am Vorabend so sehr bewunderte, empfinde ich es als eine sehr angenehme Überraschung, dass die Zugänge zu dem Tempel nur sehr wenig von ihrem imposanten Eindruck einbüßen, wenn man sie zum ersten Mal im Sonnenlicht sieht. Die Majestät der Bäume wirkt verblüffend mächtig, der Anblick der Avenue ist grandios, und die langgestreckten Flure und Haine sind sogar noch wirkungsvoller, als ich sie mir vorgestellt hatte. Massen von Pilgern kommen und gehen, aber in einer solchen Avenue könnte sich die Bevölkerung einer ganzen Provinz ohne zu kollidieren bewegen. Vor dem Tore des ersten Hofes wartet ein Shintōpriester in vollem Ornat, um uns zu begrüßen: es ist ein ältlicher Mann mit einem milden, gütigen Gesicht. Der Sendbote übergibt uns seiner Obhut und verschwindet durch den Torweg, während der alte Priester, dessen Name Sasa ist, die Führung übernimmt.

Schon höre ich aus dem Innern des Tempelhofes ein Tosen gleich einer Brandung, und als wir näherkommen, wird das Geräusch lauter und deutlicher – es sind fortgesetzte Salven von Händeklatschen. Als wir das große Tor passieren, sehe ich Tausende von Pilgern vor der Haiden, demselben ungeheuren Bau, den ich in der vorhergehenden Nacht besucht habe; niemand betritt sie, alle stehen vor dem drachenumschwärmten Tor und werfen ihre Gaben in die Sammelbüchse auf der Schwelle; viele spenden nur kleine Münzen, die Ärmsten der Armen auch wohl nur eine Handvoll Reis.[44] Dann klatschen sie in die Hände, neigen ihr Haupt vor der Schwelle, und ihre Blicke schweifen in andächtiger Inbrunst über die Gebethalle hinaus, auf den noch höheren Bau – das Allerheiligste. Jeder Pilger verweilt bloß einige Augenblicke und schlägt seine Hände nur viermal zusammen. Aber da so viele kommen und gehen, klingt der Schall des Klatschens wie ein Katarakt.

An der Masse der Andächtigen vorüberschreitend, gelangen wir auf die andere Seite der Haiden und befinden uns am Fuße einer breiten Flucht eisenbeschlagener Stufen, die zum Heiligtum führen – Stufen, die, wie man mir sagt, noch kein Europäer vor mir betreten durfte. Auf dem ersten Absatz warten die Tempelpriester in vollem Ornat, um uns zu empfangen. Es sind hochgewachsene Gestalten in Gewändern von purpur- und scharlachfarbenen Seidenstoffen, mit einem Drachenmuster in Goldstickerei durchwirkt. Ihre hohen, phantastischen Kopfbedeckungen, ihre wallenden prächtigen Gewänder und die feierliche Unbeweglichkeit ihrer hierophantischen Haltung lassen sie beim ersten Anblick als wundersame Statuen erscheinen. Es überkommt mich plötzlich die Erinnerung an einen merkwürdigen, französischen Kupferstich, – eine Gruppe assyrischer Astrologen darstellend, der auf meine lebhafte Kinderphantasie einen unauslöschlichen Eindruck machte. Nur ihre Augen bewegen sich bei unserem Nahen. Aber als ich an die Stufen herantrete, grüßen alle gleichzeitig mit einem überaus

---

[44] Diesem Tempel werden sehr große Schenkungen von reichen Leuten zugewendet Die Holztäfelchen vor der Haiden, auf denen die Namen der Geber und die Beträge angegeben sind, erwähnen aus der jüngsten Zeit mehrere Geschenke im Betrage von 1000 Yen oder Dollars; und Spenden von 500 Yen sind nichts Ungewöhnliches. Der Beitrag eines hohen Staatsbeamten beträgt selten weniger als 50 Yen.

anmutigen Kopfneigen, denn ich bin ja der erste fremde Pilger, der der hohen Auszeichnung gewürdigt wird, in dem heiligen Tempelschrein selbst ihrem fürstlichen Hierophanten, ihrem Herrn, dem Abkömmling der Sonnengöttin, begegnen zu dürfen – ihm, der noch von Myriaden Gläubigen der entlegenen Distrikte dieser uralten Provinz Ikigami, die „lebende Gottheit“ genannt wird. Dann wird alles wieder völlig statuenhaft.

Ich streife meine Schuhe ab; und eben, als ich mich anschicke, die Stufen emporzusteigen, bedeutet mir der hochgewachsene Priester, der uns zuerst empfing, durch eine Geste, dass nach Religionsgebrauch und uralter Sitte die übliche Reinigungszeremonie vollzogen werden müsse, ehe man sich dem heiligen Schrein nahen dürfe. Ich strecke meine Hände aus, der Priester gießt aus einem schöpflöffelförmigen Bambusgefäß mit langem Griff dreimal das heilige Wasser über sie und reicht mir dann ein kleines blaues Tuch zum Abtrocknen – ein Votivtuch, mit geheimnisvollen weißen Schriftzeichen bedeckt. Dann steigen wir alle empor, – ich in meinen plumpen landfremden Kleidern, in dem Gefühle eines schmutzigen Barbaren.

Am Treppenabsatz bleibt der Priester stehen und fragt nach meiner gesellschaftlichen Stellung. Denn in Kizuki werden wirklich die Hierarchie und die hierarchischen Formen mit einer Strenge aufrechterhalten wie in der Periode der Götter. Und es gibt besondere feststehende Formen und Regeln für den Empfang von Besuchern jeder sozialen Stellung. Ich weiß nicht, welche schmeichelhaften Angaben Akira dem guten Priester über mich gemacht haben mag, aber das Resultat ist, dass ich nur als ganz gemeiner Sterblicher rangieren kann, – diese wahrheitsgetreue Tatsache enthebt mich zweifellos verschiedener Formalitäten, die mir wohl Verlegenheit bereitet hätten, unvertraut, wie ich noch immer mit dieser verfeinerten und komplizierten Etiquette bin, in der die Japaner Meister der Welt sind.

Von dem Priester geleitet, gelangen wir in einen geräumigen, hohen Saal, der in seiner ganzen Länge auf die breite, offene Galerie mündet, zu der die Treppe emporführt. Während ich ihm folge, habe ich kaum Zeit zu bemerken, dass das Gemach drei ungeheure Schreine enthält, die zu beiden Seiten zwei Nischen bilden. Zwei davon sind von weißen, von der Decke bis auf den Boden herabfallenden Vorhängen verhüllt. Die Vorhänge sind mit Reihen schwarzer, großer Scheiben dekoriert, die ungefähr vier Zoll im Durchmesser haben; in der Mitte jeder Scheibe ist eine goldene Blüte. Aber von dem dritten Schrein in der hintersten Ecke des Gemaches sind die Vorhänge weggezogen; diese sind aus Goldbrokat, und der Schrein, vor dem sie hängen, ist der Hauptschrein. Es ist der Schrein des Oho-kuni-nushi no Kami. Im Innern sind nur einige der gewöhnlichen Shintōembleme sichtbar und die Außenseite des Allerheiligsten, in das niemand blicken darf. Davor hat man eine lange, niedrige Bank gestellt, das eine Ende gegen die Galerie, das andere gegen die Nische, und die Bank ist ganz bedeckt mit seltsamen Gegenständen. Auf dem der Galerie zugekehrten Ende sehe ich eine majestätische, bärtige Gestalt mit seltsamem Kopfputz, ganz in Weiß gekleidet, in hieratischer Stellung auf dem mattenbedeckten Flur sitzen. Unser geistlicher Führer bedeutet uns, uns vor ihm zu verbeugen und uns ihm gegenüber niederzulassen. Denn dies ist Senke Takanori, der Gūji von Kizuki, zu dem selbst in seinem eigenen Heim niemand anders als auf den Knien sprechen darf. Ist er doch der Abkömmling der Sonnengöttin und wird von der Masse des Volkes als überirdisches Wesen verehrt. Als ich mich nach japanischer Höflichkeitssitte vor ihm bis zur Erde neige, erwidert er meinen Gruß mit jener auserlesenen Anmut, die auf einen Fremden so wohltuend wirkt. Der als Dolmetsch fungierende Priester setzt sich auf den Boden zur Linken des Gūji, während die anderen Priester, die uns nur bis zum Eingang des Heiligtums begleiteten, auf der Galerie Platz nehmen.

Senke Takanori ist ein jugendlich kraftvoller Mann. Wie er so vor mir dasitzt in seiner regungslosen, hieratischen Pose, mit seiner hohen, seltsamen Kopfbedeckung, seinem mächtigen krausen Bart, und dem weichen, schneeigen Ornat, das ihn in klassischen Falten umwallt, ist er für mich die Personifikation aller Vorstellungen, die ich mir aus alten japanischen Bildern von der persönlichen Majestät der antiken Prinzen und Helden gemacht habe. Schon die äußere Würde dieses Mannes müsste unwiderstehlich Ehrfurcht gebieten; aber zu diesem Gefühl der Ehrfurcht gesellt sich noch der Gedanke an die tiefe Anbetung, die ihm die Bevölkerung dieser uralten Provinz Japans zollt, der Gedanke an die unermessliche geistige Gewalt in seiner Hand, die Tradition seiner göttlichen Abkunft, das Gefühl des unvordenklichen, uralten Adels seiner Rasse – und meine Ehrfurcht vertieft und steigert sich zu einem Gefühl, das heiligem Schauer sehr nahe kommt. So regungslos ist er, dass er nur eine heilige Statue zu sein scheint – das Tempelbild eines seiner eigenen, zu Gottheiten erhobenen Vorfahren. Aber die Feierlichkeit dieser wenigen Augenblicke wird angenehm durch seine ersten, in einem sonoren Bass gesprochenen Worte unterbrochen, während seine dunklen, milden Augen unverwandt auf meinem Gesichte ruhen. Dann übersetzt der Dolmetsch seine Begrüßungsworte – schöne, klangvolle Höflichkeitsperioden, die ich nach bestem Wissen und Können erwidere, indem ich für die mir erwiesene außerordentliche Huld danke.

„Sie sind in der Tat der erste Europäer," sagt er mir durch Akira, „der jemals in den Oho-Yashiro Zutritt gefunden hat. Manche anderen Europäer haben Kizuki besucht, und einigen wenigen hat man gestattet, den Tempelhof zu betreten. Aber nur Sie durften dem Heim der Gottheit nahen. In früheren Jahren ließ man einige Fremde, die nur aus müßiger Neugier den Tempel besuchen wollten, nicht einmal den Hof betreten – aber der Brief Mr. Nishidas, der den Zweck Ihres Kommens erklärte, machte es uns zum Vergnügen, Sie hier zu empfangen."

Ich wiederhole meinen Dank, und nach nochmaligem Höflichkeitsaustausch wird das Gespräch durch Vermittlung Akiras fortgesetzt.

„Ist nicht dieser große Tempel von Kizuki," frage ich, „älter als der Tempel von Ise?"

„Weit älter," antwortet der Gūji, „so alt, dass wir nicht einmal sein genaues Alter wissen. Denn er wurde zuerst auf Geheiß der Sonnengöttin gebaut, in der Zeit, da es nur Götter gab. Damals war er außerordentlich prächtig. Er war dreihundertundzwanzig Fuß hoch, und die Balken und Pfeiler waren so wuchtig und groß, daß man sie aus keiner der vorhandenen Holzarten hätte anfertigen können. Und das ganze Gerüst war mit einem tausend Klafter langen Seil aus Takufasern zusammengebunden.[45] Zum ersten Mal wurde er zur Zeit des Kaisers Sui-nin wiederaufgebaut. Der so auf Befehl des Kaisers rekonstruierte Tempel wurde der ‚Bau der eisernen Ringe' genannt, weil einzelne Stücke der Säulen, die aus dem Holz vieler mächtiger Bäume angefertigt worden, durch große Eisenringe miteinander fest verbunden wurden. Auch dieser Tempel war prächtig, aber lange nicht so prächtig, als der früher von den Göttern selbst errichtete, denn seine Höhe betrug nur hundertsechzig Fuß. Eine dritte Wiederaufführung des Tempels fällt in die Zeit der Regierung des Kaisers Sai-mei; aber dieses dritte Gebäude war nur achtzig Fuß hoch. Seither hat die Gestalt des Tempels nie gewechselt, der jetzige Bau wurde bis in die kleinsten Einzelheiten nach dem damals zur Anwendung gekommenen Plan ausgeführt. Der Oho-

[45] „Taku" ist die japanische Bezeichnung für Maulbeere.

Yashiro wurde achtundzwanzig Mal wieder aufgebaut, und es wurde Sitte, ihn alle einundsechzig Jahre zu restaurieren. Aber in der Zeit der Bürgerkriege wurde er während eines Zeitraumes von mehr als hundert Jahren nicht einmal restauriert Im vierten Jahre nach der Tai-ei-Periode, als ein gewisser Amako Tsunehisa zur Herrschaft über Izumo gelangte, überwies er den Tempel der Obhut der buddhistischen Priester, ja ließ sogar, die heilige Tradition verletzend, ringsum Pagoden aufrichten. Aber als Moro Mototsugo der Amakofamilie in der Herrschaft folgte, ließ er den Tempel wieder neu einweihen und führte die uralten Festlichkeiten und Zeremonien wieder ein, die in Vergessenheit geraten waren."

„Ist zur Zeit, da der Tempel in größerem Maßstabe errichtet wurde, das Holz für den Bau aus den Wäldern Izumos geholt worden?" frage ich.

Der Priester Sasa, der uns zum Schrein geleitet hat, antwortet: „Es steht geschrieben, dass am vierten Tage des siebenten Monats des dritten Jahres der Tin-nin-Periode hundert große Bäume an die Südküste Kizukis herangetrieben kamen und dort an das Ufer gespült wurden. Mit diesem Holze wurde der Tempel im dritten Jahre (1115) Ei-kyu erbaut, und dieser Bau wurde der ‚Bau der Herangefluteten Bäume' genannt. In demselben dritten Ten-nin-Jahre schwemmte die Flut auch einen mächtigen, hundertfünfzig Fuß langen Baumstamm ans Meerufer, neben dem Schrein Ube-no-Yashiro in Miyanoshita-mura in der Provinz Inaba. Einige Leute wollten den Baum zersägen, aber sie gewahrten eine große Schlange, die sich um ihn ringelte und so dräuend aussah, dass sie erschreckt die Gottheit von Ube-no-Yashiro um Schutz anflehten. Und die Gottheit offenbarte sich und sagte: ‚Jedesmal, wenn der große Tempel in Izumo wieder aufgebaut werden soll, sendet einer der Götter jeder Provinz Bauholz dafür und diesmal ist die Reihe an mir. Bauet also schnell aus diesem meinem mächtigen Baum!' Damit verschwand der Gott. Aus diesen und anderen Berichten geht also hervor, dass die Götter den Bau dieses großen Tempels von Kizuki immer überwacht oder unterstützt haben."

In welchem Teile des Oho-Yashiro versammeln sich die Götter während des Kami-arizuki?"

„Auf der Ost- und Westseite des inneren Hofes," antwortet der Priester Sasa. „Dort sind zwei lange Gebäude, die Jinkusha heißen. Diese enthalten neunzehn Schreine, von denen kein einziger einem bestimmten Gott geweiht ist, und wir glauben, daß die Götter sich in den Jinkusha versammeln."

„Und wieviel Pilger aus anderen Provinzen besuchen jährlich den Schrein?" frage ich.

„Ungefähr zweihundertfünfzigtausend," antwortet der Gūji. „Aber die Zahl variiert je nach den Verhältnissen der ackerbautreibenden Klasse. Je ergiebiger die Ernte, desto größer die Pilgerzahl – selten aber sinkt sie unter zweihunderttausend."

Noch viele andere seltsame Dinge erzählt mir der Gūji und sein Hauptpriester; sie nennen mir die heiligen Namen aller Höfe, Heckenumzäunungen und heiligen Haine, der zahllosen Schreine und ihrer Gottheiten; selbst die Namen der großen Tempelsäulen, ihre Zahl ist neun und die mittelste wird die „Erhabene Herzsäule der Mitte" genannt. Alle Dinge innerhalb des Tempelgebietes haben heilige Namen, selbst die Toriis und Brücken. Der Priester Sasa lenkt meine Aufmerksamkeit auf den Umstand, dass der große Schrein des Oho-kuni-nushi-no-Kami gen Westen steht, obgleich der große Tempel selbst gen Osten gewandt ist, wie alle Shintōtempel. In den beiden anderen, gegen Osten gerichteten Schreinen derselben Halle ruhen die ersten göttlichen Kokuzōs von Izumo, sein siebzehnter Nachkomme und der Vater von Nominozukune, der weiße Prinz und berühmte Ringkämpfer. Denn unter der Regierung des Kaisers Suinin hatte sich ein gewisser Kehaya von Tajima gebrüstet, kein lebendiger Mann könne es an Kraft mit ihm aufnehmen. Nomi no Sukune rang auf Befehl des Kaisers mit Kehaya und warf ihn so wuchtig zu Boden, dass Kehayas Geist sich von ihm trennte. Dies war der Anfang des Ringkampfes in Japan, und noch immer beten Ringkämpfer zu Nomi no Sukune um Kraft und Geschicklichkeit.

Da sind noch so viele andere Schreine, dass ich die Namen ihrer Gottheiten nicht aufzählen könnte, ohne jene Leser zu ermüden, die mit den Traditionen und Legenden des Shintōismus nicht vertraut sind. Aber in der Vorstellung des Volkes leben alle diese Gottheiten, die in der Legende von dem „Herrn des Großen Landes" vorkommen, noch hier in Gemeinschaft mit ihm fort. Und hier sind ihre Schreine: Die schöne, aus dem in der Haarflechte Kwan-ons, der Sonnengöttin, getragenen Juwel Geborene, von den Menschen Stromnebelprinzessin genannt, und die Tochter des Herrn des Schattenreichs, sie, die den Herrn des großen Landes liebte, und ihm aus dem

Geisterreich folgte, um seine Gemahlin zu werden, und die Gottheit, genannt „Wundersame Acht Geister", Enkel der Gottheit der Wassertore, die das erste Feuerzeug anfertigte, und die Schüssel aus rotem Ton für das erhabene Festmahl der Götter von Kizuki, und noch viele von der göttlichen Sippe dieser.[46]

Der Priester Sasa erzählt mir noch folgendes: Als Naomasu, Enkel des großen Iyeyasu und ersten Daimyōs dieser mächtigen Matsudairafamilie, die in Izumo zweihundertfünfzig Jahre regierte, in diese Provinz kam, besuchte er den Tempel von Kizuki, und er verlangte, dass der Miya des Innenschreins geöffnet werde, damit er die heiligen Reliquien auf dem Shintai oder Körper der Gottheit sehen könne. Da dies ein gottloser Wunsch war, widersetzten sich beide Kokuzōs[47] einstimmig demselben. Aber ihrer Weigerung und ihrer Bitten nicht achtend, bestand er zornig auf seiner Forderung, und sie sahen sich genötigt, den Schrein zu öffnen. Aber als der Miya geöffnet worden war, erblickte Naomasu darin eine große, sechslöcherige Awabi[48] von solchem Umfange, dass sie den ganzen Hintergrund verdeckte. Und als er nähertrat, um doch etwas zu erspähen, wandelte sich die Awabi plötzlich in eine große, mehr als fünfzig Fuß lange Schlange[49] und sie ballte und ringelte sich vor der Öffnung des Schreins zusammen und zischte und züngelte wie rasendes Feuer und sah so furchtbar aus, dass

[46] Siehe die seltsame Legende in Prof. Chamberlains Übersetzung des Kojiki. S. 103-104.

[47] Von Alters her gab es theoretisch zwei Kokuzōs, obgleich nur einer in Funktion war. Zwei Zweige derselben Familie machten ihr altes Recht auf das Amt geltend, – die rivalisierenden Häuser Senke und Kitajima. Die Regierung hat immer zu Gunsten der ersteren entschieden, aber das Haupt der Kitajimafamilie wurde gewöhnlich zum Vizekokuzō ernannt. Jetzt hat ein Kitajima das untergeordnetere Amt inne. Das Wort Kokuzō ist, genau gesagt, nicht ein geistlicher, sondern ein weltlicher Titel. Der Kokuzō war immer des Kaisers Gesandter in Kizuki: die Person, der es oblag, an des Kaisers statt der Gottheit zu huldigen; aber der wahre geistliche Titel eines solchen Gesandten ist der noch von dem jetzigen Gūji geführte Titel: „Mitsuye-shiro".

[48] Haliotis tuberculata oder „Meer-Ohr"; die seltsame, das Tier schützende Muschel hat eine Reihe von Löchern, die an Zahl nach dem Alter und der Größe des darin befindlichen Tieres variieren.

[49] Wörtlich: Zehn hirō oder japanische Ellen.

Naomasu und sein Gefolge entsetzt entflohen, ohne sonst etwas gesehen zu haben. Und von da an fürchtete und verehrte Naomasu allzeit die Götter.

Dann lenkte der Gūji meine Aufmerksamkeit auf die seltsamen Reliquien, die auf der langen, niedrigen, mit weißer Seide überspannten Bank lagen: ein Metallspiegel, der vor siebenhundert Jahren bei der Grundsteinlegung des Wiederaufbaues des Tempels gefunden worden, Magatamakleinodien aus Onyx und Jaspis, eine chinesische Flöte aus Nephrit, einige prächtige Schwerter, Geschenke von Shōgunen und Kaisern, Helme von wunderbarer antiker Arbeit und ein Bündel enormer Pfeile mit doppelten Köpfen aus Messing und mit gabelförmigen, scharfgeschliffenen Spitzen.

Nachdem ich diese Reliquien in Augenschein genommen und einiges über ihre Geschichte erfahren habe, erhebt sich der Gūji mit den Worten: „Nun wollen wir Ihnen den alten Feueranzünder zeigen, mit dem das heilige Feuer in Brand gesetzt wird."

Als wir die Treppe hinabsteigen, kommen wir wieder an der Haiden vorbei und treten in ein geräumiges Seitengebäude des Hofes, dessen Umfang beinahe so groß ist wie die Gebetshalle selbst. Zu meiner angenehmen Überraschung finde ich an einem Ende des Hauptgemaches einen schönen, großen Mahagonitisch, umgeben von einer Reihe ebensolcher Sessel zur Aufnahme von Gästen. Man weist mir und meinem Dolmetsch zwei dieser Sessel an, und der Gūji mit Seinen Priestern lässt sich an dem Tische nieder. Dann stellt ein Diener einen ungefähr drei Fuß langen hübschen Bronzeständer vor mir nieder, auf dem ein ovales, sorgfältig in schneeige Tücher gehülltes Etwas ruht. Der Gūji zieht die Hülle weg und ich gewahre die primitivste Form eines Feuerzeugs, die im Orient bekannt ist.[50] Es ist einfach ein sehr dickes, festes, ungefähr zweieinhalb Fuß langes weißes Plankenstück, mit einer an den oberen Rändern eingebohrten Löcherreihe, so dass der obere Teil jedes Loches durch die Seite der Planke durchgeht. Die Stäbe, die, wenn sie in den Löchern befestigt und schnell zwischen den Handflächen gerieben werden, das Feuer entzünden, sind aus einer leichteren weißen Holzart gemacht. Sie sind ungefähr zwei Fuß lang und haben die Dicke eines gewöhnlichen Bleistiftes. Während ich noch dieses seltsame

[50] Das in dem Shintōtempel von Ise benutzte Feuerzeug ist in der Konstruktion viel komplizierter und repräsentiert zweifellos eine viel fortgeschrittenere Stufe mechanischer Kenntnisse als das Feuerzeug von Kizuki.

primitive Werkzeug betrachte, dessen Erfindung die Tradition den Göttern zuschreibt, die moderne Wissenschaft aber auf die früheste Kindheit der menschlichen Rasse zurückführt, stellt ein Priester ein leichtes Holzkästchen auf den Tisch. Es ist ungefähr drei Fuß lang, achtzehn Zoll breit und in der Mitte vier Zoll hoch, da der Deckel wie eine Schildkrötenschale gewölbt ist. Dieser Gegenstand ist aus demselben Hinokiholz gemacht, wie der Feueranzünder, und zwei lange schmale Stäbe liegen daneben. Zuerst halte ich es auch für ein Feuerzeug, aber kein menschliches Wesen könnte jemals darauf verfallen, was das Ding wirklich ist. Es wird Kotoita genannt und ist das früheste und primitivste Musikinstrument. Mit den kleinen Stäben schlägt man darauf. Auf ein Zeichen des Gūji stellen zwei Priester den Kasten auf den Boden, setzen sich beide auf je eine Seite desselben, ergreifen die Stäbe und beginnen damit langsam und regelmäßig auf den Deckel zu schlagen, wobei sie gleichzeitig einen seltsamen melodischen Sang anstimmen. Einer intoniert den Ton „Ang! ang!“ und der andere erwidert „Ong! ong!“ Jedes Mal, wenn zu den Lauten „Ang! ang!“ und „Ong! ang!“ die Stäbchen auf das Kotoita niederfallen, gibt dieses einen harten und hohlen Ton.[51]

Ich erfahre noch folgendes: Jedes Jahr erhält der Tempel ein neues Feuerzeug, aber dieses wird nie in Kizuki angefertigt, sondern in Kumano, wo die traditionellen Vorschriften zu seiner Herstellung seit den Zeiten der Götter sich erhalten haben. Denn der erste Kokuzō von Izumo erhielt beim Antritt seines Pontifikats das Feuerzeug für den Tempel aus den Händen des Gottes, der der jüngere Bruder der Sonnengöttin war und seinen Schrein in Kumano hat. Und seither sind die Feuerzeuge für den Oho-Yashiro von Kizuki nur in Kumano angefertigt worden.

Bis in die jüngste Zeit fand diese Zeremonie der Übergabe des neuen Feueranzünders an den Gūji von Kizuki in dem großen Tempel von Oba statt, bei dem Feste, genannt: Unohi-matsuri. Dieses alte Fest, das im elften Monat abgehalten zu werden pflegte, ist nach der Revolution überall in Vergessenheit geraten, außer in Oba in Izumo, wo Izanami no Kami, Mutter der Menschen und Götter, ihren Altar hat.

[51] Bei einem späteren Besuch in Kizuki erfuhr ich, dass das Koto-ita nur als eine Art primitiver Stimmgabel benutzt wird. Es gibt den richtigen Ton für den Gesang, den ich bei meinem ersten Besuch nicht gehört habe. Diesem alten Sang, einer uralten Shintōhymne, geht immer die beschriebene Produktion voraus.

Einmal jährlich, immer zur Zeit dieses Festes, begab sich der Kokuzō nach Oba, mit einem Geschenk von doppeltem Reiskuchen. In Oba empfing ihn eine Persönlichkeit, der Kame-da-yu genannt, der den Feueranzünder aus Kumano brachte und ihn dem Priester von Oba übergab. Wie es heißt, hatte der Kame-da-yu dabei eine etwas drollige Rolle zu spielen, so dass kein Shintōpriester sich recht dazu verstehen mochte und deshalb eine eigene Person dafür gemietet werden musste. Dem Kame-da-yu lag es nämlich ob, in der dem Tempel durch den Kokuzō gebotenen Gabe immer einen Fehler zu finden und in diesem Landstrich Japans hat sich noch bis heute die sprichwörtliche Wendung erhalten, von jemandem, der an den Dingen herumnörgelt, zu sagen, er ist „wie der Kame-da-yu".

Der Kame-da-yu beäugte und prüfte die Reiskuchen und begann dann an ihnen herumzukritteln mit den Worten: „Nun, heuer scheinen sie mir kleiner als im vorigen Jahr." Der Priester antwortete: „O, Sie belieben sich zu täuschen, sie sind eher größer." „Auch scheint mir die Farbe nicht so weiß wie im letzten Jahr, und das Reismehl ist nicht so fein gemahlen." Allen diesen angeblichen Fehlern des Mochi mußten die Priester ausgesuchte Erklärungen oder Entschuldigungen entgegensetzen.

Am Schluss der Zeremonie waren die dabei zur Anwendung gekommenen Sakakizweige sehr begehrt, und sie erzielten hohe Preise, da man ihnen die beschützende Kraft eines Talismans zuschrieb.

Es fügte sich beinahe immer so, dass entweder an dem Tage, da der Kokuzō nach Oba ging oder am Tage seiner Rückkehr von dort, ein großer Sturm war. Tatsächlich fielen diese Fahrten in die Sturmperiode von Izumo (nach dem Kalender: Dezember). Aber der Volksglaube brachte diese Stürme in Zusammenhang mit der Person des Kokuzō, dessen Attribute also eine seltsame Analogie mit denen des Drachenkönigs zu haben scheinen. Dem sei nun wie es wolle, aber die großen, periodischen Stürme heißen in dieser Provinz noch immer Kokuzō-are.[52] Und es ist noch immer in Izumo Sitte, dem im Sturm ankommenden oder abreisenden Gast lachend zuzurufen: „Nun, Sie sind ja wie der Kokuzō."

Der Gūji winkt mit der Hand, und aus dem Hintergrund des weiten Gemachs ertönen seltsame Musikklänge – ein Trommelschall und Laute von Bambusflöten – ich wende mich um und gewahre die Musiker – drei Män-

[52] Der Sturm des Kokuzō.

ner und ein junges Mädchen, die zusammen auf einer Matte sitzen. Auf ein zweites Zeichen des Gūji erhebt sich das Mädchen – eine jungfräuliche Priesterin. Sie ist barfuß und in schneeweiße Gewänder gehüllt. Nur unter dem Saume des schneeigen Gewandes schimmert eine Hakama aus scharlachroter Seide hervor. Sie tritt an einen kleinen Tisch in der Mitte des Zimmers heran. Auf dem Tisch liegt ein wunderliches Instrument, eine Art Ast mit herabhängenden Zweigen, von denen kleine Glöckchen herabbaumeln. Sie ergreift diesen seltsamen Gegenstand und beginnt einen heiligen Tanz, desgleichen ich nie zuvor gesehen habe. Jede ihrer Bewegungen ist ein Gedicht, so anmutig ist sie – und doch könnte dies kein eigentlicher Tanz in unserem Sinne genannt werden – es ist vielmehr ein leichtes beschwingtes Gehen innerhalb eines Kreises, während sie in regelmäßigen Intervallen das Instrument schüttelt, so dass alle Glöckchen erklingen. Ihr Gesicht bleibt dabei gelassen wie das einer schönen Maske – weihevoll und süß wie das Antlitz einer träumenden Kwan-on, und ihre weißen Füße sind von so reinen Linien wie die Füße einer Marmornymphe. In ihren schneeigen Gewändern und mit ihrem bleichen, leidenschaftslosen Gesicht scheint sie mehr eine lebendig gewordene Statue als ein japanisches Mädchen – und unablässig schluchzen und beben die geisterhaften Flöten, und die Trommelschläge hören sich wie Beschwörungsformeln an.

Was ich gesehen habe, heißt der Tanz der Miko – der Prophetin.

Dann besuchen wir die anderen zum Tempel gehörigen Gebäude, das Vorratshaus, die Bibliothek, die Versammlungshalle, einen massiven Bau in zwei Geschossen, wo man die noch sehr gut erhaltenen Porträts der sechsunddreißig großen Dichter sehen kann, die Tosa no Mitsuoki vor mehr als tausend Jahren gemalt hat. Und hier zeigt man uns auch eine seltsame vom Tempel herausgegebene Monatsrevue, ein Organ für Mitteilungen von shintöistischen Neuigkeiten und ein Zentrum für Diskussionen über Fragen alter Texte.

Nachdem wir in alle Merkwürdigkeiten des Tempels Einsicht genommen haben, lädt uns der Gūji zu einem Besuch in seine nahegelegene Privatresidenz ein, um uns noch andere Schätze zu zeigen – Briefe von Joritomo, Hideyoshi, Iyeyasu, handschriftliche Dokumente der uralten Kaiser und großen Shōgune, von denen er Hunderte kostbarer Manuskripte in Zedernkästchen verwahrt hält. Im Fall einer ausbrechenden Feuersbrunst ist die Bergung dieser Kiste erste Pflicht der Dienerschaft.

In seinem eigenen Haus sieht der Gūji – nunmehr in das gewöhnliche japanische Galakostüm gekleidet, nicht weniger imposant und würdevoll aus als vorher in seinen pontifikalen, wallenden, schneeigen Gewändern. Und kein Wirt könnte liebenswürdiger, artiger oder gastfreundlicher sein als er. Auch die Erscheinung der Suite, junger, schöner Priestergestalten, jetzt gleich ihm in der Nationalkleidung, macht einen überraschenden Eindruck. Der Anblick der schönen, kühnen, aristokratischen Gesichter, ganz verschieden von denen der gewöhnlichen Japaner, ruft mehr die Vorstellung von Kriegern als von Priestern hervor. Einer der jungen Leute hat einen prächtigen schwarzen Schnurrbart – eine Seltenheit in Japan.

Beim Abschied überreicht mir unser Gastwirt die Ofudas oder die geweihten Pilgerreliquien, zwei hübsche Bilder der Hauptgottheiten von Kizuki, und eine Anzahl von Dokumenten, die sich auf die Geschichte des Tempels und seiner Schätze beziehen.

Nachdem wir uns von dem gütigen Gūji und seinem Gefolge verabschiedet haben, begleitet uns der Priester Sasa und ein anderer Kannushi nach Inasa no Hama, einer kleinen Seebucht am Ausgang der Stadt. Der Priester Sasa ist ein begabter Dichter und ein tiefgründiger Gelehrter in der Shintōgeschichte und den alten Texten der heiligen Bücher. Während wir den Strand entlangschlendern, erzählt er uns viele seltsame Legenden.

Dieser Strand, nun ein beliebter, von luftigen kleinen Herbergen und hübschen Teehäusern besäumter Badeort, heißt Inasa, zufolge einer Shintōüberlieferung, nach der der Gott Oho-kuni-nushi no Kami, „der Herr des Großen Landes“, hier zum ersten Mal aufgefordert wurde, zugunsten des Masa-ka-a-katsu Kachi-hayabi Ame no Oshinomimi no Mikoto auf seine Herrschaft über das Land Izumo zu verzichten, da das Wort Inasa bedeutet: „Willst du einwilligen oder nicht?“ In der zweiunddreißigsten Abteilung des ersten Kojikibandes ist die Legende verzeichnet. Ich zitiere einen Teil derselben.

„Die beiden Gottheiten (Tori-bune no Kami und Take-mika-dzuchi-no-wo no Kami) stiegen zu dem kleinen Strand Inasa im Land Izumo hinab, zogen ihre zehn Handbreiten langen Schwerter, steckten sie verkehrt auf den Kamm einer Welle, setzten sich mit gekreuzten Beinen auf die Spitzen der Schwerter und richteten das Wort an die Gottheit, den Herrn des großen Landes, indem sie sagten: ‚Die Himmelscheinende, Große Erhabene Gottheit hat uns beauftragt und entsendet zu fragen, indem sie diese Worte sagte: ‚Wir haben geruht, unser erhabenes Kind mit deinem Reiche zu betrauen, als dem Lande, das es regieren soll, also was ist deine Herzensmeinung?" Er antwortete und sagte: ‚Ich weiß es nicht zu sagen, meinem Sohne Yahe-koto-shiro-nushi no Kami kommt es zu, es Euch zu sagen ...' So fragten sie die Gottheit noch einmal und sagten: ‚Dein Sohn Koto-shiro-nushi no Kami hat schon also gesprochen. – Hast du noch andere Söhne, die sich äußern sollen?' Da sagte er: ‚Da ist mein anderer Sohn Take-mi-nagata no Kami ...' Während er also sprach, kam die Gottheit Take-mi-na-gata no Kami (aus dem Meer) herbei und trug auf der Fingerspitze einen Felsen, den zu heben es wohl tausend Männer bedurft hätte – sie sagte: ‚Ich möchte, dass es durch eine Kraftprobe entschieden würde.'"

Hier dicht am Strande steht ein kleiner Miya, genannt Inasa no Kami no Yashiro oder der „Tempel des Gottes von Inasa", und in diesem ist Takemika-dzuchi no Kami, der in der Kraftprobe Sieger blieb, eingeschreint; und neben dem Ufer kann man den großen Felsblock, den Take-mi-na-gata no Kami mit der Fingerspitze trug, sich aus dem Wasser erheben sehen. Und er heißt Chihiki no iwa.

Wir laden die Priester ein, in einem der kleinen von der Seebrise umwehten Wirtshäuser zu Mittag zu essen, und dort plaudern wir über allerlei Dinge, aber insbesondere über Kizuki und den Kokuzo.

Noch vor einer Generation erstreckte sich die religiöse Macht des Kokuzō über die ganze Provinz der Götter – er war de facto ebenso wie dem Namen nach der geistige Herrscher von Izumo. Jetzt reicht seine Jurisdiktion nicht über die Grenze von Kizuki hinaus, und sein richtiger Titel ist nicht mehr Kokuzō, sondern Gūji.[53] Aber in der Vorstellung der schlichten Bewohner der entfernten Distrikte ist er noch immer ein göttliches oder halbgöttliches Wesen, im Besitze seines uralten Titels, dem Erbe seiner Rasse aus der Zeit der Götter. Welche tiefe Verehrung ihm in früheren Jahrhunderten geweiht wurde, können sich die nicht vorstellen, die nicht selbst lange Zeit unter dem Volk in Izumo gelebt haben. Außerhalb Japans genoss kein menschliches Wesen, vielleicht den Dalai-Lama von Tibet ausgenommen, eine solche

[53] Der Titel Kokuzō existiert noch wirklich, ist aber jetzt bloß ein Ehrentitel, da kein Staatsamt damit verbunden ist. Baron Senke, der Vater Senke Takanoris, der in der Hauptstadt wohnt, trägt tatsächlich den Titel. Die ausübenden religiösen Pflichten sind jetzt dem Gūji übertragen.

religiöse Verehrung und Liebe. Innerhalb Japans selbst, empfing nur der Sohn des Himmels, der Tenshi-Sama, der Mittler zwischen Sonne und Volk, gleiche Huldigung. Aber die dem Mikado bezeigte anbetende Verehrung galt mehr einem Traum als einer Person, einem Namen mehr als einer Realität, denn der Tenshi-Sama war immer unsichtbar, eine Gottheit in „göttlicher Zurückgezogenheit", und im Volksglauben konnte niemand sein Angesicht sehen und fortfahren, zu leben.[54] Die Unsichtbarkeit und das Geheimnisvolle erhöhte und vertiefte die Mikadolegende. Aber der Kokuzō – obgleich der Bevölkerung zugänglich und oft zwischen der Menge sich bewegend – genoss innerhalb seiner eigenen Provinz fast die gleiche Verehrung, so dass seine tatsächliche Gewalt – die obgleich selten, wenn überhaupt jemals angewendet – kaum geringer war als die des Daimyō von Izumo selbst. Jedenfalls war sie so groß, dass sie ihn in den Augen des Shōgunats zu einer Persönlichkeit stempelte, mit der sich gut zu verhalten, ratsam war. Ein Ahne des jetzigen Gūji trotzte sogar dem großen Taiko Hideyoshi, indem er sich dessen Befehl, „Truppen zu liefern", mit der hochmütigen Antwort widersetzte: „Er nähme keine Befehle von einem Mann von ganz gewöhnlicher Geburt an."[55] Diese Herausforderung verursachte der Familie den Verlust großen Landbesitzes, der dem Fiskus anheimfiel, aber die wirkliche Macht des Kokuzō blieb bis in die Periode der neuen Zivilisation unverändert.

Von vielen hundert Geschichten derselben Art mögen zwei als Beispiel dafür dienen, welche Verehrung der Kokuzō früher genoss.

Man erzählt von einem Mann, der in dem Glauben, er danke seinen Reichtum der Gunst des Daikoku von Kizuki, seine Dankbarkeit durch eine Kleidergabe an den Kokuzō auszudrücken wünschte. Der Kokuzō lehnte das Anerbieten höflich ab, aber der fromme Mann bestand auf seinem Vorsatz und betraute einen Schneider mit der Anfertigung der Kleider. Als der Schneider sie fertiggestellt hatte, verlangte er einen Preis dafür, der den Besteller fast sprachlos machte. Als er endlich den Kleiderkünstler nach dem Grund dieser unerhörten Forderung fragte, antwortete dieser: „Nun,

[54] Noch im Jahre 1890 sagte mir ein fremder Ansiedler, der viel im Innern des Landes gereist war, dass man in gewissen Distrikten viele alte Leute finden kann, die noch an dem Glauben festhalten, dass das Angesicht des Kaisers sehen, gleichbedeutend ist mit „ein Buddha werden", das heißt zu sterben.

[55] Hideyoshi, war, wie wohl bekannt ist, nicht von vornehmer Herkunft.

da ich für den Kokuzō Kleider angefertigt habe, kann ich fortan für niemand anderen mehr mein Handwerk ausüben, ich muss also so viel Geld fordern, um den Rest meines Lebens damit fristen zu können."

Die zweite Geschichte datiert einhundertsiebzig Jahre zurück.

Unter den Samurais aus dem Matsueclan in der Zeit des Nobuyori, des fünften Daimyō von der Matsudaira-Familie, gab es einen gewissen Sugihara Kitoji, der in irgendeiner militärischen Stellung in Kizuki stationiert war. Er war ein großer Günstling des Kokuzō und pflegte mit ihm Schach zu spielen. Eines Abends geschah es nun, daß dieser Offizier während der Schachpartie wie gelähmt Sprache und Bewegung verlor. Einen Moment war alles in Angst und Verwirrung, aber der Kokuzō sagte: „Ich weiß die Ursache – mein Freund rauchte, und obwohl ich das Rauchen nicht vertrage, wollte ich seine Freude daran nicht verderben, indem ich es ihm sagte. Aber der Kami, der mein Missbehagen bemerkte, erzürnte sich gegen ihn – nun will ich ihn wieder herstellen." Damit murmelte er einige magische Worte, und der Offizier wurde allsogleich vollkommen wohl.

Wieder fahren wir durch das Schweigen dieses heiligen Landes der Nebel und Legenden; unser Weg windet sich meilenweit zwischen grünen reifenden Reisfeldern, weißgesprenkelt mit Gebetpfeilern, zwischen den fernen, grünen Gipfeln, deren Namen Namen der Götter sind. Kizuki liegt weit hinter uns. Aber wie in einem Traum sehe ich die weite Avenue vor mir, die lange Zeile von Toriis mit ihren ungeheuren Shiminawas, das majestätische Antlitz des Gūji, das gütige Lächeln des Priesters Sasa und den geisterhaft schönen Tanz der jungfräulichen Priesterin in ihren schneeigen Gewändern. Noch glaube ich, das Klatschen der Hände zu hören, wie das Tosen eines Wasserfalles. Ich kann eine Anwandlung von Hochgefühl nicht unterdrücken, bei dem Gedanken, dass mir das zu sehen vergönnt war, dessen kein anderer Fremder gewürdigt worden – das Innere von Japans urältestem Schrein und jene heiligen Werkzeuge und wunderlichen Riten des primitiven Religionskults, die des Studiums des Anthropologen und Evolutionisten gleich würdig sind. Aber Kizuki gesehen zu haben, wie ich es gesehen, bedeutet auch etwas anderes als einen einzelnen wunderbaren Tempel gesehen zu haben. Kizuki sehen, heißt in das lebendige Zentrum des Shintōismus hineinschauen, fühlen wie der Lebenspuls des uralten Glaubens im neunzehnten Jahrhundert noch ebenso mächtig pocht, wie je in jener alten grauen Vorzeit, von der das Kojiki selbst Kunde gibt, diese Chronik, die obwohl in einer Sprache geschrieben, die nicht mehr gesprochen wird, sich doch wie eine moderne Erzählung liest.[56] Der Buddhismus in seinen sich anpassenden Umgestaltungen, sich im Wandel der Jahrhunderte immer abschwächend, scheint dem Lose verfallen, schließlich aus diesem Japan ganz zu verschwinden, in das er bloß als ein fremder Glaube Eingang gefunden hat. Aber der durch seine Unwandelbarkeit so lebenskräftige Shintōismus bleibt noch immer mächtig in dem Lande seiner Geburt und scheint mit der Zeit nur an Kraft und Würde zuzunehmen.[57] Der Buddhismus hat eine weitläufige, umfangreiche Theologie, eine tiefe Philosophie, eine Literatur groß wie ein Meer. Der Shintōismus hat keine Philosophie, keine ethischen Gesetze, keine Metaphysik, und durch eben diese seine Immaterialität kann er der Invasion der abendländischen religiösen Gedanken weit mehr Widerstand leisten als irgendein anderer Glaube des Morgenlandes. Der Shintōismus reicht der Wissenschaft des Abendlandes die Willkommshand entgegen, aber er bleibt der unerschütterliche Gegner seiner Religion; und fremde Zeloten, die sich vermessen, gegen ihn anzukämpfen, finden, dass ihre äußersten Anstrengungen zerschellen an dieser Kraft, die undefinierbar ist wie der Magnetismus, ungreifbar wie die Luft. Und wirklich, unsere tiefsten Gelehrten konnten uns nicht sagen, was der Shintōismus eigentlich ist. Einigen scheint er bloß Ahnenanbetung – anderen Ahnenkult kombiniert mit Naturanbetung, und wieder anderen scheint er überhaupt keine Religion zu sein; dem Missionar der unteren Klassen ist er die verwerflichste Form des Heidentums. Die Schwierigkeit für die Erklärung des Shintōismus liegt zweifellos in dem Umstand, dass die Gelehrten in Büchern nach seiner Quelle forschten, in dem Kojiki und dem Nihongi, die seine Geschichte sind; in den Norito, die seine Gebete enthalten, in den Kommentaren des Motowori und Hirata, die seine größten Gelehrten waren. Aber der Lebensodem des Shintōismus ist weder in seinen Büchern noch in seinen Riten oder Gebeten zu finden, sondern im Herzen

[56] Das Kojiki als handschriftliches Werk datiert nur nach A. D. 712, aber man weiß, dass seine Legenden und seine Chroniken in mündlicher Überlieferung in einem weit früheren Zeitalter existieren mussten.

[57] In gewissen Provinzen Japans hat es Zeitalter gegeben, wo der Buddhismus den Shintoismus praktisch absorbierte, aber in Izumo absorbierte der Shintōismus den Buddhismus. Nun, da der Shintōismus am Staat einen Rückhalt hat, zeigt er eine sichtbare Tendenz, gewisse Elemente buddhistischen Ursprungs aus seinem Kult zu eliminieren.

der Nation, dessen höchster gefühlsmäßig religiöser Ausdruck er ist, unsterblich in ewiger Jugend. Tief unter der Oberfläche wunderlichen Aberglaubens, primitiver Mythen und phantastischer Magie lebt eine mächtige, spirituelle Kraft, die Seele einer Rasse mit allen ihren Impulsen, Kräften und Intuitionen. Wer wissen will, was der Shintōismus ist, muss jene geheimnisvolle Seele ergründen, in der das Gefühl des Schönen, die Macht der Kunst, das Feuer des Heldentums, der Magnetismus der Loyalität und das religiöse Empfinden inhärent, immanent, unbewusst und instinktiv geworden sind.

In der Zuversicht, von dieser orientalischen Seele etwas erforschen zu können, in deren freudiger Liebe zu Natur und Leben selbst der Ungelehrte eine seltsame Ähnlichkeit mit der Seele der alten Griechen erkennen kann, hoffe ich auch eines Tages von der großen lebendigen Kraft jenes Glaubens sprechen zu dürfen, der jetzt Shintōismus heißt, vormals aber Kami no michi oder der „Weg der Götter".

Shinju

Manchmal umschlingen sie sich nur mit den Armen und legen sich nebeneinander auf die Eisenbahnschienen, gerade in dem Augenblick, wenn der Expresszug heranbraust. (In Izumo können sie das aber nicht tun, weil es dort noch keine Eisenbahnen gibt.) Manchmal veranstalten sie ein kleines Bankett füreinander, schreiben sehr seltsame Briefe an Eltern und Freunde, mischen etwas Bitteres in den Reiswein, und dann senkt sich die ewige Ruhe über sie. Manchmal wählen sie eine ältere und höher im Ansehen stehende Methode: Der Liebende tötet zuerst die Geliebte mit einem einzigen Schwerthiebe und durchbohrt sich dann selbst. Manchmal wieder bindet sich das Liebespaar mit dem Koshi-obi des Mädchens (dem Untergürtel aus Kreppseide) fest aneinander, Gesicht an Gesicht, und in dieser Umarmung stürzen sie sich in einen tiefen Strom oder See. Mannigfach sind die Wege, die sie zum Meido (Hades) führen, wenn sie von jenem Weltleid zur Verzweiflung gebracht sind, über das Schopenhauer eine so wundersame Theorie geschrieben hat.

Ihre eigene Theorie ist viel einfacher. Niemand liebt das Leben mehr als der Japaner, – niemand fürchtet den Tod weniger. Die zukünftige Welt hat keine Schrecken für ihn. Diese Welt zu verlassen, fällt ihm nur schwer, weil sie ihm eine Welt der Schönheit und des Glücks dünkt. Aber das Geheimnis des unbekannten „Jenseits", das so lange den Geist des Abendländers bedrückt hat, macht ihm wenig Sorge. Was die jungen Leute betrifft, von denen ich spreche, so haben sie einen seltsam starken Glauben, vor dem alle Geheimnisse versinken. Sie gehen mit unendlicher Zuversicht in das Dunkel. Wenn sie zu unglücklich sind, um das Leben länger zu ertragen, so trifft niemand die Verantwortung, nicht einmal die Welt; es ist ihre eigene Schuld, – es ist das „In-nen", das Resultat der Irrtümer in einem früheren Leben. Wenn sie nicht mehr auf Vereinigung in diesem Leben hoffen dürfen, geschieht es wohl, weil sie in irgendeinem andern Leben ihren Liebesschwur gebrochen haben oder sonst irgendwie grausam gegeneinander gewesen sind. Aber ebenso glauben sie auch, dass, indem sie gemeinsam in den Tod gehen, sie sich in einer anderen Welt miteinander vereinigt wiederfinden werden, obgleich der Buddhismus die Selbstzerstörung als Todsünde erklärt. Diese Idee einer erreichten Vereinigung durch den Tod ist unberechenbar älter als der Shakaglaube, hat aber in moderner Zeit dem Buddhismus eine eigentümliche exotische Färbung entlehnt, eine mystische Glut. „Hasu no hana no ue ni oite matan." „Auf den Lotosblumen des Paradieses werden sie vereint ruhen." Der Buddhismus lehrt zahllose Transmigrationen durch Millionen und Millionen Jahre, ehe die Seele die unendliche Vision und die unendliche Erinnerung erreicht und in die Seligkeit des Nehan (Nirvana) hinschmilzt, so wie die weiße Wolke in das Sommerblau. Aber diese unglücklich Liebenden denken gar nicht an Nehan; sie glauben, ihr hehrster Wunsch, die Liebesvereinigung, könne durch den Schmerz eines einzigen Todes erreicht werden. Die Vorstellungen aller sind freilich nicht dieselben, – wie ihre rührenden Briefe zeigen. Manche glauben, in das Lichtparadies Amidas einzugehen, – manche sehen in ihren Hoffnungsvisionen nur Nochi no yo, die künftige Reinkarnation, wo Liebende sich wiederfinden werden in beglückender neuer Jugendfrische, während die Idee vieler, ja vielleicht die der meisten, weit unbestimmter ist, – nur ein schattenhaftes gemeinsames Wallen durch nebelhaftes Schweigen wie in der zarten wesenlosen Seligkeit der Träume.

Sie bitten immer, zusammen begraben zu werden. Oft wird diese Bitte von den Eltern oder Vormündern verweigert, und dem Volk dünkt dies grausam, denn man glaubt, dass diejenigen, die aus Liebesgram miteinander sterben, keine Ruhe finden, wenn ihnen ein gemeinsames Grab verweigert wird. Aber wird der Bitte willfahren, dann ist die Begräbniszeremonie ebenso schön wie ergreifend. Aus jedem der zwei Häuser bewegt sich ein Leichenzug, um bei Laternenschein im Tempelhof zusammenzutreffen. Nach der Rezitation des Kyō und den gebräuchlichen, feierlichen Zeremonien, hält der Hauptpriester eine Ansprache an die Seelen der Verstorbenen. Erbarmungsvoll spricht er von Fehl und Sünde, gedenkt der Jugend beider Opfer, – schön und flüchtig wie die Blume, die blüht und vergeht im ersten Lenzentfalten. Er gedenkt der Illusion, – Mayoi – die es ihnen also angetan, er spricht die Warnung des Meisters. Aber manchmal prophezeit er sogar selbst die künftige Wiedervereinigung der Liebenden in einem glücklicheren und höheren Leben, und leiht so der Herzensmeinung des Volkes Worte, mit einer schlichten Beredsamkeit, die seine Hörer zu Tränen rührt. Dann vereinigen sich die beiden Prozessionen zu einer, und diese bewegt sich zum Friedhof, wo das offene Grab schon ihrer harrt. Die beiden Särge werden zusammen herabgelassen, so dass sie, auf dem Grunde des Grabes angelangt, Seite an Seite ruhen. Dann entfernen die Yama-no-mono[58] die Bretter, welche das Paar trennten, und beide Särge werden zu einem einzigen. Auf die so vereinigten Toten wird Erde geschaufelt und über ihre irdische Hülle stellt man einen Haka, auf dem die Geschichte ihres Schicksals, vielleicht auch ein kleines Gedicht, eingemeißelt ist.

Diesen Selbstmord Liebender nennt man „Jōshi" oder „Shinju". (Mit chinesischen Schriftzeichen geschrieben bedeuten beide Worte: Herztod, Leidenschaftstod oder Liebestod.) Er kommt zumeist unter den Frauen der Joroklasse[59] vor, aber manchmal auch bei jungen Mädchen der besseren Klasse. Der fatalistische Glaube ist verbreitet, dass, wenn unter den Bewohnern eines Joroya ein Shinju sich ereignet, zwei andere darauffolgen müssen. Zweifellos ist dieser Aberglaube selbst die Ursache, dass Fälle von Shinju gewöhnlich in Serien von je drei aufeinanderfolgen. Die beklagenswerten Mädchen, die sich ihren Angehörigen zuliebe, wenn diese in die höchste Not geraten, freiwillig einem Leben der Schmach verkaufen, sinken

[58] Yama-no-mono („Bergleute", – so genannt wegen ihrer Ansiedelung auf den Hügeln über Tōkōji) eine Pariaklasse, deren Hauptbeschäftigung darin besteht, die Toten zu waschen und die Gräber zu schaufeln.

[59] Joro: eine Kurtisane.

in Japan nie (außer vielleicht in jenen offenen Häfen, wo europäische Laster und Brutalität demoralisierend gewirkt haben) zu jener Tiefe der Entwürdigung, wie ihre Leidensgenossinnen im Abendland. Ja, bei vielen findet man während der ganzen Dauer ihrer schmählichen Hörigkeit eine Verfeinerung des Benehmens, eine Zartheit der Empfindung und eine natürliche Bescheidenheit, die unter solchen Verhältnissen ebenso unfassbar als rührend ist.

Gestern erst wurde diese stille Straße durch einen Fall von Shinju aus ihrer Ruhe aufgestört. Als die Dienerin eines Arztes in der Straße Nada-machi kurz nach Sonnenaufgang das Wohnzimmer betrat, fand sie darin den jugendlichen Sohn des Hauses, ein lebloses Mädchen in seinen Armen, auf dem Boden tot ausgestreckt. Der Sohn war enterbt worden, das Mädchen war eine Joro. Gestern Abend wurden sie begraben, aber nicht zusammen, denn der Vater war nicht minder erzürnt als betrübt, dass so etwas geschehen konnte.

Sie hieß Kane, war außerordentlich hübsch und sehr sanft. Sie hatte sich um ihrer Mutter und ihrer kleinen Schwester willen verkauft, denn nach dem Tode des Vaters waren sie in große Bedrängnis geraten. Sie zählte damals siebzehn Jahre. Nachdem sie kaum ein Jahr im Hause gewesen, begegnete sie dem jungen Mann. Es war eine leidenschaftliche Liebe auf den ersten Blick, – nichts Verhängnisvolleres hätte sie treffen können, denn jede Hoffnung auf ein Ehebündnis war von vornherein ausgeschlossen. Der junge Mensch, obgleich noch die Vorrechte eines Sohnes genießend, war zugunsten eines Adoptivsohnes von gesetzterer Lebensführung enterbt worden. Das unglückliche Paar opferte seine ganze spärliche Habe um den Preis, sich sehen zu können, – das Mädchen verkaufte sogar alle seine Kleider. Dann trafen sie sich zum letztenmal heimlich zu später Nachtstunde im Hause des Arztes, leerten den Todestrank und legten sich zu ewiger Ruhe.

Ich sah die Begräbnisprozession des Mädchens bei dem Lichte der Papierlaternen, dem bleichen, phosphoreszierenden Schein, zur Straße der Tempel hinwallen, gefolgt von einem langen Zug von Frauen in weißen Kapuzen, weißen Gewändern, weißen Gürteln, – lautlos wie eine Gespensterschar. So wallen auf den Bildern buddhistischer Träume von der Unterwelt die weißen Schemen, – der ewige Zug der Seelen – durch das Dunkel des Meido.

Mein Freund, der ein Mitarbeiter des „San-in-Shimbun“ ist, in dessen Spalten morgen die traurige Begebenheit gedruckt stehen wird, sagt mir, mitleidige Seelen haben schon die frischen Gräber mit Blumen und Shikimizweigen[60] geschmückt Dann zieht er aus einer langen japanischen Enveloppe eine schmale, leichte, dünne, mit schönen japanischen Schriftzeichen bedeckte Rolle heraus, und indem er sie entfaltet, fährt er fort: „Diesen Brief hat sie bei dem Wirt des Hauses, wo sie war, zurückgelassen; er wurde uns zur Veröffentlichung übergeben. Er ist sehr hübsch geschrieben, aber ich kann ihn nicht gut übersetzen; denn er ist in der Frauensprache abgefasst. Die Briefsprache der Frauen ist nicht dieselbe wie die der Männer. Frauen gebrauchen ganz besondere Worte und Ausdrücke; so zum Beispiel heißt in der Männersprache „ich" watakushi, oder ware, oder yo, oder boku, je nach dem Rang und den Umständen, aber in der Frauensprache heißt es warawa. Die Frauensprache ist sehr weich und sanft, und ich glaube nicht, dass es möglich ist, eine derartige Weichheit und Liebenswürdigkeit der Worte in eine andere Sprache zu übertragen. Ich kann Ihnen daher nur einen ganz unzulänglichen Begriff von dem Briefe geben."

Und langsam beginnt er also:

„Ich hinterlasse diesen Brief: Wie Ihr wisst, war es im letzten Frühling, dass ich Tashirō-San zu lieben begann, und auch er schenkte mir sein Herz. Aber ach! – Nun, da der Einfluss unserer Beziehungen in einer anderen Geburt uns heimgesucht hat, wo unser Gelöbnis, Mann und Frau zu werden, gebrochen wurde, – muss ich heute noch die Fahrt zum Meido antreten. Ihr habt mich nicht nur gütig behandelt, obgleich Ihr mich so einfältig und ohne Einfluss[61] fandet, sondern habt um meines unwürdigen Selbst willen auch Mutter und Schwester beigestanden. Und nun, da ich nicht einmal imstande war, auch nur den hunderttausendsten Teil dieser Eurer Güte und Eures Erbarmens, in die Ihr mich eingehüllt, zu vergelten – des Erbarmens, groß wie Berge und Meer,[62] hättet Ihr wohl guten Grund, mich als eine große Verbrecherin zu verabscheuen. Aber obgleich ich weiß, dass das, was ich im Begriffe bin, zu tun, eine verwerfliche Torheit scheinen wird, zwingen mich doch Umstände und mein eigenes Herz dazu. Weshalb ich die Bitte wage, mein Vergehen zu entschuldigen. Und ob ich schon zum Meido gehe, werde ich nimmer Euer Erbarmen vergessen, das Erbarmen, so groß wie

[60] Illicium religiosum.

[61] Wörtlich: „ohne Schatten", „schattenlos".

[62] Umi-yama no on.

Berge und Meer. Aus dem Schatten der Gräser[63] werde ich trachten, Euch zu vergelten, – Euch und Eurem Hause meine Dankbarkeit zukommen zu lassen. Noch einmal aus tiefstem Herzensgrunde bitte ich, zürnet mir nicht. Noch mancherlei Dinge möchte ich schreiben, – aber jetzt ist mein Herz kein Herz, und ich muss nun bald von hinnen gehen. Und so lege ich meinen Pinsel hin. Dies ist so unbeholfen geschrieben. Kane wirft sich zu Euren Füßen nieder. Von Kane. An Sama."

„Dies ist ein charakteristischer Shinjubrief," sagt mein Freund nach kurzem Schweigen und schiebt den dünnen weißen Bogen wieder in die Enveloppe. „Und darum dachte ich, er würde Sie interessieren. Und nun will ich, obgleich es schon dunkel wird, auf den Friedhof gehen und sehen, wie es mit dem Grabe steht. Möchten Sie vielleicht mitkommen?"

Wir schlagen den Weg über die lange Weiße Brücke ein, zu der schattigen „Straße der Tempel", in der Richtung gegen den alten Hakaba (Friedhof) von Myōkōji, – und es wird immer dunkler und dunkler – und eine dünne Mondsichel schwebt über den Dächern der großen Tempel.

Plötzlich tönt durch das Schweigen eine tiefe, sonore, süße Stimme, – eine Männerstimme singt ein Lied in die gestirnte Nacht: ein Sang voll seltsamer Zaubertöne wie Vogelgeschmetter, – jene japanischen Töne der Volksempfindung, die einem Vogelsang abgelauscht scheinen. Wohl ein fröhlicher Arbeiter auf dem Heimweg. So klar ist die dünne, frostige Luft, dass jede Silbe zu uns herübervibriert, aber den Sinn der Worte kann ich nicht verstehen:

"Saite yuke toya, ano ya wo saite; Yukeba chikayoru nushi no soba."

„Was bedeutet das?" frage ich deshalb meinen Freund, und er antwortet:

„Es ist ein Liebeslied: ‚Geh' weiter, immer weiter; sieh das Haus, es liegt vor dir. Je näher du dem Hause kommst, je näher bist du ihr.'"

[63] Shiba no kage.

In der Grotte der Kindergeister

Es ist verboten, nach Kaga zu gehen, wenn auch nur so viel Wind weht, „um drei Haare zu bewegen". Aber ein gänzlich windstiller Tag ist an dieser wilden Westküste eine große Seltenheit. Fast immer weht von der japanischen See, von Korea, China oder dem arktischen Sibirien, eine West- oder Nordwestbrise, so dass ich monatelang zu warten hatte, bis sich eine günstige Gelegenheit zu einem Besuche in Kaga bot.

Wenn man die kürzeste Route wählt, so begibt man sich in einer Kuruma oder auch zu Fuß von Matsue nach Mitsu-ura. Mit der Kuruma nimmt diese kleine Strecke, obgleich die Entfernung kaum sieben Meilen beträgt, zweieinhalb Stunden in Anspruch, denn die Straße ist eine der schlechtesten in ganz Izumo. Unmittelbar, nachdem man Matsue verlassen hat, kommt man zu einer breiten spiegelglatten Ebene, die ganz von Reisfeldern bedeckt und von bewaldeten Hügeln umgeben ist. Der schmale, kaum für ein einziges Gefährt ausreichende Pfad durchschneidet diese grüne Wildnis, steigt zu den Anhöhen darüber empor und windet sich wieder hinab zu einer anderen und größeren, ebenfalls von Hügeln umgürteten Reisfelderebene. Der Pfad über den zweiten Höhenzug ist viel steiler; dann muss man eine dritte Reisebene überschreiten und einen dritten Höhenzug, der hoch genug ist, um den Namen Bergkette zu verdienen. Natürlich muss der Aufstieg zu Fuß gemacht werden: Es ist keine geringe Arbeit für einen Kurumaya, auch nur eine leere Kuruma auf den Gipfel hinaufzuschleppen, und wie er dies fertig bringen kann, ohne dass sein kleines Vehikel zerschellt, ist ein Rätsel, denn der Pfad ist felsig und zerklüftet wie ein Strombett. Ich für meinen Teil finde den Aufstieg sehr mühselig, aber die herrliche Aussicht vom Gipfel hält mich mehr als schadlos.

Als wir wieder herunterkommen, haben wir noch eine vierte und letzte Reisebene zu durchqueren. Die absolute Flachheit der großen Ebenen zwischen den Hügelreihen, und die seltsame Art, wie diese das Land in Terrassen abteilen, wirkt überraschend, selbst in einem Lande der Überraschungen wie Japan. Jenseits der vierten Reisebene erhebt sich ein vierter, niedrigerer, aber reicher bewaldeter Höhenzug, an dessen Basis angelangt, man die Kuruma verlassen und die Weiterreise über die Hügel zu Fuß fortsetzen muss. Dahinter liegt das Meer. Aber nun beginnt erst der ärgste Teil des Weges. Der Pfad windet sich im Schatten zwischen Bambusgewächsen, jungen Fichten und anderer Vegetation eine Viertelmeile langsam hinan, vorüber an kleinen Schreinen und hübschen Wohnstätten und Gärten mit hohen Hecken, und mündet plötzlich in Stufen oder eigentlich Stufenruinen aus; diese sind teils in den Fels gehauen, teils hineingebaut, überall geborsten und ausgewetzt, und stürzen in einer jähen, halsbrecherischen Weise zum Dorfe Mitsu-ura hinab. Mit Strohsandalen, die nie ausgleiten, kann ja das Landvolk ungefährdet einen solchen Pfad hinauf- und hinunterlaufen. Aber mit meiner landfremden Fußbekleidung rutscht man auf Schritt und Tritt; und ist man endlich unten angelangt, so kommt man vor Erstaunen über das Wunder, wie dies einem selbst mit Hilfe des getreuen Kurumaya gelingen konnte, im ersten Moment gar nicht zum Bewußtsein, dass man sich wirklich in Mitsu-ura befindet.

Mitsu-ura liegt am Rande einer schmalen, tiefen, von sehr hohen Klippen eingefassten Bucht, den Rücken an die Berge gelehnt. Am Fuße dieser Höhenzüge ist nur ein einziger Strandstreifen, und diesem Umstände dankt das Dorf sein Dasein; denn an diesem Teil der Küste sind Gestade selten. Zwischen Klippen und Meer hineingeklemmt, haben die Häuser ein peinlich gepreßtes Aussehen, und die meisten machen mir den Eindruck, als seien sie aus den Trümmern von Djunken entstanden. Die kleinen Gässchen, oder richtiger Gänge, sind voll von Booten und Bootfragmenten und Bauholz, und überall auf hohen Bambuspfählen, die weit über die Häuser hinausragen, trocknen große, leuchtend braune Fischernetze in der Sonne. Auch die ganze Strandbiegung ist mit Booten besäumt, die so dicht Seite an Seite liegen, dass ich nicht recht begreifen kann, wie wir, ohne über sie zu klettern, zur Wasserkante gelangen können. Ein Hotel gibt es nicht, aber ich finde gastliche Aufnahme im Hause eines Fischers, während mein Kurumaya sich entfernt, um eine Boot nach Kaga-ura zu mieten.

In kaum zehn Minuten hat sich ein Haufen von mehreren hundert Leuten um das Haus versammelt, halbbekleidete Erwachsene, ganz nackte Knaben. Sie umringen das Gebäude, verdunkeln das Licht, indem sie sich in die Türöffnungen drängen und auf die Fenster klettern, um sich den Fremden anzusehen. Der würdige Hausbesitzer protestiert vergebens, er wehrt ab – der Haufen verdichtet sich nur noch mehr. Nun schließt man alle Schiebetüren, aber in den Papiertafeln sind Löcher, und bei den niedrigsten fasst man Posto, und in einem regelrechten Turnus gucken die Neugierigen herein. Bei einem höheren Loch luge ich selbst ab und zu hinaus. Die Menge ist nicht gerade einnehmend: sie ist schmutzig, von stumpfem Gesichtsausdruck und hässlich; aber sie ist sanft und still, auch entdecke ich ein oder zwei hübsche Gesichter darunter, die durch den Gegensatz zu der übrigen Masse mir als besonders anziehend auffallen.

Endlich ist es meinem Kurumaya gelungen, ein Abkommen für die Bootfahrt zu treffen, und ich bewerkstellige meinen Auszug nach dem Strand, gefolgt von meinem Kurumaya und allen meinen Belagerern. Mehrere Boote hat man beiseitegeschoben, um uns den Weg freizumachen, und wir schiffen uns ohne die geringste Belästigung ein. Unsere Mannschaft besteht aus zwei Ruderern: einem alten Mann, der nur eine Rokushaku um seine Hüften trägt, am Steuer; und am Bug eine vollkommen bekleidete Frau mit einem großen pilzartigen Strohhut auf dem Kopfe. Natürlich stehen beide bei ihrer Hantierung, und es wäre schwer zu entscheiden, wer von ihnen der ausdauerndere und geschicktere Ruderer ist. Wir Passagiere kauern uns nach orientalischer Sitte auf einer Matte in der Mitte des Bootes nieder, wo ein mit glühenden Kohlen gefülltes Hibachi uns zum Rauchen einlädt.

Der Tag ist von solch klarem Blau, dass man bis ans Ende der Welt zu sehen glaubt. Von Osten her weht ein leiser Wind, kaum stark genug, die See zu kräuseln, aber wohl mehr als genügend, „um drei Haare zu bewegen". Nichtsdestoweniger scheinen Bootsmann und Bootsfrau unbesorgt, und in mir regt sich der Verdacht, ob das berühmte Verbot nicht bloß eine Mythe sei. So köstlich sieht das durchsichtige Wasser aus, dass ich der Lockung nicht widerstehen kann, vor dem Verlassen der Bucht hineinzutauchen und dem Boote nachzuschwimmen. Als ich wieder an Bord klettere, umfahren wir gerade das Vorgebirge zur Rechten, und das kleine Fahrzeug beginnt zu schaukeln. Selbst bei dieser leichten Brise wogt die See in langen Wellen, und als wir dann, westlichen Kurs einschlagend, in das offene Meer kommen, gleiten wir über eine unheimlich schwarze Tiefe angesichts einer der schroffsten Küsten, die ich jemals gesehen.

Eine ungeheure Zeile dunkler, eisenfarbener Riffe, die steil und kahl aus dem Meere aufragen, ohne auch nur die geringste Spur von Grün auf ihrem Gipfel, und hier und da längs dieser furchtbaren Wand, monströses, überhängendes Felsgestein, Spalten, Schlünde, Erdbebenrisse und Riffe. Und ungeheure Erdbebenbrüche zeigen Gebirgsablagerungen, die sich himmelwärts türmen oder in den Ozean hineinstürzen. Vor phantastischen Schluchten erheben sich aus unergründlichen Tiefen ungeheure Klippenzüge von gespenstischen Formen. Und obgleich heute der Wind förmlich den Atem anzuhalten scheint, lecken brandende Meereswogen hoch hinauf zu den Klippen und schleudern ihren Gischt in das Antlitz der zerklüfteten Ungeheuer. Wir sind zu entfernt, um ihren Donner zu hören. Aber ihr unheimliches Blitzesprühen lässt mich die Sage von den „drei Haaren" begreifen. An dieser wilden, unheimlichen, dämonischen Küste muss an einem stürmischen Tage selbst der stärkste und ausdauerndste Schwimmer und das wetterfesteste Schiff alle Hoffnung auf Entkommen fahren lassen. Nirgends ist Raum für den Fuß, nirgends ein Halt für die Hand, nichts als das Rasen der See gegen den erzenen Abgrund. Selbst heute bei der denkbar leisesten Brise überschwemmen uns die Wellen in ihrem wilden Vorwärtsstürmen. Während zwei langer Stunden türmt sich diese wildzerklüftete, dräuende Küste längs unserem Wege empor, und während wir uns mühsam wetterbewegen, tauchen rings um uns Riffe wie schwarze Hauer empor, und unablässig in weiter, weiter Ferne gleißen die Schaumkämme an dem Fuße der unerbittlichen Felsen. Aber kein Laut ist zu hören, außer dem Brausen und Tosen der stürzenden Wogen und dem monotonen Kreischen der Ruder in ihren Holzgabeln.

Endlich, endlich eine Bucht – eine schöne, weite Bucht mit einem Halbkreis welliger, grüner Hügel, von fernen blauen Bergen überragt – und am äußersten Punkte der Bucht ein Miniaturdörfchen, an dem viele Djunken landen: Kaga-ura.

Aber wir begeben uns noch nicht ins Dorf. Die Kukedos (Grotten) sind nicht dort. Wir kreuzen die breite Öffnung der Bucht, fahren wieder eine halbe Meile an gespenstischen Klüften entlang und steuern endlich auf ein hohes Vorgebirge von nacktem, vulkanischem Felsgestein zu. Wir kommen an seinem dräuenden Fuß vorüber, gleiten seine Flanken entlang und siehe da! – bei einer Wendung öffnet sich der Bogengang einer wunderbaren Grotte – breit, hoch, lichterfüllt, deren Boden das Meer bildet. Wir schlüpfen hinein, und ich kann Felsen in einer Tiefe von wohl zwanzig Fuß unter mir erblicken. Das Wasser ist so klar wie die Luft. Dies ist die Shin-Kukedo, genannt die Neue Grotte, obgleich sie sicherlich wohl hunderttausend Jahre älter ist als jede menschliche Überlieferung.

Eine schönere Grotte kann man sich kaum vorstellen. Das Meer, dieser große Baumeister, der diesen Tunnel durch das Vorgebirge gebohrt hat, hat auch gleich einem großen Architekten seine mächtige Schöpfung gegliedert, fassettiert und geglättet. Der Bogen des Eingangs ist sicherlich zwanzig Fuß über dem Wasser und fünfzehn Fuß breit. Trillionen von Wellenzungen haben die Gewölbe zu wundersamer Glätte gespült. Je weiter wir kommen, desto höher wird das Felstor und desto breiter der Weg. Dann geraten wir plötzlich unter einen heftigen Regenschauer, der von oben herabfällt. Dieser Quell heißt der O-chōzubachi oder Mi tarashi von Shin-Kukedo-San![64] Man sagt, dass an dieser Stelle der Wölbung ein großer Stein sich lösen und auf das Haupt jedes bösen Menschen fallen wird, der es wagen sollte, in die Grotte einzutreten. Ich bestehe glücklich das Gottesurteil!

Bei unserer Weiterfahrt hebt plötzlich die Bootsfrau einen Stein vom Boden des Fahrzeugs auf und beginnt damit heftig den Bug zu reiben. Der dumpfe Schall wird in dröhnendem Grollen durch die ganze Grotte zurückgeworfen. Und im nächsten Augenblick gleiten wir in eine große Lichtflut, die sich von der Öffnung eines prächtigen, in eine Höhle mündenden Bogenganges ergießt, der in einem rechten Winkel in die Grotte mündet. Dies erklärt die seltsame Beleuchtung der Wölbung, die zuerst von unten zu kommen schien, denn während die Öffnung noch unsichtbar war, schienen alle die Wassermassen förmlich von Licht durchstrahlt. Durch diesen großen Bogen sieht man über Felsen, über Meilen blauen Wassers, einen grünen, welligen Küstenstrich auftauchen. Wir gleiten weiter zu der dritten Öffnung der Kukedo, die der ersten, durch welche wir einfuhren, gerade gegenüber liegt, und befinden uns in der Behausung der Kamis und Hotokes, denn diese Grotte ist sowohl dem Shintō- als dem Buddhaglauben heilig. Hier erreicht der Umfang der Kukedo seine größte Höhe und Breite. Die Wölbung erhebt sich volle vierzig Fuß über das Wasser, und die Entfernung zwischen den Wänden beträgt dreißig Fuß. Ganz rechts, der Decke am nächsten, ist ein vorspringender weißer Fels und darüber eine Öffnung,

[64] So nennt man die Wasserbehälter, bei denen die Shintōgläubigen ihre Hände waschen und ihren Mund spülen müssen, bevor sie zu den Kamis beten. Ein Mi tarashi oder O-chōzubachi steht vor jedem Tempel. Die nach Shin-Kukedo-San kommenden Pilger sollen diese Waschungszeremonie an dem kleinen Felsenquell vornehmen, ehe sie die heilige Grotte betreten. Es heißt, dass selbst die Götter der Grotte, wenn sie durch das Meer kommen, hier eine Waschung vornehmen.

aus der ein schwacher Strahl träufelt, der so weiß scheint wie der Fels selbst.

Dies ist der sagenhafte Jizō-Quell, der Milchquell, aus dem die toten Kinder trinken, – manchmal fließt er schneller, manchmal langsamer, aber er hält nie inne, weder bei Tag noch bei Nacht. Und Mütter, deren Brust zu wenig Milch enthält, kommen hierher und beten um größere Fülle, und ihre Bitte wird erhört. Und Mütter, die mehr Milch haben, als sie für ihre Kinder brauchen, kommen auch hierher und beten zu Jizō, dass ihnen so viel Milch, als sie entbehren können, für die toten Kinder genommen werde – und auch ihr Gebet wird erhört. So wenigstens sagen die Landleute in Izumo.

Und der Widerhall der draußen in weiter Ferne an den Fels anprallenden Brandung, das Brausen und Heranstürmen der Flut an die Mauer, der schwere Regen, das Rauschen und Gurgeln und Rieseln und Plätschern des von der Wölbung herabfallenden Wassers und jene Töne geheimnisvollen Ursprungs, die aus dem Unsichtbaren kommen, all dies macht es uns schwer, uns miteinander zu verständigen. Die Grotte scheint voller Stimmen – als spräche eine Schar unsichtbarer Wesen lärmend durcheinander.

Unter uns in weiter Tiefe sind alle Felsen dem Auge so klar sichtbar, als würden sie durch Glas gesehen. Mir ist, als könnte es nichts Köstlicheres geben, als durch diese Grotte zu schwimmen und sich von der Meeresströmung durch alle ihre kühlen Schatten treiben zu lassen. Aber als ich mich anschicke, hineinzuspringen, ertönen wilde Angstrufe der übrigen Bootinsassen: Es ist der sichere Tod. Erst vor sechs Monaten sprangen einige Männer hinein, von denen man seither nichts mehr gehört hat! Das ist heiliges Wasser, Kami-no-umi! Und gleichsam wie um meine Versuchung wegzubeschwören, ergreift die Bootsfrau wieder ihren kleinen Stein und reibt damit heftig den Bug. Als sie jedoch sieht, dass ich mich von diesen Schaudermären von jähem Tod und Verschwinden nicht genügend abschrecken lasse, gellt plötzlich das magische Wort an mein Ohr:

„Same!“

Haifische! Jede Lust zu einer Schwimmtour durch diese vielstimmige Halle der Shin-Kukedo ist mir vergangen. Nicht umsonst habe ich in den Tropen gelebt!

Und wir fahren weiter nach Kyū-Kukedo-San, der alten Grotte.

Für die unheimlichen Vorstellungen über die Kami-no-umi gab mir das Wort „Same“ eine genügende Erklärung. Aber warum dieses lange, laute, geheimnisvolle Reiben des Bugs mit dem Stein, der offenbar zu keinem anderen Zweck an Bord behalten wird? Über der ganzen Handlung lag ein übertriebener Ernst, der mich mit einem unheimlichen Gefühl erfüllte, ungefähr demjenigen gleich, das einen, der zur Nachtzeit allein auf einer einsamen Straße voll seltsamer Schatten wandelt, dazu treibt, so laut als er nur kann zu singen. Zuerst sagt die Bootsfrau, das Reiben geschähe nur um des seltsamen Echos willen, aber nach einigen vorsichtigen Kreuz- und Querfragen entdecke ich einen weit düsteren Grund dieser Gepflogenheit. Ich erfahre überdies, dass alle Seeleute beiderlei Geschlechts an dieser Küste dasselbe tun, wenn sie an gefährlichen Stellen vorüber kommen, oder an Stellen, die in dem Rufe stehen, von „Mas“ heimgesucht zu werden. Was sind Mas? Kobolde!

Von den Grotten der Kamis lenken wir unseren Kurs eine Viertelmeile zurück und steuern dann direkt nach einem ungeheuren rechtwinkligen Einschnitt in der langen, schwarzen Klippenwand. Unmittelbar davor ragt ein kolossaler, dunkler Fels aus dem Meere, von weißen Schaumkämmen umzüngelt. Ihn umschiffend, gleiten wir hinter ihn in stilles Wasser und Schatten, den Schatten einer riesigen Spalte in der schroffen Küste, und plötzlich bei einer unerwarteten Biegung gähnt uns der geöffnete Rachen einer zweiten Grotte entgegen! Im nächsten Moment berührt unser Boot die steinernen Stufen mit einem leichten Anprall, der ein langes sonores Echo, wie den Schall einer Tempeltrommel, durch den ganzen Abgrund zurückwirft. Ein einziger Blick sagt mir, wo wir uns befinden. Im tiefsten Dämmer sehe ich das lächelnde Antlitz Jizōs in bleichem Stein und vor ihm und rings um ihn eine geisterhafte Versammlung grauer, gestaltloser Formen – eine Schar phantastischer Gebilde, die in unserem Innern die seltsame Vorstellung von Friedhofsruinen wachruft. Vom Meere senkt sich der schieferige Boden der Grotte hinab in immer tiefere Schatten, zu der schwarzen Mündung einer zweiten Grottenöffnung. Und dieser ganze Abhang ist bedeckt von hunderten und tausenden Gebilden, gleich zersplitterten Hakas. Aber als das Auge sich an das Zwielicht gewöhnt, erkennt man, dass dies niemals Hakas waren – es sind nur kleine, in langer geduldiger Arbeit kunstvoll aufgerichtete Stein- und Kieseltürme.

„Shinda kodomo no shigoto," murmelt mein Kurumaya, mitleidsvoll lächelnd. „All dies ist das Werk der toten Kinder."

Wir verlassen das Boot. Auf Anraten meiner Begleiter lege ich meine Schuhe ab und fahre in ein Paar für mich bereit gehaltene „Zōri" oder Strohsandalen. Denn der Fels ist sehr schlüpfrig. Die anderen landen barfuß. Aber wie wir weiterkommen sollen, ist uns ein Rätsel. Denn die zahllosen Steinhaufen stehen so dicht beieinander, dass nirgends dazwischen Raum für den Fuß zu sein scheint.

„Mada michi ga arimasu!" ruft die Bootsfrau, die die Führung übernommen hat. „Hier ist ein Pfad!"

Ihr nachfolgend, zwängen wir uns zwischen der Grottenmauer rechts und den riesigen Felsblöcken links durch und entdecken zwischen den Steintürmen einen sehr, sehr engen, freigelassenen Durchgang. Aber man bindet uns aufs Herz, ja sehr achtsam zu sein, um der kleinen Geister willen: Denn, sollte einer ihrer Sühntürme zusammenstürzen, wie würden sie da weinen. So bewegen wir uns sehr vorsichtig und langsam durch die Höhle zu einem steinfreien Platz, wo der felsige Boden mit einer dünnen Schicht von Sand über leichtem Geröll bedeckt ist. Und in diesem Sand sehe ich Abdrücke kleiner Kinderfüße, winziger, nackter Füßchen, drei oder vier Zoll lang – die Fußspuren der Kindergeister.

Wären wir früher gekommen, sagt die Bootsfrau, so hätten wir ihrer viel mehr gesehen. Denn in der Nacht, wenn der Boden der Grotte von der tropfenden Decke und vom Tau befeuchtet ist, bleiben die Fußspuren haften, aber kommt die Hitze des Tages, die Sand und Fels austrocknet, dann verschwinden die kleinen Abdrücke. Wirklich sind nur drei Fußtapfen sichtbar, aber sie sind merkwürdig deutlich. Einer weist nach der Wand der Grotte, die anderen gegen das Meer. Hier und dort auf Geröll und Felsvorsprüngen rings um die Grotte stehen kleine Strohsandalen – Kinderzōris – Gaben der Pilger an die Kleinen, damit sie ihre Füßchen nicht an den Steinen ritzen. Aber diese drei gespenstischen Fußspuren sind die kleiner nackter Füße.

Indem wir uns sehr behutsam zwischen den Steintürmen hindurchwinden, bahnen wir uns einen Weg zu der inneren Grottenöffnung und gelangen zu der Jizōstatue davor. Es ist ein in Granit gemeißelter Jizō in sitzender Stellung. In der einen Hand hält er das mystische Juwel, kraft dessen alle Wünsche erfüllt werden – in der anderen seinen shakujo oder Pilgerstab. Vor ihm (o seltsame Duldsamkeit des Shintōglaubens) sieht man einen kleinen Torii und ein paar Gohei! Offenbar hat diese milde Gottheit keinen Feind. Zu den Füßen des liebreichen Freundes der Geister der Kinder vereinigen sich beide Glauben in zarter Huldigung.

Ich sage Füße, aber dieser unterirdische Jizō hat nur einen Fuß. Der gemeißelte Lotos, auf dem er thront, ist zerbrochen und beschädigt, zwei große Blütenblätter fehlen. Und der rechte Fuß, der auf einem derselben geruht haben musste, ist beim Knöchel abgebrochen. Auf mein Befragen erfahre ich, dass dies das Werk der Wellen ist. Zu Zeiten großer Stürme stürzen die Fluten in die Grotte, rasend wie Onis (Teufel), und zersplittern auf ihrem Wege all die kleinen Steintürme. Aber gleich in der ersten stillen Nacht nach dem Sturm wird alles wieder in den früheren Stand gesetzt!

„Hotoke ga shimpai shite; naki-naki tsumi-nao-shimasu." Sie trauern, die Hotokes; weinend häufen sie die Steine wieder auf und errichten damit abermals ihre Gebettürme.

Rings um den schwarzen Rachen der inneren Grotte sieht der beinfarbene Fels wie eine ungeheure gähnende Kinnlade aus. Von diesem grausigen Portal senkt sich der Boden der Grotte in eine noch tiefere und dunklere Öffnung hinab, und in dieser bietet sich dem Auge, – nachdem es sich an das Dunkel gewöhnt hat – eine noch größere Vision von Steintürmen; und darüber, in einem Winkel der Grotte lächeln wieder drei Jizōs, jeder mit einem Torii vor sich. Hier habe ich zum ersten Mal das Missgeschick, einen Kieselhaufen umzustoßen und bald darauf bei meinem Weiterschreiten einen zweiten – fast gleichzeitig zerstört mein Kurumaya einen dritten. Nun müssen wir als Sühne sechs neue (die doppelte Anzahl der von uns zerstörten) aufrichten. Und während wir uns so eifrig mühen, erzählt uns die Bootsfrau von zwei Fischern, die eine ganze Nacht in der Höhle zubringen mussten und dort das Summen der unsichtbar Versammelten vernahmen, und Laute von Gesprächen wie verworrenes Geplauder einer großen Kinderschar.

Nur bei Nacht kommen die Kinder aus dem Schattenreich, um ihre Steinhaufen zu den Füßen Jizōs aufzurichten. Und man sagt, dass die Steine jede Nacht gewechselt werden. Auf meine Frage, warum sie nicht bei Tage arbeiten, wo sie doch niemand beobachten kann, sagt man mir: „O-hi-san[65] könnte sie sehen; die Toten sind sehr bange vor der Sonnengöttin."

Auf meine weitere Frage: „Warum kommen sie vom Meer?" kann ich keine befriedigende Antwort erhalten. Aber zweifellos haftet in der seltsamen Phantasie dieses Volkes, wie in der manches anderen, noch die primitive Vorstellung eines geheimnisvoll schaurigen Zusammenhanges zwischen dem Reiche des Wassers und dem Totenreich. Immer ist es das Meer, über das die Geister nach dem Feste der Seelen murmelnd den Rückweg zu ihrem Schattenreich nehmen, in jenen elfenhaften, winzigen Schiffchen, die man am 16. Tage des siebenten Monats für sie auf dem Wasser schwimmen lässt. Auch wenn man sie in Flüssen schwimmen oder Laternen in Flüssen oder Kanälen mit der Strömung treiben lässt, um den Geistern auf ihrem Heimweg zu leuchten, oder wenn eine trauernde Mutter hundert kleine Jizōbilder in ein strömendes Wasser wirft, um ihres verlorenen Lieblings willen, immer liegt der frommen Handlung die vage Idee zugrunde, dass alles Wasser in das Meer fließe und das Meer selbst in das ferne Land der Unterwelt.

Irgendwo wird einmal dieser Tag in meinen Träumen wiederauftauchen. Mit seinen Visionen und seinen Klängen; die dämmernde Höhle mit ihren

grauen Steingebilden, die hinab in das Dunkel versinken und die zarten Fußspuren winziger nackter Füßchen um die geheimnisvoll lächelnden Bilder und die gebrochenen Laute des Wassers im Grottendunkel, innen geboren, durch den Widerhall vervielfältigt und in ein großes geisterhaftes Wispern aufgelöst, wie das Summen in der Sai no Kawara (Aufenthaltsort der Kinderseelen in der Unterwelt).

Und über die blauschwarze Bucht gleiten wir zur felsigen Küste von Kagaura.

Wie in Mitsu-ura ist auch hier die Wasserkante von einer dichten Zeile von Fischerbooten bedeckt, jedes mit seiner „Nase" dem Meere zugekehrt; und hinter diesen sind Reihen anderer Boote, und man kann sich nur mühsam zwischen ihnen über den Strand zu den kleinen verschlafenen Gassen dahinter hindurchzwängen. Bei unserer Landung scheint es, als ob alles

---

[65] „Die Erhabene Sonnenfrau" oder „die Erhabene Sonnenherrin" Ama-terasu ohomi-Kami.

schliefe. Das einzige sichtbare Lebewesen ist eine auf dem Steuer eines Bootes sitzende Katze – und selbst diese brauchte nach japanischem Glauben keine wirkliche Katze zu sein, sondern ein O-bake oder ein Nekomata – kurz, eine Koboldkatze, denn sie hat einen langen Schweif. Es ist ein hartes Stück Arbeit, das einzige Hotel des Ortes aufzuspüren – nirgends sind Aufschriften, jedes Haus sieht aus wie eine Privatwohnung, entweder wie die eines Fischers oder eines Farmers. Aber der kleine Ort ist wohl des Umherwanderns wert. Eine Art gelben Stucks ist zur Bedeckung der Außenseite der Häuserfassaden verwendet, und dieser helle warme Ton in dem leuchtenden blauen Tag gibt den winzigen Gässchen ein überaus heiteres Aussehen.

Als wir endlich doch das Hotel entdecken, müssen wir noch eine gute Weile warten, bis wir Einlass finden, denn nichts ist vorbereitet. Scheinbar schläft alles oder ist nicht daheim, obgleich alle Schiebewände und Türen geöffnet sind. Offenbar gibt es in Kaga-ura keine Diebe. Das Hotel liegt auf einer kleinen Anhöhe und hat seinen Zugang von der Hauptstraße (die anderen sind nur Miniaturgässchen) über zwei steinerne Treppenabsätze. Gleich über dem Wege sehe ich einen Zentempel und einen Shintōtempel fast Seite an Seite.

Endlich kommt ein hübsches, junges, bis zum Gürtel entblößtes Mädchen mit Formen wie die einer Najade, in vollem Lauf über die Straße zum Hotel und verbeugt sich anmutig, ehe sie in dem Inneren des Hauses verschwindet. Das kleine Geschöpf ist das Zimmermädchen des Hotels, O-kayo-San – was „Jahre des Glücks“ bedeutet.

Nach einer kleinen Weile erscheint sie wieder auf der Schwelle, nunmehr tadellos mit einem hübschen Kimono bekleidet und fordert uns voller Anmut auf, einzutreten, war wir nur zu gern tun. Das Zimmer ist nett und geräumig, und in dem Toko und an den Wänden hängen shintōistische Kakemonos, und in einer Ecke sehe ich einen sehr schönen Zen-butsudan oder Hausaltar. (Die Form der Schreine und die Art der Andachtsgegenstände darin variiert je nach der Sekte der Gläubigen.) Plötzlich bemerke ich, dass es sich seltsam verfinstert, und als ich um mich blicke, sehe ich alle Türen und Fenster und sonstigen Öffnungen des Gasthauses auch hier wieder von einer schweigenden, lächelnden Menge blockiert, die sich angesammelt hat, um mich zu sehen. Ich hätte nie gedacht, dass es in Kaga-ura so viele Leute geben könnte.

Während der heißen Jahreszeit wird in einem japanischen Hause alles der Brise weit geöffnet – alle Shōjis oder Papierschiebwände, die als Fenster dienen, und alle die undurchsichtigen Papierschiebwände (Fusumas), die in den anderen Jahreszeiten dazu dienen, die Räume voneinander abzutrennen, sind fortgeschafft. Zwischen Dach und Boden bleibt nichts als das Holzgerüst des Gebäudes. Die Wohnung ist tatsächlich „entwändet“ und kann nach allen Richtungen durch und durch gesehen werden. Da der Gastwirt die Menge lästig findet, schließt er die vordere Hausfront ab. Der lächelnde schweigende Haufen begibt sich auf die Rückseite. Auch die Rückseite wird abgeschlossen. Nun drängt sich die Masse links und rechte an das Haus heran, und beide Seiten müssen abgeschlossen werden, wodurch es unerträglich heiß wird. Und die Menge erhebt sanfte Einwendungen gegen dieses Verfahren.

Der ärgerliche Wirt spricht auf den Haufen ein, argumentiert mit ihm, aber ohne jemals seine Stimme zu erheben (nie hört man bei diesem Volk eine im Zorn erhobene Stimme). Und was er sagt, versuche ich in seiner Weise wiederzugeben:

„Ihr da, was ist das für ein lästiges Benehmen, was ist da Wunderbares zu sehen? Ist doch kein Theater. Sind keine Spaßmacher, keine Ringer; was ist da Ergötzliches? Nur ehrenwerter Gast ist das. Jetzt erhabene Speisezeit ist – zuzusehen schickt sich nicht. Zeit zum Sehen, wenn hoher Gast wegfährt“.

Aber draußen fahren sanfte, lachende Stimmen mit Bitten fort – Bitten, die sie listig nur an die weiblichen Familienmitglieder richten, – das Herz des Wirtes ist nicht so leicht zu rühren. Und auch sie haben ihre Argumente.

„Oba-San!“

„O-kayo-San! Geruhen Shōji öffnen! – Möchten sehen!“

„Ist ja kein Ding, was Schaden nimmt durch Sehen, so dass nicht hindern darauf zu sehen gut ist.“

„Also öffnet schnell.“

Was mich selbst betrifft, möchte ich gerne gegen dieses Vorgehen des Gastwirtes protestieren, denn es ist nichts Beleidigendes, ja nicht einmal Lästiges in dem Starren dieses unschuldigen, sanften Völkchens, aber da es dem Wirt persönlich unangenehm zu sein scheint, will ich mich nicht einmischen. Doch die Menge rührt sich nicht vom Fleck. Im Gegenteil, sie verdichtet sich immer mehr, um mein Fortgehen ja nicht zu versäumen. An der Rückseite des Hauses ist ein großes Fenster, dessen Papierfüllung einige Löcher hat. Und ich sehe kleine Schatten zu diesen Löchern emporklimmen – im Nu ist ein Auge an jedem Loch. Nähere ich mich dem Fenster, gleiten die kleinen Gucker mit scheuen Lachkaskaden geräuschlos auf den Boden, und laufen fort. Aber bald kommen sie wieder. Man könnte sich kaum eine entzückendere Volksmenge vorstellen, – fast lauter Knaben und Mädchen, halbnackt wegen der großen Hitze, aber frisch und rosig wie Blumenknospen. Viele der Gesichter sind überraschend hübsch, nur ganz wenige kann man nicht besonders anmutig nennen. Aber wo sind die Männer und die alten Frauen? Wirklich, diese Bevölkerung scheint nicht die Kaga-uras, sondern vielmehr die der Sai no Kawara zu sein. Die Knaben sehen aus wie kleine Jizōs.

Während des Essens amüsiere ich mich damit, Birnen und kleine Stückchen von Rettich durch die Shōjilöcher hinauszustecken. Zuerst gibt es einiges Zögern und silbernes Gekicher, aber sehr bald streckt sich die Silhouette einer winzigen Hand vorsichtig empor und eine Birne verschwindet. Dann wird eine zweite genommen, so sanft, als ob ein Geist sie sich angeeignet hätte. Und nun ist es mit dem Zögern vorbei, ungeachtet der Bemühungen einer alten Frau, durch den Ausruf: „Mahōtsukai! Hexenmeister" eine Panik zu erregen. Als das Mittagessen fertig ist und die Shōjis zurückgeschoben werden, sind wir schon alle gut Freund. Nun fasst die Menge an den vier Hauptpunkten Posto und fährt in ihrer schweigenden Beobachtung fort. Ich habe nie einen so frappanten Unterschied zwischen dem Aussehen zweier Dorfbevölkerungen gesehen als zwischen der Jugend von Mitsu-ura und der von Kaga. Und doch sind diese beiden Dörfer nur zwei Fahrstunden voneinander entfernt. In dem inneren Japan, wie auf gewissen Inseln Westindiens entwickeln sich oft ganz verschiedene Typen in örtlich nur wenig voneinander entfernten Gemeinwesen. Diesseits eines Berges kann eine Bevölkerung besonders anziehend sein, während man auf der anderen Seite einen Weiler findet, dessen Bewohner ausgesprochen abstoßend sind. Aber nirgends in diesem Lande habe ich eine hübschere Jugend gesehen als die von Kaga-ura.

„Zeit zum Sehen, wenn hoher Gast wegfährt!" Als wir zur Bucht hinabsteigen, schließt sich uns ganz Kaga-ura an, selbst die bis dahin unsichtbar gebliebenen Dorfältesten. Aber man hört kein Geräusch außer dem Klappern der Getas. So werden wir zu unserem Boot eskortiert. In alle anderen an den Strand gezogenen Boote klettert leichtfüßig das junge Volk und lässt sich auf Dollbord und Bug nieder, um nach dem „wundersamen Ding, das durch Sehen keinen Schaden nimmt", zu blicken. Alle lächeln sie, sagen aber kein Wort, nicht einmal zueinander; ich weiß nicht, wie es zugeht, aber mir ist, als schliefe ich – alles ist so weich, so sanft, so wunderlich, ganz so, wie man die Dinge im Traum sieht. Und als wir über das blaue, leuchtende Wasser fortgleiten, schaue ich zurück nach der noch immer wartenden und blickenden Menge in dem großen Halbkreis der Boote – nach all den über den Bug hinabbaumelnden Kindergliedern, all den sammetschwarzen, bewegungslosen Köpfen in der Sonne; nach all den Knabengesichtern mit dem Jizōlächeln und all den sanften, schwarzen Augen, die unermüdlich nach dem „Ding, das durch Sehen keinen Schaden nimmt" ausschauen. Und als das Bild, allzu schnell entschwindend, zum Umfang eines Kakemonos zusammenschrumpft, wünsche ich, ach vergebens, ich könnte diese letzte Vision mit mir nehmen, und sie in meinem Toko bewahren, um manchmal mein Herz durch ihren Anblick zu erfreuen. Ein Moment noch, und bei einer Biegung um einen Felsen entschwindet Kaka-ura meinen Blicken, für ewig. So versinken alle Dinge.

Fürwahr, jene Eindrücke, die in unserer Erinnerung am häufigsten wieder auftauchen, sind die flüchtigsten; wir erinnern uns an weit mehr Augenblicke als Minuten, an mehr Minuten als Stunden, und wer vermöchte sich eines ganzen Tages zu entsinnen? Die erinnerte Glückssumme einer Lebenszeit ist das Werk von Sekunden. Was ist flüchtiger als ein Lächeln? Und doch, wann stirbt die Erinnerung an ein entschwundenes Lächeln? Oder die weiche Wehmut, die diese Erinnerung weckt? Die Trauer um den Verlust eines einzelnen, individuellen Lächelns ist etwas der menschlichen Natur Allgemeines; aber die Trauer um das Lächeln eines Volksstammes, ein Lächeln, das als eine abstrakte Eigenschaft angesehen wird, ist sicherlich eine seltene Empfindung, und eine, die, glaube ich, nur dieses orientalische Land erwecken kann, dessen Volk ewig lächelt, gleichwie seine eigenen Götter aus Stein. Und diese kostbare Erfahrung ist schon mein, denn ich trauere um das Lächeln von Kaga-ura.

Gleichzeitig kommt die Erinnerung einer seltsam grausamen buddhistischen Legende. Einst lächelte Buddha, und von dem Strahlenglanz seines

Lächelns wurden zahllose Welten erleuchtet. Aber eine Stimme ertönte und sprach: „Es ist nicht wirklich, es kann nicht währen!"

Und das Licht erlosch.

In Mionoseki[66]

Der Gott von Mionoseki hasst Eier, Hühnereier. Ebenso hasst er auch Hühner und Küchlein und verabscheut den Hahn vor aller lebenden Kreatur. Und in Mionoseki gibt es weder Hähne, noch Hennen, noch Küchlein oder Eier. Man könnte dort kein Hühnerei auftreiben, nicht einmal um den zwanzigfachen Preis seines Gewichtes in Gold.

Und kein Boot, keine Djunke und kein Dampfer könnte dazu bewogen werden, auch nur so viel wie eine Hühnerfeder nach Mionoseki zu transportieren, geschweige denn ein Ei. Ja, man sagt sogar, dass, wenn man am Morgen Eier gegessen hat, man nicht vor dem nächsten Tag wagen darf, in Mionoseki einen Besuch zu machen, denn die große Gottheit von Mionoseki ist der Schutzpatron der Seeleute und der Beherrscher der Stürme, und wehe dem Schiff, das seinem Heiligtume auch nur mit dem Gerüche eines Eies naht.

Einstmals geriet das kleine Schiff, das täglich von Matsue nach Mionoseki fährt, gerade als es in das offene Meer kam, in einen furchtbaren Sturm. Die Mannschaft ließ es sich nicht nehmen, dass irgendetwas dem Koto-shironushi no Kami Nichtgenehmes unwissentlich an Bord gebracht worden sein müsste. Alle Passagiere wurden befragt, vergebens. Plötzlich entdeckte der Kapitän auf dem Rohr einer kleinen Metallpfeife, die einer der Männer

---

[66] Seki wa Yoi toko asahi wa ukete;
O-yama arashi ga
Soyo-soyoto!
(Seki ist ein lieblicher Ort im Angesicht der Morgensonne.
Von heiligen Bergen weht der Wind so sanft, oh so sanft.
Soyo-soyoto!)
Lied aus Mionoseki

rauchte, rauchte angesichts des Todes wie ein echter Japaner, das Bild eines krähenden Hahnes. Natürlich wurde die Pfeife über Bord geworfen. Allsogleich glätteten sich die erzürnten Wogen, und das kleine Fahrzeug dampfte unversehrt in den heiligen Hafen und warf vor dem großen Torii des Heiligtumes Anker.

Was nun den Grund betrifft, warum der Hahn bei der großen Gottheit so übel angeschrieben und aus ihrem Reich verbannt ist, so sind darüber verschiedene Geschichten im Umlauf; aber der Inhalt, der allen zugrunde liegt, ist ungefähr folgender:

Wie wir im Kojiki lesen, pflegte Koto-shiro-nushi no Kami, der Sohn der großen Gottheit von Kizuki, nach Kap Mino zu gehen,[67] „auf Vogel- und Fischfang". Und auch aus anderen Gründen pflegte er sich nächtlicherweile vom Hause zu entfernen. Aber immer musste, er vor Tagesanbruch zurückkehren. Dazumal war nun der Hahn sein vertrauter Diener, dem die Pflicht oblag, munter zu krähen, wenn es für seinen Herrn Zeit war, heimzukehren. Doch eines Tages geschah es, dass er Hahn an seine Pflicht vergaß, und der in seinem Boot zurückeilende Gott verlor die Ruder, musste mit den Händen schaufeln, und die bösen Fische bissen ihn in die Finger.

Auch in Yasugi, einer hübschen kleinen Stadt an der Lagune von Naka-Umi, durch die wir auf unserem Wege nach Mionoseki fahren, wird Koto-shiro-nushi no Kami inbrünstig vom Volke verehrt. Aber trotzdem gibt es in Yasugi eine Menge Hennen und Küchlein, und die Eier Yasugis suchen an Größe und Güte ihresgleichen. Und das Volk von Yasugi behauptet, man diene der Gottheit besser, wenn man Eier esse, als wenn man so verfahre wie die Leute in Mionoseki. Denn so oft man ein Huhn oder ein Ei esse, vertilge man einen Feind des Koto-shiro-nushi no Kami.

Bei schönem Wetter ist die Dampferfahrt von Matsue nach Mionoseki entzückend. Nachdem man aus der schönen Lagune von Naka-Umi in das offene Meer gelangt ist, hält sich das kleine Fahrzeug immer an der langen Küste von Izumo. Es ist eine hohe Küste voll Felsen und Hügeln, die aus dem Meere emporsteigen. Zumeist bis zu den Gipfeln begrünt, und terrassenförmig ansteigend, so dass sie wie grüne Stufenpyramiden aussehen. Die Basis der Klippen ist sehr felsig und die seltsamen Zerklüftungen und Abschürfungen der Küste lassen auf die Tätigkeit uralter vulkanischer Kräf-

[67] Mionoseki

te schließen. In weiter Ferne, rechts über Meilen stillen, blauen Wassers, taucht das lange, niedrige Ufer von Hōki auf, zart wie ein Spiegelbild mit seinem weiten Strand, der wie ein endloser Silberstreif die blaue Fläche umsäumt. Und darüber schwebende Linien von Wäldern und Hügeln, und über alles, in den hohen Himmel hineinragend, die erhabene Gestalt des Daisen, mit seinem schneebedeckten Gipfel. So steuern wir vielleicht eine Stunde lang zwischen Hōki und Izumo dahin. Ab und zu lugt aus der zerklüfteten grünen Küste zu unserer Linken ein kleiner Weiler heraus, der in einem Spalt zwischen zwei Hügelritzen eingebettet liegt. Die geisterhafte Küste rechts bleibt unverändert. Dann plötzlich pfeift das kleine Paketboot und steuert auf ein kleines Vorgebirge zu, gleitet um seinen felsigen Fuß und fährt in eine der hübschesten, kleinen Buchten ein, die man sich denken kann. Eine muschelartige Öffnung in der Küste, eine halbkreisförmige, klare, tiefe Bucht, von hohen, zerklüfteten, bewaldeten Hügeln eingefasst. Um den Rand der Bucht das allerliebste, japanische Städtchen Mionoseki.

Es ist kein eigentlicher Strand, nur ein Halbkreis von Steinwerften und darüber die Häuser, und über diesen das schöne Grün der heiligen Hügel, aus dem hie und da die Spitze eines Tempeldaches hervorragt. Von der Hinterseite jedes Hauses führt eine Treppe in das tiefe Wasser, und Boote liegen an jeder Türe angekettet. Wir landen an dem großen Tempel, dem Miojinja. Die lange, gepflasterte Avenue führt bis an den Wasserrand hinab, wo ebenfalls Boote an Steintreppen angekettet liegen. Blickt man diesen breiten Zugang hinan, so gewahrt man einen großen Steintorii und kolossale Steinlaternen und zwei prächtige, auf hohen Postamenten sitzende, gemeißelte Löwen, Karashishi, die von einer Höhe von mehr als fünfzehn Fuß auf das Volk hinabblicken. Über allem sieht man die Wälle und Tore des äußeren Tempelhofes und darüber hinaus die Dächer der großen Haiden (Gebethalle), und die durchlochten, vorspringenden Querbalken des noch höheren Go-Miōjin, des heiligen Schreins selbst, der sich wirkungsvoll von den grünen Hügeln abhebt. Malerische Djunken liegen reihenweise verankert. Es sind aber auch zwei Tiefseeschiffe moderner Konstruktion da. Schiffe aus Ōsaka. Auch ein überaus romantischer kleiner Wellenbrecher, aus behauenem Stein aufgeführt, an dessen Ende eine Steinlaterne steht. Auch eine hübsche, geschwungene Brücke, die zu einer winzigen Insel führt, auf der ich einen Schrein Bentens, der Wassergöttin sehe.

Jetzt möchte ich nur gerne wissen, ob es mir möglich sein wird, Eier aufzutreiben. Mit unschuldiger Miene, aber reuigem Herzen, richte ich an das hübsche Zimmermädchen des Gasthofes Shimaya die verfängliche Frage.

„Ano ne! tamago wa arimasen ka?" (Gibt es keine Eier, Fräulein?)

Mit dem Lächeln einer Kwan-on antwortete sie: „He! Ahiru no tamago ga sukoshi gozarimasu." (Ja, es sind ein paar Enteneier da!)

Köstliche Überraschung! Enteneier! Aber Enten gibt es keine, denn Enten würden das Leben nicht lebenswert finden in einer Stadt, wo es nur Tiefseewasser gibt. Und alle Enteneier kommen aus Sakai.

Dieses hübsche kleine Hotel, aus dessen oberen Zimmern man das Wasser überblicken kann, liegt an dem einen Ende oder fast an dem einen Ende des halbmondförmigen Mionoseki, und der Miojinja fast an dem anderen, so dass man, um zum Tempel zu gelangen, die ganze Stadt durchwandern oder sonst mit dem Boot den Hafen durchqueren muss. Aber die ganze Stadt ist wohl des Sehens wert. Sie liegt so dicht zusammengepresst zwischen dem Meer und dem Fuß der Hügel, dass dazwischen nur für eine eigentliche Gasse Raum ist, und diese ist so eng, dass ein Mann vom zweiten Stockwerk eines Hauses auf der Wasserseite in das zweite Stockwerk des Hauses auf der Landseite leicht hinüberspringen könnte. Und sie ist ebenso malerisch wie sie eng ist, mit ihren polierten Balkonen und den flatternden, mit Inschriften bedeckten Draperien. Von dieser Hauptstraße laufen einige Gässchen zum Rande des Wassers hinunter, wo sie in Treppen endigen. Und in all diesen Miniaturgässchen liegen lange Boote mit ihrem über die Werften hinausragenden Steuer, gleichsam begierig, sich in das Wasser zu stürzen. Ich selbst kann der Lockung nicht widerstehen, und ehe ich mich zum Besuch des Miojinja aufmache, springe ich noch rasch von der Rückseite des Hotels aus in die zwölf Fuß tiefe, klare Flut und kühle meine Glieder durch eine Schwimmtour um den Hafen. Auf dem Wege nach dem Miojinja bemerke ich in einer Unzahl kleiner Verkaufsläden entzückende Körbe und Gerätschaften aus geflochtenem Bambus zur Schau gestellt. Feine Bambusware ist in der Tat das Hauptprodukt von Mionoseki, und fast jeder Besucher kauft irgendeinen hübschen Gegenstand, um ihn nach Hause mitzubringen.

Der Miojinja ist in seiner Architektur nicht hervorragender als die anderen Shintōtempel in Izumo, und auch seine Innendekoration verdient keine eingehendere Beschreibung. Nur der Zugang über die breite, abschüssige Fläche des Pflasters unter dem Granittorii zwischen den steinernen Löwen und Laternen wirkt vornehm. Im Innern der eigentlichen Höfe ist nicht viel zu sehen, außer einem prächtigen Becken aus massiver Bronze, das wohl viele tausend Yen gekostet haben muss. Dies ist eine Votivgabe. Eine Sammlung viel bescheidenerer ex votos ist in dem Shamusho oder Kanzleigebäude zur Rechten der Haiden; eine Serie wunderlich gezeichneter Bilder in wunderlichen Farben, Schiffe in großen Stürmen darstellend, die durch die schützende Kraft des Koto-shiro-nushi no Kami in den Hafen geleitet werden. Dies sind Geschenke von Schiffern.

Die Ofudas sind nicht so eigenartig als die anderer berühmter Izumotempel, aber es herrscht große Nachfrage danach. Jene weißen, für einige Rin käuflichen Papierstreifen, die Götternamen tragen und einige Worte der Verheißung, werden an Bambusstäbe gebunden und in allen Feldern der Umgebung aufgepflanzt. Die seltsamsten Dinge, die feilgeboten werden, sind kleine Päckchen Reissamen. Man behauptet, dass alles, was man wünscht, diesen Reissamen entsprießen wird, wenn man beim Einpflanzen ein Gebet spricht, ob man nun Bambuspflanzen, Baumwollpflanzen, Erbsen, Lotos oder Wassermelonen will, gleichviel, man pflanze nur unter Gebeten den Samen und glaube, und die gewünschte Ernte wird nicht ausbleiben.

Weit interessanter als die Ofudas des Miojinja sind die Yōrakus, die hängenden Votivgaben in dem Hōjinji, einem Tempel der Zensekte, auf dem Gipfel des schönen Hügels über dem großen Shintōschrein; vor einem Altar, auf dem die dreiunddreißig Kwanonbilder geordnet sind – die dreiunddreißig Formen jener Gnadengöttin, die das Ideal alles dessen repräsentiert, was im japanischen Jungfrauenbegriff anmutig, süß, rein ist, – sieht man eine seltsame, buntfarbige Masse wunderlicher Dinge von der geschwärzten Decke herabhängen; da gibt es hunderte von Plüschbällen, hunderte bunter Baumwollbälle in allen Farben, Seidensträhne und Muster von Seiden- und Wollgeweben, gestickte Börsen in Form von Sperlingen und anderen lebenden Geschöpfen, und zahllose Handarbeiterzeugnisse. Alles dies sind Votivgaben von Schulkindern, kleinen Mädchen, an die gnadenreiche, jungfräuliche Mutter des Erbarmens. Sobald das kleine Mädchen einen Begriff von Weben, Nähen und Stricken bekommen hat, trägt es sein erstes gelungenes Werk zum Tempel als Gabe für die milde Göttin,

„deren Augen schön sind" – „ihr, die auf den Klang der Gebete herniederschaut". Selbst die Kinder des Kindergartens bringen ihre erste Arbeit hierher – hübsche Papierflechtarbeiten mit ihren weichen, blütenzarten Fingern zu verschiedenen Figuren zusammengefügt.

Bei Tage ist Mionoseki sehr träumerisch und ruhig. Nur hie und da ertönt Kinderlachen oder der Gesang der Schiffer, die die merkwürdigsten Boote rudern, die ich je außerhalb der Tropen gesehen habe – Boote, die so schwer sind, dass es zehn Männer bedarf, um sie fortzubewegen. Diese stehen nackt bei ihrer Arbeit und handhaben Ruder mit gekreuzten Griffen. (Man denke sich den Buchstaben T, dessen unterer Teil zu einem Ruderblatt verlängert ist.) Bei jedem Ausholen stemmen sie ihre Füße gegen das Bord, um dem Ruderschlage mehr Nachdruck zu geben, und in den Zwischenpausen stimmen sie eine seltsame Weise an, die mir eine gewisse altspanisch-kreolische Melodie, die ich in den Gewässern Westindiens gehört habe, in Erinnerung ruft.

„A-ra-ho-no-san-no-sa, I-ya-ho-en-ya! Ghi! Ghi!"

Der Gesang beginnt mit einer langen, hohen Note, wird in halben Intervallen fast mit jeder Silbe leiser und verhaucht schließlich in ein fast unhörbares Summen – dann folgt der Schlag „Ghi! Ghi!"

Aber bei Nacht ist Mionoseki einer der lärmendsten und fröhlichsten kleinen Häfen des westlichen Japan. Von einer Spitze seiner Mondsichelgestalt zur anderen spiegeln sich überall die Shokudai-Feuer, die großen Bankettlichter, in den Wassern, und die ganze Luft vibriert von Festesfreude. Überall hört man den Schall der Tsuzumi, der kleinen Handtrommel der Geishas, und den süßen, klagenden Sang der Mädchen, Samisengeklimper und das abgemessene Händeklatschen beim Tanz und das wilde Rufen, Schreien und Lachen der Kenspieler. Und all dies ist bloß der Widerhall der Feste der Seeleute. Wie wenig unterscheidet sich doch die Natur der Seeleute auf dem ganzen Erdenrund! Man sagt, dass jedes größere Schiff, das Mionoseki besucht, dort zwischen dreihundert und fünfhundert Yen für Sake und Tanzmädchen ausgibt. Viele Gebete richten diese Schiffer an die große Gottheit, die die Eier hasst, das Meer zu glätten und günstigen Wind zu schicken, damit sie rechtzeitig und unversehrt Mionoseki erreichen. Aber sind sie über die ungekräuselte See bei leichter Brise glücklich im Hafen eingelaufen, wie kärglich ist dann doch die Gabe an die Tempel der großen

Gottheit, und wie erstaunlich groß die Summen, die den Geishas und den Wirten zufließen!

Aber die gute Gottheit ist geduldig und langmütig – außer, wenn es sich um Eier handelt. Immerhin sind diese japanischen Seeleute sehr sanft im Vergleich mit unseren eigenen Teerjacken, und nicht ohne eine ihnen eigentümliche Verfeinerung und Höflichkeit. Ich sehe sie bis zum Gürtel entblößt bei ihren Banketten sitzen, denn es ist sehr heiß – aber sie handhaben die Essstäbchen so zierlich und trinken einander den Sake so verbindlich zu, wie Männer der besseren Klasse. Auch scheinen sie in ihrem Benehmen gegen ihre Mädchen sehr rücksichtsvoll. Ich schaue ihnen gerne über die Straße bei ihrem Festschmause zu. Vielleicht ist ihr Lachen etwas lauter und ihre Gesten um einen Grad heftiger als die der gewöhnlichen Bürger, aber es ist nichts darin, was wirklicher Ungeschlachtheit, oder gar eigentlicher Roheit gleichsähe. Alle werden sie regungslos und stumm wie Statuen – fünfzehn schöne an der Wand des Zashiki[68] lehnende Bronzefiguren – sobald irgend eine hübsche Geisha einen jener theatralischen Tänze beginnt, die dem abendländischen Fremdling zuerst so geheimnisvoll erscheinen, wie eine Zaubervorstellung, aber in Wirklichkeit nichts anderes sind als entzückende Transkriptionen von Legenden und Geschichten in die Sprache lebendiger Anmut und die Poesie des weiblichen Lächelns. Und je mehr Wein fließt, desto liebenswürdiger wird die Festesfreude, bis alle von jener angenehmen Schläfrigkeit übermannt werden, die der Sake bewirkt, und ein Gast nach dem anderen sich lächelnd verabschiedet. Nichts könnte fröhlicher und sanfter sein, als diese abendliche Ergötzung. Und doch gilt in Japan die Klasse der Schiffsleute als besonders roh. Wie würde man über unsere eigenen verrohten Matrosen in einem solchen Lande urteilen?

Ich bin nun vierzehn Monate in Izumo, habe aber noch keine im Zorn erhobene Stimme gehört, keinem Streite beigewohnt, nie habe ich gesehen, dass ein Mann gegen einen anderen einen Schlag geführt, oder dass er eine Frau angeschrien oder einem Kinde einen Klaps gegeben hätte. In der Tat, während meines ganzen Aufenthaltes in Japan habe ich nirgends eine eigentliche Roheit gesehen, ausgenommen in den offenen Häfen, wo die ärmeren Klassen durch den Kontakt mit den Europäern ihre angeborene Höflichkeit,

---

[68] Zashiki, der beste und größte Raum einer japanischen Wohnung; — das Gastzimmer einer Privatwohnung oder Bankettsaal eines Gasthofs.

ihre nationalen Sitten, ja selbst ihre Fähigkeit schlichten Glücksgenießens einzubüßen scheinen.

Gestern abend habe ich die Seeleute des alten Japan gesehen, heute werde ich Gelegenheit haben, die des neuen Japan zu betrachten. Eine Erscheinung auf hoher See hat den ganzen kleinen Hafen in helle Aufregung gebracht – ein kaiserliches Kriegsschiff. Niemand will sich entgehen lassen, es in Augenschein zu nehmen, und alle die langen Boote, die in den Gässchen festgebunden lagen, hasten schon voller Neugier zu dem Stahlkoloss, einem erstklassigen Kreuzer mit einer Bemannung von fünfhundert Matrosen. Auch ich steige in eines dieser erstaunlichen Fahrzeuge, die von zehn überaus kräftigen, nackten Männern mit enormen Rudern oder eigentlich Schaufeln mit gekreuzten Handhaben fortbewegt werden. Aber ich bin nicht allein – ja, ich kann kaum Raum genug zum Stehen finden, so überfüllt ist das Boot mit Passagieren jeglichen Alters, insbesondere Frauen, die zu ängstlich sind, um sich in einem gewöhnlichen Sampan auf das offene Meer zu wagen.

Eben, als wir abstoßen, springt im letzten Moment eine verspätete Tänzerin mit Lebensgefahr in die dichtgedrängte Menge, und sengt sich an meiner Zigarre den Arm. Ich bin besorgt um sie, aber sie lacht nur fröhlich über meine Teilnahme, und die Ruderer beginnen ihren melancholischen, einlullenden Gesang.

„A-ra-ho-no-san-no-sa. I-ya-ho-en-ya! Ghi! Ghi!“

Man muss eine Weile tüchtig ausholen, um an das schöne Ungeheuer heranzukommen, das sich dort regungslos aus der sommerlichen See emportürmt, nur von einem dünnen Rauchwölkchen aus seinen mächtigen, schlummernden Maschinen umkräuselt; und in diesem träumerischen Sang der Bootsleute muss irgend ein alter Zauber verborgen sein, denn während wir so dahingleiten, ist es mir, als sähe ich einen Traum.

Und seltsam fürwahr wie eine Vision im Schlafe ist das Schauspiel dieses Gewoges wunderlicher Fahrzeuge, die um den ungeheuren Koloss herumwimmeln, und all der Volksmenge des uralten Hafens in ihren schneeigen Gewändern mit den wallenden Ärmeln – Frauen, Männer, Kinder, Ergraute und Jugendliche, diese mächtigen Flanken hinankletternd, in einem endlosen Strom wie ein Ameisenschwarm, mit lautem Gesumm wie in einem Bienenkorb – ein Geräusch, das aus leisem Lachen, gedämpftem Schwatzen und halblautem Gemurmel der Verwunderung zusammengesetzt ist. Denn der Koloss überwältigt sie, dieses Schiff des Tenshi-Sama, des Sohnes des Himmels. Wie Kinder bestaunen und begaffen sie die Wälle und Türmchen aus Stahl, die Riesenkanonen und die mächtigen Ketten und das finster-strenge Gebahren von hunderten Weißuniformierter, die ohne ein Lächeln über die Eisenbrüstung auf das Schauspiel hinabschauen. Zwar sind sie auch Japaner – aber durch irgendeinen geheimnisvollen Prozess zu Ähnlichkeit mit den Fremden umgewandelt. Nur ein erfahrenes Auge könnte die Nationalität dieser gestählten Seeleute bestimmen. Wäre nicht das kaiserliche Wappen in Gold und die schimmernden Ideogramme auf dem Steuer, man möchte glauben, irgendein mit romanischen Männern bemanntes spanisches oder italienisches Kriegsschiff vor sich zu sehen.

Ich kann unmöglich an Bord gelangen. Die eisernen Stufen sind von einer endlosen Kette sich umklammernder Körper bedeckt, Knaben in blauen Kleidern, alte Männer mit kleinen grauen, auf dem Scheitel befestigten Zöpfen, und furchtlose junge Mütter mit ihrem vertrauensvoll lächelnden Kind auf dem Rücken, Bauern, Fischer und Tanzmädchen halten sich an den Seilen fest. Sie kleben jetzt einfach da wie die Fliegen: jemand hat ihnen gesagt, sie müssten fünfzehn Minuten warten. So warten sie also mit lächelnder Geduld und hinter ihnen in den hochaufstrebenden Booten warten andere Hunderte und staunen und wundern sich. Aber ehe noch fünfzehn Minuten verstrichen sind, zerstört plötzlich ein Stentorruf von Deck alle Hoffnung: „Mo jikan ga naikara, miseru koto dekimasen! (Es ist keine Zeit mehr zur Besichtigung!)" Das Ungetüm wird in See stechen, es fährt fort. Nun darf niemand mehr an Bord kommen, und von dem geduldigen Schwarm der am Seil Hängenden, und von den in den Booten geduldig Harrenden ertönt ein einstimmiges, langgezogenes, klagendes „Aa!" der Enttäuschung, gefolgt von naiven Vorwürfen im Izumodialekt: „Gun-jin wa uso iwanuka to omaya! – uso-tsuki dana! – aa! sō dana!" Wer hätte gedacht, dass Soldaten lügen und einen zum Besten haben könnten. „Aa! – aa! – a!" Offenbar sind die Gun-jin an solche Szenen gewöhnt, denn sie verziehen nicht einmal den Mund.

Aber wir halten uns nahe dem Kreuzer, um den hastigen Abstieg der Schaulustigen in ihre Boote zu beobachten und das sachte und imposante Schauspiel des Aufziehens der Ankerketten, das geschäftige Klettern und Springen der Matrosen über den Bug, um geheimnisvolle Dinge zu befestigen oder zu lösen. Einem derselben, der sich herunterneigt, gleitet die Kappe herab und unter den Booten entspinnt sich ein Wettkampf um die Ehre, sie herauszufischen. Ein über die Brüstung gelehnter Seemann sagt zu seinem Kameraden mit halblauter Stimme: „ Aa! gaikokujin dana! – nani shi ni kite iru daro." Der andere erwidert: „Yasu-no-senkyōshi daro."

Mein japanisches Kostüm täuscht sie nicht darüber, daß ich ein Fremder bin, aber es rettet mich denn doch vor dem Verdacht, ein Missionar zu sein – ich bleibe ein Rätsel. Dann ertönen laute Rufe „Abonai (Achtung)!" Würde der Kreuzer sich jetzt in Bewegung setzen, welch unsagbarer Zusammenprall und welch tödliches Versinken würde die Folge sein. Die kleinen Boote stieben auseinander und suchen das Weite. Unsere zehn nackten Schiffer beugen sich wieder über die kreuzförmigen Ruder und nehmen ihren alten melancholischen Gesang wieder auf. Und indem wir zurückgleiten, überkommt mich der Gedanke an den unermeßlichen Aufwand an Kosten für dieses Schauspiel, das wir zu sehen auszogen. Dieses prachtvolle Schreckgespenst aus Stahl und Dampf mit all der komplizierten Vernichtungsmaschinerie, die von jenen demütigen Millionen bestritten werden muss, jenen Millionen, die in aller Ewigkeit knietief im Schlamm der Reisfelder arbeiten, es aber nie so weit bringen können, ihren eigenen Reis zu essen. Weit billiger muss die Nahrung sein, von der sie leben – und doch – nur, um diese ihre karge Habe zu schützen, müssen solche Mordwerkzeuge ins Leben gerufen werden – monströse Schöpfungen der Wissenschaft, mathematisch zum Zwecke der Zerstörung angewendet.

„Wie lieblich sieht nun Mionoseki aus, in weiter Ferne friedlich schlummernd unter seinen blauen Ziegeln am Fuße der heiligen Hügel! – Das uralte Mionoseki mit seinen steinernen Löwen und Laternen und seinem Gotte, der die Eier hasst!

Schönes, phantastisches Mionoseki! Wo außer der Schule noch alles mittelalterlich ist: die hochragenden Djunken und die langschnäbeligen Boote und der klagende Gesang der Ruderer:

„A-ra-ho-no-san-no-sa, I-ya-ho-en-ya! Ghi! Ghi!"

Und wieder berühren wir die bemoosten, uralten Steinwerften; über eine Meile leuchtender Meerflut sind wir tausend Jahre zurückgeglitten! Ich wende mich um, um auf die Stelle jener düsteren Vision zurückzublicken, – und siehe, alles ist verschwunden. Nichts mehr ist zu sehen, alles fort. Nur der glatte Spiegel der blauen See unter der blauen Himmelsglocke. Und gerade über dem Vorgebirge ein ferner, weißer Fleck: das Segel einer Djunke. Der Horizont ist frei. – Verschwunden – aber wie geräuschlos – wie schnell – neunzehn Knoten in der Stunde – und – Oh! Kotoshiro-nushi no Kami – es werden wohl doch Eier an Bord gewesen sein!

Kusa-Hibari

Ein Käfig ist genau zwei japanische Zoll hoch und anderthalb Zoll breit. Die winzige Holztür, die sich auf einem Zapfen dreht, ist kaum so groß, dass du die äußerste Spitze deines kleinen Fingers hindurchstecken kannst. Aber für ihn ist Raum genug in dem Käfig zum Spazierengehen, zum Hüpfen und zum Fliegen. Denn er ist so winzig, dass du sehr genau durch die braunen Gazewände spähen musst, um ihn zu entdecken. Ich muss den Käfig stets mehrmals im vollen Licht herumdrehen, bis es mir gelingt, seinen Aufenthalt zu erspähen. Meistens finde ich ihn in einem der oberen Winkel kopfüber an der Gazedecke hängend.

Stelle dir ein Heimchen vor von der Größe eines gewöhnlichen Moskitos, mit Fühlern, die viel länger sind, als sein übriger Körper, und so haarfein, dass du sie nur gegen das Licht gehalten zu unterscheiden vermagst. „Kusa-Hibari" oder Graslerche ist sein japanischer Name, und sein Marktpreis ist genau zwölf Cents, das heißt weit mehr, als das Gewicht des Tierchens in Gold beträgt. Zwölf Cents für solch ein Mückenwesen!

Am Tage schläft oder meditiert er, wenn er nicht gerade mit einigen Blättchen der Eier- oder der Gurkenpflanze beschäftigt ist, die man ihm jeden Morgen in seinen Käfig schieben muss. Ja, seine Pflege und Ernährung sind ein wenig beschwerlich, – könntest du ihn sehen, es würde dir sicherlich absurd vorkommen, daß man sich wegen eines so lächerlich kleinen Dinges solche Umstände machen kann.

Aber alltäglich bei Sonnenuntergang erwacht seine winzige Seele, und dann beginnt das Zimmer von einer unbeschreiblich zarten, geisterhaft süßen Musik zu erklingen – ein dünner, dünner, silbern zitternder Triller, sanft wie Äolsharfen – je tiefer sich die Schatten der Dunkelheit senken, desto süßer und eindringlicher wird der Ton. Bald schwillt er an, bis das Haus in magischer Resonanz zu vibrieren scheint, bald wieder schmilzt er verhallend zu einem fadendünnen, kaum hörbaren Tone hin. Aber laut oder leise, immer hat er denselben bezwingenden Zauber.

Die ganze Nacht über singt das kleine Atom so, und verstummt erst, wenn die Tempelglocken den nahenden Morgen verkünden.

Der zarte Sang ist ein Sang der Liebe – einer unbestimmten Liebe zu etwas Ungesehenem und Unbekanntem. Es ist ganz unmöglich, dass das singende Wesen den Gegenstand seiner Gefühle in dieser seiner gegenwärtigen Existenz je gesehen oder gekannt hat. Selbst seinen Vorfahren, auf viele Generationen zurück, konnte unmöglich etwas von dem nächtlichen Leben der Felder und der Liebesmacht des Gesanges bekannt sein. Sie sind aus einem Brutei in dem Laden eines Insektenverkäufers zum Leben erstanden, und dann immer in Käfigen verblieben. Aber der winzige Sänger singt den Sang seiner Rasse, wie er durch Myriaden Jahre vor ihm gesungen ward, fehlerlos, als verstünde er die genaue Bedeutung jedes einzelnen Tones. Natürlich hat er das Lied nicht gelernt. Es ist ein Sang der organischen Erinnerung, einer tiefgründenden, verschleierten Erinnerung, von vorhergehenden Quintillionen von Leben, als seine Seele aus den taufeuchten Gräsern des Hügels zur nächtlichen Stunde tönend ward. Damals brachte sein Sang ihm Liebe, und – Tod. Die Todeserinnerung ist ausgelöscht, aber die Erinnerung an die Liebe lebt fort, und darum singt er nach der Braut, die nie kommen wird.

So ist seine Sehnsucht ein unbewusster Rückblick: Er ruft nach dem Staube der Vergangenheit, er fleht das Schweigen und die Götter an, um die Wiederkehr der entschwundenen Zeiten. Auch menschliche Liebende tun dasselbe, ohne es zu wissen. Sie nennen ihre Illusion ein Ideal – und ihr Ideal ist im Grunde nur das Aufdämmern der Rasse-Erfahrung – ein Traumbild der organischen Erinnerung. Die lebendige Gegenwart hat wenig damit zu tun...

Mag sein, daß auch dieses Atomwesen ein Ideal hat, oder wenigstens das Rudiment eines Ideals, – aber jedenfalls muss das winzige Wesen seine Sehnsucht vergebens hinausklagen.

Es ist wirklich nicht ganz meine Schuld. Man hatte mich gewarnt; wenn ich dem Geschöpfchen eine Genossin zugesellen würde, dann wäre es mit seinem Gesange und Leben schnell vorbei. Aber Nacht um Nacht berührte mich sein süßes, unbeantwortetes Klagelied wie ein Vorwurf; es verfolgte mich, es ließ mir keine Ruhe, steigerte sich zur Gewissensqual, und ich versuchte, ihm ein Weibchen zu verschaffen.

Aber die Jahreszeit war zu weit vorgeschritten, – es waren keine „Kusa-Hibaris" zu haben, weder Männchen, noch Weibchen. Der Insektenverkäufer sagte lachend: „Er hätte ja schon ungefähr am zwanzigsten Tage des neunten Monats sterben sollen!" Es war schon der zweite Tag des zehnten Monats abgelaufen. Aber der Insektenverkäufer wußte nicht, dass ich in meinem Bibliothekzimmer einen prächtigen Ofen stehen habe, und die Temperatur immer über 75 °F. halte, so dass mein Heimchen noch am Schlusse des elften Monats zu singen fortfährt; ich hoffe, dass er noch über die Zeit der größten Kälte hinaus am Leben bleibt. Aber die Genossen aus seiner Generation sind voraussichtlich tot, weder für gute Worte, noch für Geld konnte ich eine Gefährtin für ihn finden. Und ließe ich ihn frei, damit er selbst auf die Suche ginge, so würde er kaum eine einzige Nacht überleben, selbst wenn er so glücklich sein sollte, am Tage seinen zahllosen natürlichen Feinden im Garten – den Ameisen, Tausendfüßlern, und den widrigen Erdspinnen zu entgehen.

Gestern Abend, am neunundzwanzigsten des elften Monats, überkam mich ein seltsames Gefühl, als ich an meinem Schreibpult saß. Ein Gefühl der Leere im Zimmer, dann kam es mir zum Bewusstsein, dass mein Kusa-Hibari gegen seine Gewohnheit schwieg. Ich trat an den Käfig und fand ihn tot neben einer ganz steinharten vertrockneten Eierpflanze, offenbar hatte er drei oder vier Tage keine Nahrung erhalten, aber noch am Vorabend seines Todes hatte er wunderbar gesungen, so dass ich glauben konnte, er sei zufriedener denn je. Mein Schüler Aki, der die Insekten liebt, hatte sich sorglich seiner angenommen, aber Aki war für eine Woche aufs Land gereist, und die Wartung des Heimchens war Hana, dem Hausmädchen anvertraut worden. Hana ist nicht allzu zart besaitet. Sie behauptet, sie habe das Tierchen nicht vergessen, aber es gäbe keine Eierpflanzen mehr, und es war ihr nicht eingefallen, ihm stattdessen ein Stückchen Knoblauch oder Gurke zu geben.

Ich machte Hana Vorwürfe, und sie gab pflichtschuldigst zu, dass sie gefehlt habe. Aber die Zaubermusik ist verstummt, das Schweigen ist mir ein stiller Vorwurf, und das Zimmer ist kalt, trotz meines Ofens.

Wie absurd! Ich habe ein gutes Mädchen betrübt, wegen eines Insekts, das kaum halb so groß ist wie ein Haferkorn. Das Erlöschen des winzigen Lebens eines Heimchens beschäftigt mich mehr, als ich für möglich gehalten hätte. Die bloße Gewohnheit, sich mit den Bedürfnissen eines Geschöpfes zu befassen, – und seien es auch nur die Bedürfnisse einer Grille – kann allmählich Interesse und Zuneigung hervorrufen, deren man sich erst bewusst wird, wenn die Beziehung zerstört worden ist. Überdies hatte ich in der Stille der Nacht den Zauber der zarten Stimme so stark empfunden, der zarten Stimme, die mir von einer winzigen Existenz erzählte, die von meinem Willen und selbstsüchtigen Ermessen wie von Gottes Gnaden abhing, die mir erzählte, daß das seelische Atom in dem winzigen Käfig, und das seelische Atom in mir selbst, eine ewige Gemeinschaft in den Tiefen des unendlichen Seins haben...

Und dann: sich das kleine Geschöpfchen hungernd und dürstend zu denken, Nacht für Nacht, und Tag für Tag, während die Gedanken seines Schutzgottes sich in Träumen verstrickten!

Und doch, wie tapfer sang er bis zum Ende, – ein entsetzliches Ende, – denn er hatte seine eigenen Beine aufgegessen... Mögen die Götter uns allen verzeihen, insbesondere der Jungfer Hana.

Aber, seine eigenen Beine aus Hunger verzehren zu müssen, ist, im Grunde genommen, das Schlimmste nicht, was einem Wesen geschehen kann, dem von den Göttern der Fluch der Sangesgabe zuteil geworden.

Es gibt menschliche Heimchen, die, um singen zu können, ihr eigenes Herz verzehren müssen!

Bildnachweise

Titelseite: Reruhi Akiyama, Statue eines Tempeltorwächters (niō) am Eingang zum Senyūji in Imabari, 2018

Quellen

MEIN ERSTER TAG IN JAPAN (My First Day in the Orient)
JIZŌ (Jizoh)
DER MARKT DER TOTEN (At the Market of the Dead)
BON-ODORI (Bon-Odori)
SEELEN (Of Souls)
DIE HAUPTSTADT DER PROVINZ DER GÖTTER (The Chief City of the Province of the Gods)
FRAUENHAAR (Of Women's Hair)
KIZUKI, DER URÄLTESTE SCHREIN JAPANS (Kizuki: The Most Ancient Shrine in Japan)
SHINJU (Shinju)
IN DER GROTTE DER KINDERGEISTER (In the Cave of the Children's Ghost)
IN MIONOSEKI (At Mionoseki)

aus: *Glimpses of Unfamiliar Japan. Boston. Houghton Mifflin. 1894*

KUSA-HIBARI (Kusa Hibari)

aus: *Kottō: Being Japanese Curios, with Sundry Cobwebs. New York, London. Macmillan. 1904*

Der Text der vorliegenden Ausgabe von „Lotos“ lehnt sich weitgehend an die im Jahre 1906 im Verlag Rütten & Loening, Frankfurt/Main, erschienene deutsche Erstausgabe an.

Edition Hearn

In der Reihe EDITION HEARN werden ausgewählte Werke von Lafcadio Hearn veröffentlicht. Der Schriftsteller griechisch-irischer Abstammung lebte von 1890 bis zu seinem Tod im Jahre 1904 in Japan. Durch seine Werke wurde das westliche Bild von Japan Anfang des 20. Jahrhunderts entscheidend geprägt.

Auch heute noch gilt Lafcadio Hearn im Land der aufgehenden Sonne als der Ausländer, der die japanische Kultur und Lebensweise am tiefgründigsten verstanden und beschrieben hat.

Lafcadio Hearn

Die Versöhnung des Samurai

Unheimliche Geschichten aus Japan

Broschur
112 Seiten
2 Seiten Farbdruck
13 S/W-Abbildungen
ISBN 978-3-945058-05-3

Der Schädelberg
Die Legende von Fugen Bosatsu
Das Mädchen aus dem Wandschirm
Der Reiter auf dem Leichnam
Die Kobold-Spinne
und viele mehr

In dieser Sammlung unheimlicher Geschichten aus Japan begegnen uns reumütige Samurai, tapfere Jünglinge und weitgereiste Gelehrte. Sie treffen auf die Geister Verstorbener, Dämonen aus der Unterwelt und auf Berge von Totenschädeln.

Lafcadio Hearns Interpretationen japanischer Mythen und Legenden sind schauerlich unterhaltsam. Zugleich vermitteln sie dem Leser ein tiefes Verständnis von Wertvorstellung und Tradition im alten Japan.

Lafcadio Hearn

Kwaidan

Seltsame Geschichten und Studien aus Japan

Broschur
124 Seiten
20 S/W-Abbildungen
ISBN 978-3-945058-04-6

Die Geschichte von Mimi-Nashi-Hōichi

Von einem Spiegel und einer Glocke

Ein begrabenes Geheimnis

Yuki Onna

Der Traum Akinosukes

und viele mehr

Kopflose Dämonen, Geister toter Krieger und unheilbringende Fabelwesen treffen auf ehrenhafte Samurai, weise Mönche und tapfere Bürger aus dem Land der aufgehenden Sonne.

Lafcadio Hearns Interpretationen japanischer Mythen und Legenden sind schauerlich unterhaltsam. Zugleich vermitteln sie dem Leser ein tiefes Verständnis von Wertvorstellung und Tradition im alten Japan.